弘 扬 中 国 工 人 阶 级 伟 大 品 格

科学发展 特色道路 辉煌成就

——十七大以来中国工会工作

人民出版社

中国工会第十五

科学发展 特色道路 辉煌成就

顾　　　问： 纪明波

执 行 主 编： 王　成

执 行 副 主 编： 朱国豪　　郭小利

编　　　辑： 郑英豪　　朱　军　　贾团伟　　刘静娜

程光辉　　辛　伟　　宁　新　　郑　佳

装 帧 设 计： 宣教前沿（北京）文化交流中心

协　　　办： 企文前沿图书（北京）中心

卷 首 语

党的十七大以来，党中央团结带领全党全军全国各族人民，高举中国特色社会主义伟大旗帜，以马克思列宁主义、毛泽东思想、邓小平理论、"三个代表"重要思想、科学发展观为指导，解放思想，改革开放，凝聚力量，攻坚克难，坚定不移地沿着中国特色社会主义道路前进，我国社会主义经济建设、政治建设、文化建设、社会建设以及生态文明建设和党的建设取得举世瞩目的巨大成就，谱写了中国特色社会主义事业新篇章。

中国特色社会主义工会发展道路是中国特色社会主义道路的重要组成部分，是对中国工会八十多年、新中国成立六十多年特别是改革开放三十多年来工会工作理论成果与实践经验的高度概括和科学总结，是中国工运事业蓬勃发展的必由之路、成功之路、胜利之路。"科学发展 特色道路 辉煌成就"充分展示了各级工会组织和广大工会干部坚定理想信念，为党的工运事业不懈奋斗的责任感、使命感和崇高精神风貌。深入学习、宣传、贯彻党的十八大精神，是当前各级工会组织、广大工会干部的首要政治任务。我们一定要深入学习和实践党的十八大精神，按照党的十八大的决策部署，切实增强忧患意识、创新意识、使命意识，全面把握机遇，沉着应对挑战，扎扎实实做好各项工作，努力开创中国工运事业新局面。

目 录 CONTENTS

中华全国总工会关于学习宣传实践中国特色社会主义工会发展道路的决议

（2012 年 1 月 8 日中华全国总工会第十五届执行委员会第六次全体会议通过）

为贯彻落实党中央关于工会工作的重要指示精神，进一步统一全会思想，保证工会工作正确政治方向，更好地发挥工会组织在党和国家工作大局中的重要作用，中华全国总工会第十五届执行委员会第六次全体会议就学习宣传实践中国特色社会主义工会发展道路，作出如下决议。

一、深刻认识学习宣传实践中国特色社会主义工会发展道路的重要性和必要性

中国特色社会主义工会发展道路是中国特色社会主义道路的重要组成部分，是对中国工会八十多年、新中国成立六十多年特别是改革开放三十多年来工会工作理论成果与实践经验的高度概括和科学总结，是中国工运事业蓬勃发展的必由之路、成功之路、胜利之路。在全会范围内深入学习、广泛宣传、积极实践中国特色社会主义工会发展道路，事关党的事业发展全局，事关工人阶级根本利益，事关中国工会前途命运，具有重大理论和实践意义。

学习宣传实践中国特色社会主义工会发展道路，是高举中国特色社会主义伟大旗帜，坚持中国特色社会主义道路、理论体系、制度的内在要求。在当代中国，

坚持中国特色社会主义道路、理论体系、制度，就是真正坚持社会主义，对于工会组织来讲，就是要坚定不移地走中国特色社会主义工会发展道路。要通过学习宣传实践中国特色社会主义工会发展道路，使各级工会组织和广大工会干部进一步坚定理想信念，增强为党的工运事业不懈奋斗的责任感和使命感，加深对中国工会性质地位、职能作用的认识，充分发挥自身特点和优势，切实把党的理论和路线方针政策贯彻落实到工会各项工作中去，团结组织广大职工坚定不移地跟党走。

学习宣传实践中国特色社会主义工会发展道路，是应对国际国内形势发展变化，在党和国家工作大局中充分发挥作用的客观需要。当前，国际形势继续发生深刻变化，我国经济社会发展呈现一系列新的阶段性特征，处于可以大有作为的重要战略机遇期，既面临难得历史机遇，也面对诸多风险挑战。职工队伍和劳动关系深刻变化，工会工作的外部环境更加复杂开放。要通过学习宣传实践中国特色社会主义工会发展道路，使各级工会组织和广大工会干部紧紧围绕科学发展主题、加快转变经济发展方式主线，突出把握好

稳中求进的工作总基调，找准在党和国家工作大局中发挥作用的切入点和着力点，充分激发职工群众的劳动热情和创造活力，团结动员广大职工创先争优建功立业，增强科技创新能力，促进实体经济和虚拟经济、内需和外需均衡发展，为全面建设小康社会、坚持和发展中国特色社会主义作出新贡献。

学习宣传实践中国特色社会主义工会发展道路，是做好新形势下职工群众工作，不断增强党的阶级基础、扩大党的群众基础的必然选择。工人阶级是我们国家的领导阶级，是我们党最坚实、最可靠的阶级基础。中国工会是党领导的工人阶级群众组织，是党联系职工群众的桥梁和纽带，肩负着职工群众合法权益代表者和维护者的神圣职责。要通过学习宣传实践中国特色社会主义工会发展道路，使各级工会组织和广大工会干部深刻理解工会根基在职工群众、血脉在职工群众、力量在职工群众，始终牢记党的宗旨方针，树立马克思主义群众观点，坚持党的群众路线，坚定不移地推动党的全心全意依靠工人阶级根本方针的贯彻落实，把竭诚为职工群众服务作为一切工作的出发点和落脚点，实现好维护好发展好广大职工根本利益，

不断密切党同职工群众的血肉联系。

学习宣传实践中国特色社会主义工会发展道路，是提高工会建设科学化水平，继续开创党的工运事业繁荣发展新局面的重要保证。我国发展正处在新的历史起点上，工会工作面临许多新情况新挑战，还存在着一些不适应不符合科学发展的问题，迫切需要工会以改革创新精神不断加强自身建设。要通过学习宣传实践中国特色社会主义工会发展道路，使各级工会组织和广大工会干部进一步提高加强自身建设的自觉性和主动性，准确把握经济关系、劳动关系、职工队伍的新变化新趋势，积极探索社会主义市场经济条件下工会工作的特点和规律，以解放思想为先导，以改革创新为动力，切实解决思想、作风、能力、素质等方面存在的突出问题，努力使工会工作更加适应时代发展要求，不辜负党的重托和职工群众的期待，不断增

强工会组织创造力、凝聚力和战斗力。

二、准确把握中国特色社会主义工会发展道路的科学内涵和精神实质

中国特色社会主义工会发展道路顺应时代潮流，符合中国国情，体现工会性质，科学回答了"走什么样的工会发展道路、建设什么样的工会"这一重大时代课题，使我们对新时期中国工会运动的认识升华到新的高度。这条道路内涵十分丰富，必须认真学习、深刻领会、全面把握。

坚持自觉接受党的领导。这是中国工会的根本政治原则，也是中国工会区别于西方工会的显著标志。必须坚持以中国特色社会主义理论体系为指导，贯彻落实党的路线方针政策，服从服务于党和国家工作大局。坚持对党负责和对职工群众负责相统一，把坚持党的领导与独立自主创造性开展工作结合起来。坚决

维护工人阶级团结和工会组织统一，坚持全国建立统一的中华全国总工会，绝不允许出现"第二工会"，始终做密切党和职工群众联系的桥梁纽带。

坚持中国工会的社会主义性质。我国社会主义制度决定了中国工会的社会主义性质。必须坚持中国特色社会主义道路、理论体系和制度，坚持工会鲜明的阶级性、广泛的群众性和高度的政治性的统一。认清中国工会与西方工会的本质区别，增强政治敏锐性和政治鉴别力，保持清醒头脑和正确方向。在支持改革开放、推动科学发展，参与加强和创新社会管理、保持社会和谐，维护职工合法权益、促进社会公平正义等方面发挥积极作用，坚持和不断发展社会主义性质，始终做社会主义国家政权的重要社会支柱。

坚持发展工人阶级先进性。我国工人阶级是先进生产力和生产关系的代表，是推进中国特色社会主义

伟大事业的主力军。必须推动党的全心全意依靠工人阶级根本方针的贯彻落实，倡导勤奋劳动、诚实劳动、创新劳动，弘扬工人阶级伟大品格和劳模精神，在全社会形成依靠主力军、建设主力军、发展主力军的浓厚氛围。充分发挥工会"大学校"作用，全面提高职工队伍的思想道德素质、科学文化素质和技术技能素质。保护好、调动好、发挥好职工群众的积极性主动性创造性，组织引导广大职工自觉投身全面建设小康社会伟大实践，始终做团结动员广大职工充分发挥主力军作用的重要人民团体。

坚持构建和谐劳动关系。工会是发展和谐劳动关系的重要推动力量，承担着重要的社会责任。必须正确认识我国劳动关系的性质和特点，以规范有序、公正合理、互利共赢、和谐稳定为目标，把劳动关系的建立、运行、监督、调处都纳入法制轨道。坚持党政主导的和谐劳动关系构建格局，主动站在协调劳动关系第一线，坚持依照法律通过协商、协调、沟通的办法化解劳动关系矛盾，不采取过激手段解决劳动纠纷。充分发挥工会与政府联席会议制度、协调劳动关系三方机制等作用，加强劳动合同、集体合同和职代会制度建设，着力推进"两个普遍"，深化创新厂务公开民主管理工作，促进企业与职工协商共事、机制共建、效益共创、利益共享，始终做发展社会主义新型劳动关系的重要社会力量。

坚持维护职工群众合法权益。维护职工合法权益是工会的神圣职责，代表和维护职工群众利益是工会一切工作的出发点和落脚点。必须贯彻落实"组织起来、切实维权"工作方针：把广大职工组织到党领导的工会中来，团结动员广大职工为实现党和国家的中心任务发挥主力军作用；切实维护职工群众的经济、政治、文化、社会权益，使广大职工共享改革发展成果。牢固树立"以职工为本，主动依法科学维权"的工会维权观：坚持维权工作的根本宗旨、重要原则、核心理念、途径方法和总体格局，主动了解和帮助解决职工的实际困难和问题，变事后介入为事前参与，做到主动维权，监督企业依法经营，引导职工理性合法表达利益诉求，把维权纳入规范化、制度化、法制化轨道，做到依法维权；维权诉求应符合经济社会发展总体水平和企业生产经营状况，有利于扩大就业和提高职工工资收入，不简单照搬西方发达国家标准，做到科学维权。坚持"促进企业发展、维护职工权益"企业工会工作原则，组织引导职工做企业发展的主人，推动企业主动保障

职工的合法权益，把企业建设成为企业和职工的利益共同体、事业共同体、命运共同体。推动党政主导的维护职工群众权益机制建设，促进利益协调机制、诉求表达机制、矛盾调处机制、权益保障机制的建立和完善，把维护全国人民总体利益与维护职工群众具体利益结合起来，把维权工作贯穿于推动改革、促进发展、积极参与、大力帮扶的全过程，始终做职工合法权益的代表者和维护者。

坚持完善社会主义劳动法律体系。我国劳动法律法规是中国特色社会主义法律体系的重要组成部分，《工会法》、《劳动法》、《劳动合同法》等一系列劳动法律法规为履行工会各项职能、实现职工全面发展提供了法制保障。必须立足国情和工会工作实践，代表和组织职工加强立法参与，积极推动劳动法律法规的制定实施，从制度上、源头上维护职工各项权益，保障职工当家作主权利。主动加大工会劳动法律监督力度，积极配合人大、政府、政协加强劳动法律执法检查、监察和视察工作，推动实现有法必依、执法必严、违法必究。大力开展法制宣传教育，使职工群众和工会干部增强法制观念，学会运用法律；充分运用法律武器履行工会职责，加强法律援助工作，把法律赋予的权利用好用足，始终做组织职工参与社会主义民主法制建设的重要渠道。

坚持推动形成国际工运新秩序。工会对外工作是工会全局工作的重要组成部分，是国家民间外交的重要方面。必须高举和平、发展、合作、工人权益的旗帜，遵循独立自主、互相尊重、求同存异、加强合作、增进友谊的方针，加强与国际、地区和各国工会的交往、交流与合作，切实维护我国国家利益和职工权益。服从服务于国家总体外交和工会全局工作，坚持学习不照搬、借鉴不接轨，拓展中国工会国际舞台，扩大中国工会国际影响，提高中国工会国际地位，始终做推动形成公正合理、民主和谐国际工运新秩序的积极力量。

坚持以改革创新精神加强自身建设。加强自身建设是工会工作创新发展的强大动力。必须加强工会思想建设、组织建设、作风建设、制度建设和反腐倡廉建设，充分激发工会组织特别是基层工会生机活力，提高工会服务科学发展、服务社会和谐、服务职工群众的能力本领。结合实际创新工会组织体制、运行机制和活动方式，建设学习型、服务型、创新型工会，使工会工作更好地体现时代性、把握规律性、富于创

造性，始终做广大职工信赖的"职工之家"。

以上八个方面相互联系、有机结合，构成中国特色社会主义工会发展道路的完整体系，是一个不可分割的整体，其核心是坚持自觉接受党的领导，根本是坚持中国工会的社会主义性质，关键是坚持维护职工群众合法权益。

三、广泛掀起学习宣传实践中国特色社会主义工会发展道路的热潮

当代中国已进入全面建设小康社会的关键时期和深化改革开放、加快转变经济发展方式的攻坚时期，工会工作的任务更加艰巨繁重。各级工会组织和广大工会干部要深入学习、广泛宣传、积极实践中国特色社会主义工会发展道路，准确把握科学内涵，深刻领会精神实质，系统掌握理论体系，在落实上狠下功夫，在实践中丰富完善。

要深入学习中国特色社会主义工会发展道路。在全体工会干部中开展集中学习活动，通过全面系统的学习，使大家都能深刻认识，工会发展道路涵盖了中国工会的历史使命、本质特征、政治保证、理论指导、基本职责等重大问题，揭示了中国工会的发展方向、发展目标、发展路径和发展动力，是做好新形势下工会工作、繁荣发展党的工运事业的根本遵循；使大家都能准确理解，工会发展道路内涵丰富，要正确把握工会发展道路的核心、根本和关键，做到在思想上高度统一、在行动上高度自觉。要建立学习制度，充分运用专题学习会、辅导讲座、报告会等途径和载体，扩大学习范围，提高学习实效。领导干部要带头加强学习，坚持理论联系实际，自觉用正确的理论武装头脑、指导实践、推动工作。

要广泛宣传中国特色社会主义工会发展道路。大力宣传工会发展道路的科学内涵和精神实质，大力宣传坚持工会发展道路的理论价值和实践意义，大力宣传坚持走工会发展道路的新鲜经验和先进典型。要紧密联系改革发展和职工实际，从理论与实践、国际与国内、历史与现实的有机结合上，对工会发展道路作全面透彻的阐释、深入浅出的解读、通俗易懂的宣讲，增强工会发展道路的影响力和感召力。要通过宣传，使工会干部和职工群众充分理解，坚持工会发展道路有利于推进党和国家事业、有利于维护工人阶级长远利益、有利于开创工会工作新局面。要通过宣传，使党政领导、企业经营管理者以及社会各界更加支持工会工作，使国际、地区工会组织和各国工会全面地认

识中国工会，进一步扩大中国工会国际影响。要充分利用主流媒体和工会网站、报刊、出版、学校、文艺团体等阵地和平台，扩大宣传范围，提高宣传效果。

要积极实践中国特色社会主义工会发展道路。结合世情、国情和会情的发展变化，在坚持工会发展道路中努力破解工会工作面临的重点难点问题，探索解决构建和谐劳动关系、维护职工合法权益、加强工会组织建设、激发基层工会活力等方面的突出问题，做到在思想上不断有新解放、在理论上不断有新突破、在措施上不断有新改进、在实践上不断有新创造。要尊重基层和职工群众的首创精神，及时总结推广基层和职工群众的好经验好做法，不断作出新的理论概括，充分发挥理论对实践的指导作用，使工会工作焕发更加蓬勃的生机。

要不断丰富中国特色社会主义工会发展道路。始终保持工会在党的领导下、团结带领广大职工为建设富强民主文明和谐的社会主义现代化国家不懈奋斗的政治本色，警惕和防范精神懈怠、能力不足、脱离群众、消极腐败的危险，提高工会服务党和国家中心工作的能力，提高做好职工群众工作的能力，提高维护职工权益、促进职工全面发展的能力，提高工会建设科学化水平。要坚持以马克思主义中国化最新成果为指导，

善于从实践中汲取营养，从基层和职工群众中汲取智慧，不断从理论和实践的结合上研究和破解难题、推动实践、丰富理论。

四、切实加强学习宣传实践中国特色社会主义工会发展道路的组织领导

学习宣传实践中国特色社会主义工会发展道路，是党中央对各级工会组织和广大工会干部的政治要求，是全会政治生活中的一件大事，各级工会组织务必高度重视，切实加强领导，扎实有效推进。

要把学习宣传实践活动作为全会一项重要政治任务切实抓紧抓好。各级工会领导机关和主要领导干部要以对党的工运事业高度负责的态度，把这项工作摆在工会全局工作的突出位置，列入重要议事日程，切实加强对活动的组织和领导，努力形成各级工会主要领导亲自抓、一级抓一级、层层抓落实的良好局面。要以理论学习上水平、服务大局出真招、解决问题有实效、职工群众得实惠为目标，把学习宣传实践活动与推动工会重点工作紧密结合起来，做到两手抓、两不误、两促进。要及时向党委汇报工会开展学习宣传实践活动的情况，主动争取党委的指导和支持。

要明确目标责任，做好统筹兼顾。制定工作计划，做好任务分解，落实责任分工，强化目标考核，统筹

安排学习宣传实践活动。要强化领导责任，主要负责同志认真履行第一责任人职责，既抓好本单位的学习宣传实践活动，同时做好对下级单位的指导。要畅通信息渠道，上级工会及时就推进学习宣传实践活动提出指导意见，下级工会及时汇报开展活动的情况，解决活动中的突出问题，确保这项工作顺利推进。

要加强工作指导，增强活动实效。对地方总工会、产业工会、企业工会、机关和事业单位工会，乡镇（街道）、村（社区）工会以及工会联合会开展学习宣传实践活动给予分类指导，针对不同对象，提出具体要求，努力使活动贴近实际，取得实效。工会领导机关要及时检查指导基层开展学习宣传实践活动，避免形式主义，防止走过场。要善于运用媒体、工会内外理论研究机构等力量，为推进学习宣传实践活动营造声势，提供理论、法律、政策和信息等方面的支持。

坚持走中国特色社会主义工会发展道路，前途光明，任务艰巨，责任重大。各级工会组织和广大工会干部一定要在党中央坚强领导下，高举中国特色社会主义伟大旗帜，坚定信念、把握方向，团结奋斗、开拓进取，努力使中国特色社会主义工会发展道路越走越宽广！

在中国特色社会主义工会发展道路上阔步前进

——党的十七大以来工会工作的创新发展

中共中华全国总工会党组

党的十七大以来，在党中央的坚强领导下，各级工会组织和广大工会干部认真贯彻党的十七大和十七届三中、四中、五中、六中全会精神，认真贯彻中国工会十五大精神，高举中国特色社会主义伟大旗帜，坚持中国特色社会主义道路、理论体系、制度，坚定不移地走中国特色社会主义工会发展道路，围绕中心、服务大局，团结动员全国亿万职工群众充分发挥工人阶级主力军作用，为推动科学发展、促进社会和谐作出了新贡献。

一、自觉用马克思主义中国化最新成果武装头脑，始终坚持中国特色社会主义工会发展道路

认真学习党中央关于工人阶级和工会工作的重要指示精神，使工会工作始终保持正确政治方向。党中央始终高度重视工人阶级和工会工作。胡锦涛同志在"2008'经济全球化与工会"国际论坛开幕式上的致辞、在同全总新一届领导班子成员和中国工会十五大部分代表座谈时的讲话、在全国劳动模范和先进工作者表彰大会上的讲话，吴邦国同志在"2011'经济全球化与工会"国际论坛开幕式上的致辞，习近平同志在中国工会十五大上的祝词、在庆祝五一国际劳动节暨保增长促发展劳动竞赛推进大会上的讲话、在"2010'经济全球化与工会"国际论坛开幕式上的致辞，以及中央书记处的重要指示等，为新形势下工会工作提出了新的要求，指明了前进方向。各级党委坚持全心全意依靠工人阶级根本方针，每年听取工会工作专题汇报，对创新发展工会工作作出具体指示。5年来，有16个省（区、市）党委召开工作会议，19个省（区、市）党委制定指导文件，切实加强和改进对工会工作的领导，为工会工作创造更加有利的环境，有力地推动了工会工作。各级工会以学习贯彻党中央重要指示精神为首要政治任务，组织广大工会干部和职工群众认真学习贯彻中央领导同志的重要讲话和中央重要文件，认真学习贯彻中央提出的一系列工运新思想、新观点、新论断，始终同党中央在思想上政治上行动上保持高度一致，坚定永远跟党走的信念。全总与中央党校、人民日报联合召开学习胡锦涛同志重要讲话座谈会，并通过层层召开党组会、全委会、机关干部大会，举办培训班、研讨会，组织宣讲团等，促进学习不断深入。各级工会还通过举办座谈会、报告会、图片展、

中国工会第十五次全国代表大会 2008 年 10 月 17 日在北京召开，党和国家领导人到会祝贺。

文艺汇演等多种形式，精心组织纪念改革开放 30 周年、庆祝新中国成立 60 周年、庆祝中国共产党成立 90 周年宣传教育系列活动，积极开展深入学习实践科学发展观活动、党工共建创先争优活动，引导职工群众把智慧和力量凝聚到为夺取全面建设小康社会新胜利而奋斗上来。

坚定不移地走中国特色社会主义工会发展道路，使工会工作始终体现时代性、把握规律性、富于创造性。各级工会认真贯彻中央要求，全面把握中国特色社会主义工会发展道路的科学内涵和精神实质，努力做到在思想上不断有新认识，在理论上不断有新发展，在实践上不断有新探索。全总十五届六次执委会议审议通过了《关于学习宣传实践中国特色社会主义工会发展道路的决议》。各级工会组织和广大工会干部掀起深入学习、广泛宣传、积极实践的热潮，坚持自觉接受党的领导，坚持工会的社会主义性质，坚持发展工人阶级先进性，坚持构建和谐劳动关系，坚持维护职工群众合法权益，坚持完善社会主义劳动法律体系，坚持推动形成国际工运新秩序，坚持以改革创新精神加强自身建设，始终保持思想上的清醒、政治上的坚定，在落实上狠下功夫，在实践中丰富完善，推动新形势下工会工作创新发展，努力使中国特色社会主义工会发展道路越走越宽广。

二、大力弘扬工人阶级伟大品格和劳模精神，组

时任中共中央政治局委员、全国人大常委会副委员长、中华全国总工会主席王兆国代表全国总工会第十四届执行委员会向大会作了题为《高举中国特色社会主义伟大旗帜，团结动员亿万职工为夺取全面建设小康社会新胜利而奋斗》的报告。

织引导广大职工为推动科学发展、加快转变经济发展方式充分发挥主力军作用

激励广大职工勤奋劳动、诚实劳动、创新劳动，掀起社会主义劳动竞赛热潮。在应对国际金融危机冲击过程中，各级工会把开展以保岗位、保工资、稳员增效为重点的"共同约定行动"与"同舟共济保增长、建功立业促发展"竞赛有机结合起来，引导职工与企业共克时艰，取得良好效果，受到各级党政、企业和职工的普遍赞誉。团结动员广大职工圆满完成载人航天、北京奥运会、上海世博会、广州亚运会、京沪高铁等重大任务，奋勇夺取抗击南方部分地区雨雪冰冻灾害、四川汶川地震、青海玉树地震、甘肃舟曲泥石流等重特大自然灾害斗争的胜利。2011年，全国已建工会企事业劳动竞赛覆盖面75.3%，职工参与率70.1%，职工提出合理化建议978.6万件。深入开展"我为节能减排作贡献"活动，建立职工节能减排义务监督员队伍。广泛开展小革新、小发明、小改造、小设计、小建议活动，与科技部等联合开展职工技术创新工作，评选表彰全国职工优秀技术创新成果，与工信部等联合促进企业班组建设，为推动经济平稳较快发展作出了重要贡献。

发挥工会"大学校"作用，促进职工队伍思想道德、科学文化、技术技能素质全面提升。深入实施全国职工素质建设工程，加强职工思想政治工作，引导职

全国工会学习宣传实践中国特色社会主义工会发展道路座谈会。

学习践行社会主义核心价值体系，联合开展全国道德模范评选活动，评选表彰全国职工职业道德建设标兵单位和个人，广泛开展"创建学习型组织、争做知识型职工"活动，不断加强工会报刊、网站、图书、院校、演艺等宣传教育文化阵地建设。截至2011年9月底，命名全国职工教育培训示范点1600个，建立职工职业技能实训基地554个，建立"职工书屋"24.6万个。广泛开展岗位练兵、技能培训，组织职工职业技能大赛。选树"首席职工"、"金牌工人"、技能带头人，积极培养技能人才。多次成功举办中国职工艺术节，每年举办"五一"晚会，广泛开展丰富多彩的职工文体活动，有力推动了先进企业文化职工文化建设。

唱响"劳动光荣、工人伟大"主旋律，推动形成崇尚劳模、学习劳模、争当劳模、关爱劳模的浓厚氛围。认真做好全国劳模的评选推荐和学习宣传工作，配合有关部门圆满完成2010年全国劳模表彰大会的筹备工作。开展评选"时代领跑者"活动，组织劳模先进事迹巡回报告，广泛宣传"当代雷锋"郭明义等先进人物。每年五一前夕，集中表彰作出突出贡献的先进集体和个人。连续举办成人高等教育劳模免试免费本科班。5年来，组织劳模国庆观礼、参观游览和疗休养，仅全总就组织1.2万人；协助解决劳模生活困难，争取中央财政下拨全国劳模春节慰问金、生活困难补助金、特殊困难补助金共9.8亿元。

2008 年 5 月 12 日，我国发生汶川特大地震，来自全国各地的救援队伍争分夺秒抢救伤员。

2008 年年初，我国遭遇了百年未遇的特大冰雪灾害，电力系统广大职工不畏艰险，不怕困难，战雨雪冰冻、保电力畅通，充分发挥了工人阶级的主力军作用。

三、推动构建社会主义和谐劳动关系，旗帜鲜明地维护职工群众合法权益

推动劳动法律法规的制定和修改，不断加大源头参与工作力度。5 年来，各级工会坚持"组织起来、切实维权"的工作方针，树立"以职工为本、主动依法科学维权"的维权观，落实"促进企业发展、维护职工权益"的企业工会工作原则，努力构建规范有序、公正合理、互利共赢、民主和谐的社会主义新型劳动关系，加强宏观参与，重视源头维护，积极参与《劳

2010年，我国在上海成功举办世博会。图为世博会夜景。

2008年，我国成功举办第29届奥运会和北京残奥会。图为奥运会主场馆鸟巢施工现场。

中华全国总工会为青海玉树救灾医疗队授"工人先锋号"旗。

发挥工会"大学校"作用，促进职工队伍思想、道德、科学文化、技术技能素质全面提升，深入实施全国职工素质建设工程。图为全国工会宣传工作暨职工素质建设工程工作会议。

唱响"劳动光荣、工人伟大"主旋律，推动形成崇尚劳模、学习劳模、争当劳模、关爱劳模的浓厚氛围。图为中华全国工会庆祝"五一"国际劳动节劳动模范座谈会。

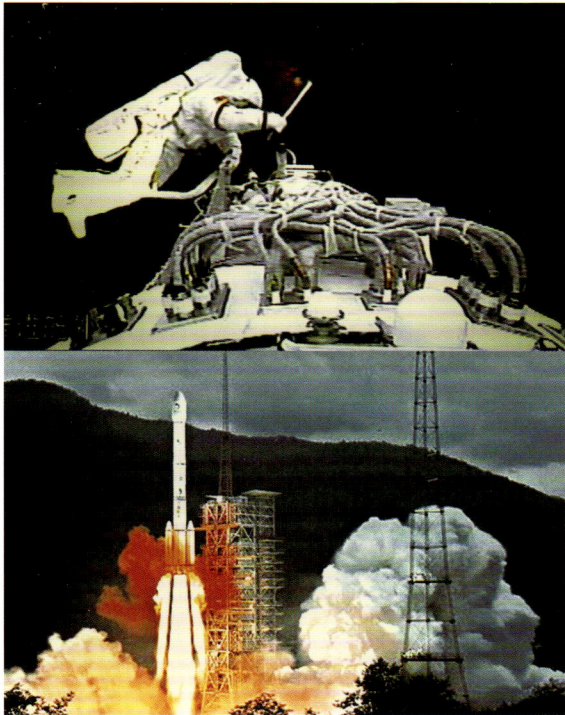

我国分别于 2003 年、2005 年和 2008 年成功进行了三次载人航天飞行实验，标志着我国已独立完整掌握载人航天技术。

神舟九号飞船 2012 年 6 月 16 号发射升空，6 月 29 号返回舱着陆，在轨运行期间先后与天宫一号目标飞行器成功进行自动和手控交会对接，实现了我国空间交会对接技术的重大突破，标志着我国载人航天工程第二步战略目标取得具有决定性意义的重要进展。

"蛟龙"号载人潜水器研制和海试成功，实现了我国深海装备和深海技术的重大进步，对于提升认识海洋、保护海洋、开发海洋的能力，推动我国从海洋大国向海洋强国迈进。

动合同法》、《劳动争议调解仲裁法》、《社会保险法》、《安全生产法》、《职业病防治法》、《劳动合同法实施条例》、《工伤保险条例》、《女职工劳动保护特别规定》、《实施〈社会保险法〉若干规定》、《企业民主管理规定》等数十部劳动法律法规的制定修改。2011 年，各省、地（市）级地方工会推动制定地方性法规 200 个，其中涉及职工权益的法规 131 个；参与制定地方性规范文件 624 个。截至 2011 年 9 月底，有 25 个省（区、市）出台了 32 个有关厂务公开民主管理的地方性法规，25 个省（区、市）制定了集体合同地方法规或规章，24 个省（区、市）党委、政府印发开展工资集体协商的文件。配合全国人大做好《劳动合同法》、《工会法》执法检查工作。开展"五五"和"六五"普法工作。推动健全完善工会与政府联席会议制度、协调劳动关系三方机制，2011 年，全国县及县级以上地方工会与同级政府召开联席会议的有 2173 个，全国各级地方及产业工会参与建立协调劳动关系三方机制 2 万个。

推进"两个普遍"，以劳动关系和谐促进企业和谐、社会和谐。贯彻落实全国构建和谐劳动关系先进表彰暨经验交流会精神，把构建和谐劳动关系作为一项重要而紧迫的政治任务抓实抓好。深入开展和谐劳动关系创建活动，推动企业与职工协商共事、机制共建、效益共创、利益共享。依法推动企业普遍建立工会组织，普遍开展工资集体协商。截至 2011 年 9 月底，全国工会会员总数达到 2.59 亿人，其中农民工会员 9656

万人，全国基层工会达到 232 万个，覆盖企业、事业、机关单位 526.6 万个，企业建会率为 69.8%；全国签订集体合同 179.3 万份，覆盖企业 360.9 万个，覆盖职工 2.23 亿人，其中工资专项集体合同 92 万份，覆盖企业 195.1 万个，覆盖职工 1.17 亿人。推动 25 个省（区、市）将推进工资集体协商纳入"十二五"规划，16 个省（区、市）列入党政工作考核体系。总结推广青岛港厂务公开民主管理工作经验，开展厂务公开、职工代表大会建制专项行动和创建厂务公开民主管理示范单位活动。截至 2011 年 9 月底，全国建立职代会制度的企事业单位 278.1 万个，覆盖职工 1.7 亿人；已建工会的企事业单位中，实行厂务公开的 263.2 万个，覆盖职工 1.63 亿人。工会组织覆盖面、工会工作影响力不断提高。

推动解决职工群众最关心最直接最现实的利益问题，把党的关怀和温暖送到职工群众心坎上。工会送温暖和帮扶工作逐步实现了常态化、长效化。全国县

及县级以上地方工会已建立困难职工帮扶中心 3444 个。2011 年"两节"期间，筹集送温暖资金 36.5 亿元，走访困难企业 10.5 万家，慰问职工 778.4 万人（次）。深入开展农民工平安返乡行动、金秋助学活动、困难职工家庭高校毕业生阳光就业行动、技能培训促就业行动、家政服务工程、千万农民工援助行动、女职工关爱行动等，推动各地逐步提高最低工资标准。连续多年开展"安康杯"竞赛，组织引导职工群众开展安全生产活动，参加安全生产大检查和特别重大事故及职业危害事件调查处理，推动改善职工劳动安全卫生条件。

四、面对面、心贴心、实打实服务职工群众，积极探索做好新形势下职工群众工作

参与加强和创新社会管理工作，维护职工队伍和社会稳定。推动完善党委领导、政府主导、社会协同、公众参与的社会管理格局，着重在参与引领社会、组织社会、管理社会、服务社会、稳定社会等领域发挥

目前，全国各级工会共建立困难职工帮扶中心 3457 个、乡镇街道企业帮扶站点 2.9 万个，所有的地市级城市和全部应建县级城镇都建立了帮扶中心。图为王兆国同志 2008 年 1 月视察吉林省长春市困难职工帮扶中心。

作用。坚持每年调研职工队伍状况，及时掌握职工队伍动态，为党政科学决策、维护职工权益提供依据。做好法律援助工作，加强工会劳动法律监督，健全劳动争议调解组织。2011 年，工会法律援助服务机构受理案件 6.4 万件，提供咨询代书等服务 10 万件。继续做好涉及职工群体性事件预警、预防、预报工作，对可能引发职工群体性事件的苗头早发现、早报告、早处理。严密防范境内外敌对势力插手我国劳动关系矛盾进行渗透破坏，确保职工队伍团结和工会组织统一。

深入开展服务职工活动，发挥党联系职工群众的桥梁纽带作用。各级工会组织广泛开展"面对面、心贴心、实打实服务职工在基层"活动，广大工会干部深入企业特别是生产经营困难企业，推动解决职工群众反映突出的热点难点问题，进一步密切与职工群众的联系，改进工会干部的工作作风，涌现了一批先进

当我们看到杨丽"一辈子扎根在工会一线，一辈子与职工群众打交道"的身影，当我们听到刘双"用爱为身处困境的孤儿和贫困家庭孩子撑起一片天"的心声，当我们掂量到陈有德"义乌维权模式"的分量，当我们回忆起陈超英生前"想职工之所想，急职工之所急"的动人一幕，以及了解了潘兰英、王远文、曹晓斌、王小骏、常雨琴、范秀林等优秀工会工作者的典型事迹，我们就会感觉到一种催人奋进的力量。

2010年五一期间开展的弘扬时代精神，展示劳模风采全国劳动模范优秀书法作品展暨书法名家作品邀请展。

李斌是上海电气液压气动有限公司液压泵厂数控工段工人。工作 29 年来，潜心于技术，完成新产品开发 55 项，创造了"李斌效应"。

许振超是一个普普通通的吊车司机，但他始终忠于职守、尽职尽责，因此也就业绩突出、贡献卓著。他创造出无论多大的船全部在 10 小时之内完成作业的世界一流装卸效率，连续刷新集装箱单船装卸作业的世界纪录。许振超的感人事迹再次证明，工人阶级不愧为我国的领导阶级和民族复兴的开路先锋，不愧为推动我国经济发展和社会进步的中坚力量。

邓建军，长期从事电气技术工作，新世纪全国首批七位"能工巧匠"之一，他所研制发明的"染液组分在线检测和控制系统"填补了该领域世界空白，并以唯一的创新技术工人的身份跻身 2005 年度中国纺织十大创新人物。

王洪军，焊装工人。他发明制作了钣金整修工具 40 余种 2000 余件，提炼出 123 种钣金修复方法，创造了"王洪军轿车钣金快速修复法"，培养和带出了一支 200 多人的高技能钣金整修队伍。他是新中国成立以来首位获得国家科技进步奖的一线工人。

弘扬劳模精神，组织开展劳模事迹报告会进校园、进京观光旅游、北戴河疗养等活动。

典型，并探索建立了形式多样的联系基层、服务职工的长效机制。截至目前，全总机关各服务职工工作组已深入30个省（区、市）和新疆生产建设兵团的120个地市、270家企业，召开627场座谈会，与9012名一线职工、企业经营者和基层工会干部面对面交流，个案访谈1788人。同时，发放《职工劳动权益手册》近30万册，帮助企业建立152个职工书屋，走访1281户困难职工和160名劳模，投入帮扶资金4287.5万元。各省（区、市）、市（地、州、盟）和县级及以下工会组织通过活动，在帮助职工解决生产生活困难、帮助企业解决生产经营困难、积极化解劳动关系矛盾等方面取得显著成效，受到了职工、企业的普遍欢迎。

五、加强工会对外交往和港澳台工作，不断扩大中国工会影响

高举和平、发展、合作、工人权益的旗帜，推动形成公正合理、民主和谐的国际工运新秩序。每年举办

雷锋传人——郭明义。从1996年开始担任采场公路管理员以来，他每天都提前两个小时上班，15年中，累计献工15000多小时，相当于多干了5年的工作量。从1990年以来，他义务献血6万毫升，是他身体血液的10倍多。从1994年以来，他已累计捐款7万多元，帮助了100多名贫困儿童。郭明义是新时期学习实践雷锋精神的优秀代表。

全国工会依法推动企业普遍建立工会组织，实现工会组织对企业的全覆盖。其中，推动外企建立工会的工作取得突破性进展。

全国工会开展"广普查、深组建、全覆盖"集中建会行动。截至2010年9月底，全国工会会员达到2.39亿人，新增1361.3万人，工会覆盖率和职工入会率分别达到50.9%和74.7%。图为青年工人高兴地领到工会会员证。

工会越来越注重发展农民工入会。图为建筑行业外来施工企业工会成立大会在施工工地宣告成立。

"经济全球化与工会"国际论坛，规模不断扩大，影响不断提升，2011年第七次举办时有89个国家和地区的146个工会组织、209名工会代表参加，成为开展国际交流交往、展示中国工会形象的重要舞台。中国工会代表在第100届国际劳工大会上当选国际劳工组织理事会正理事，实现自1983年中国恢复参与国际劳工组织活动以来首次突破。举办国际职工体育交流活动，共约800名国外职工代表参与。到2011年底，已与400多个国外工会组织建立了多种形式的友好合作关系。

"职工书屋" 建设是一项惠及广大职工群众的文化利民工程

宁夏总工会举办向农民工"送技能、送法律、送文化、送健康"暨"职工书屋"设备图书发放仪式。

建立"职工书屋"24.6万个。

成立农民工夜校。

全国工会职工思想政治工作视频会议。

各级工会紧密结合本地区、本行业实际，围绕促进经济社会发展，开展创建"工人先锋号"活动，有效调动了广大职工的积极性、主动性和创造性，取得了很好的效果，在社会上产生了良好反响。图为中华全国总工会授予华安工业集团精密机械厂表面处理班组"工人先锋号"奖牌。

各级工会组织广泛开展"创建学习型组织、争做知识型职工"活动。图为大庆油田电力集团学习型组织总结大会。

2011年6月，鄂尔多斯市总工会主办、东方控股集体承办的"创先争优劳动竞赛启动仪式"在东方欣园工地举行。

发挥群众性、民间性优势，积极开展工会港澳台工作。深化同香港、澳门工会组织和劳动界的联系，为保持香港、澳门长期繁荣稳定作出积极贡献。召开学习贯彻胡锦涛同志在纪念《告台湾同胞书》发表30周年座谈会上重要讲话精神座谈会，为推进两岸关系和平发展献计出力。举办"海峡两岸工会论坛"，自2008年以来共有1700名代表参会，每届论坛紧跟两岸关系发展进程和劳动领域热点问题，增进了两岸工会的相互理解。连续举办"海峡职工论坛"和海峡两岸职工创新成果展，推动两岸职工交流与合作，进一

工会按照党中央关于科教兴国、人才强国战略的要求，全面推进职工队伍素质建设，不断创造条件提高广大职工的职业技能素质和科学文化素质。图为全国职工工会知识竞赛总决赛现场。

企业工会的代表性和代表力得到加强，并争取到企业管理方的尊重和理解。企业工会与企业管理方沟通渠道畅通，有助于和谐劳动关系的构建。

全国工会创先争优暨推进工会组建工作视频会议

全国工会"十大标兵"个人。

步密切了两岸职工和劳动群众间的感情。

六、以改革创新精神加强自身建设，把工会组织建设成职工群众信赖的"职工之家"

坚持把工作重点放在基层，不断激发基层工会生机活力。加强基层工会规范化建设，从人、财、物等各方面支持基层工会，在基层工会特别是非公有制企业工会开展"工会组织亮牌子、工会主席亮身份"活动。推行"维权上提一级、服务下沉一级"和"上代下"工作模式，健全保护基层工会干部制度，鼓励和支持他们坚定站在维权工作第一线。完善基层工会主席民主产生机制，把那些真正为职工说话办事、职工群众信任的工会工作者选拔到工会领导岗位上来。坚持开展模范职工之家评选工作，推动建设"职工之家"、"职工小家"活动深入发展。

不断提升工会干部能力素质，努力建设一支政治坚定、业务扎实、作风过硬、廉洁自律的工会干部队伍。制定全国工会干部教育培训规划，举办全总新进、新增补、新替补执委和经审会委员培训班，全国省市县级新任工会主席培训班等，加大对工会干部特别是非公有制企业工会干部培训力度。做好干部协管工作，推进按同级党政副职配备工会主席，配强工会领导班子。深化干部人事制度改革，完善工会干部考核评价激励制度。选树表彰优秀工会干部，广泛宣传工会工作的创新经验，教育引导广大工会干部忠诚党的工运事业、奉献职工群众。

全面推进各项工作，努力实现创新发展。支持产业工会立足自身优势，组织动员产业职工建功立业，维护产业职工合法权益。深入实施女职工提升素质建功立业工程，依法维护女职工合法权益和特殊利益。深化工会经费"一改三策"改革，做好税务代收、财政划拨、建会筹备金等工作，提高工会财务管理水平。实施《中国工会审计条例》，推进上审一年、下审一级工作。制定工会企事业发展规划，管好用好工会资产，增强服务职工实力。加快工会信息化建设步伐，建设全国工会网络平台，做好网络舆情分析引导。加强工会组织中党的建设，严格执行党风廉政建设责任制和领导干部廉洁从政准则，充分发挥工会组织内党组织战斗堡垒作用和党员先锋模范作用。

做好新形势下的工会工作，任务艰巨、责任重大、使命光荣。各级工会组织和广大工会干部一定要更加紧密地团结在党中央周围，坚定不移地走中国特色社会主义工会发展道路，永远保持谦虚谨慎、不骄不躁、艰苦奋斗的作风，锐意进取，开拓创新，团结动员广大职工为实现"十二五"规划目标任务、夺取全面建设小康社会新胜利作出新的更大贡献。

科学发展 特色道路 辉煌成就

QINGSONG

甘军致辞：

　　作为一家公众公司，我们做企业的人，不仅要对公司职工负责，更应该对广大股东负责，对全国人民负责。从这个高度上经营企业，就是要用崭新的视野看中国市场，用发展的目光做强实业，用创新的理念创建和谐企业。

　　"359旅"第一代垦荒者给公司打下了坚实的基础，作为新一代接班者，我给自己、给公司提出的要求是：在先辈走过的路上创造奇迹，在先辈没有走过的路上留下深深的脚印。

　　我常说的两句话是：依法经营，依法治企。青松建化做人做事遵循的原则就是两个字——诚信，这是我们做企业的根本。青松建化改制上市后，实现了超常规、跨越式发展。

　　我们的发展目标是：实施以人为本，以构建和谐企业为核心的发展战略，以科学发展观为指导，以新型工业化和发展循环经济为导向，以资源开发、资源转化和资源综合利来延伸资产经营链和产业价值链，形成青松建化群工业经济，实现青松建化可持续发展。到2010年，新增新型干法水泥产能350万吨，使水泥年产能达到600万吨；建成年产20万吨PVC盐化工项目；销售收入达到30亿元以上，总资产达到80亿元，净利润超过2亿元，职均年收入超过2万。计划到2020年，实现销售收入50亿元，净利润3.5亿元。对此，我充满信心：看准目标，勇往直前，实际困难会比想象中小；执着理想、披荆斩棘，开拓一步就离成功近一步；矢志不渝、锲而不舍，在奋进中目标一定会变成现实。面对市场的激烈竞争，我们丝毫不敢懈怠。我们将不懈努力，实实在在回报股东。

演绎"水泥航母"跨越式发展的传奇

——记全国五一劳动奖章获得者，新疆青松建材化工（集团）股份有限公司党委书记、董事长甘军

仅用十年的时间，青松集团公司演绎了跨越式发展：主业水泥产能由上市前的70万吨，增加到1600万吨，增长23倍；净资产由上市前的1.85亿元，上升到今天的60亿元，增长32倍；总资产由上市前的2.3亿元，增加到今天的100亿元，增长44倍；职均收入从上市前的1.45万元，提高到4.9万元。目前在全国22家水泥上市公司中排名第二，荣获中国水泥产能百强企业。

2000年11月，对青松公司和甘军而言都是一个重要转折点。这一年，具有50多年历史的青松建化厂改制为青松建材化工股份有限公司。面临设备老化、产能不足等困难，甘军清醒地认识到：青松必须改制，尽快启动上市工作。经过三年的不懈努力，2003年公司终于上市了，从而为青松公司可持续发展夯实了基础。

公司上市后，甘军提出"稳步扩张推进，做强、做大水泥主业，拓展、延伸下游产业，实现规模效益"的发展战略。第一步，公司投入资金收购拜城、库车水泥企业，随即又在库车、石河子、和田、阿克苏、克州、巴州投资新建新型干法水泥生产线并配套建设余热发电系统，实现了当年建设、当年投产。第二步，把主业扩张的重心逐渐北移，分步实施"挺进北疆"，整合做强主业战略。先后在乌市卡子湾、祁家沟、乌苏、五家渠将建成目前全疆单线生产规模最大的新型干法水泥生产线。第三步，不断向下游的水泥制品、墙材、商混进行拓展和延伸。以阿拉尔青松化工10万吨离子膜烧碱项目为依托，推进项目早投产、早见效；积极运作5万吨维纶化工项目，力争通过3—5年时间，打造青松化工产业规模。2007年，青松建化列入国家重点支持的60家水泥工业结构调整大型企业（集团）之一，2012年挤身于中国企业500强的行列。

甘军常说："只有激发人人创新创效，才是提高企业核心竞争力关键。"他打破干部工人界线，废除技术岗位和职称的终身制，把管理人员和员工工作绩效、技能考核成绩作为竞聘条件，为优秀人才脱颖而出创造条件，使公司管理人员由544人精减到337人。在工资分配中，设定"工人技术等级工资"。举办职工技能大赛和合理化建议活动，首创"一年一聘首席技工评选"，开展"争做学习型员工"活动。提取工资总额的2%作为职工教育培训经费，鼓励人人自学，对参加完成自学考试毕业的70余名员工除报销各种费用外，还给予2000元奖励。近年来，公司重点研发的油井水泥、抗硫水泥、大坝水泥、低碱水泥等特种水泥，均获成功。其中H级油井水泥生产技术、G级油井水泥生产技术，获得美国石油学会API认证，应用于亚洲第一深井——塔深1号井，创造了超低密度水泥浆在深井中使用的国内记录，获得新疆新产品二等奖。

近十年来，在他带领下，公司先后获得"全国文明单位"、"全国和谐劳动关系模范企业"、"全国优秀诚信企业"、"全国建材行业先进集体"、"全国质量管理先进企业"、"全国质量工作先进集体"等多项殊荣。甘军也被授予"全国优秀创业企业家"、"中国十大卓越企业管理师"、"中国经济建设杰出贡献企业家"、全国第七届突出贡献企业家、建材行业改革开放三十年代表人物、自治区劳动模范、自治区第四届优秀企业家、"感动兵团100位先进人物"等荣誉称号。2011年还获得全国五一劳动奖章。

甘肃省委书记、省人大常委会主任王三运，省长刘伟平率领省新建项目观摩团参观忠恒集团建设的平川尚文坊文化一条街项目

感 恩 社 会 造 福 于 民

——记全国五一劳动奖状单位甘肃忠恒集团

甘肃忠恒集团是一家集基础教育、职业教育、现代农业、文化产业、房地产开发、物业服务、保安服务、集中供热、商贸流通、信用担保为一体的综合性民营企业集团。公司成立于1999年，现为国家一级资质企业，总资产5亿多元，现有职工2896人，近三年上缴税款7900万元。

近年来，集团公司严格遵守党的各项方针政策和有关劳动保障法律法规，守法诚信经营，扶危济困，捐款捐物，无偿兴办学校，建设屈吴山红色教育纪念馆和恒山休闲公园，认真履行社会责任，社会公益事业累计捐款达1.8802亿元。为推动农业增产，农民增收，公司以持续发展为主题，主动谋求企业长远发展，加快城乡一体化进程，2012年投资1.5亿元筹建平川现代农业示范园；投资1亿元建设金利苑农贸市场；投资2.98亿元建设金地年鲜综合农贸市场，为推动当地农业持续健康发展奠定了坚实基础。

忠恒集团始终把"人为尊，德为本，诚则信，精则赢，惠及一域"的十六字方针作为公司的企业精神，把"从细节到辉煌，以诚信赢市场"作为公司的品牌口号，把"科学发展，创造效益，服务社会，成就人生"作为公司的企业宗旨，把"造福社会，回馈于民"作为公司的企业使命，把"敢为人先，锐意进取，言而必信，行而必果"作为公司的员工精神，把打造"百年忠恒"品牌作为公司的企业愿景，努力把忠恒集团建设成为全省乃至全国一流的企业集团，为区域经济和非公有制企业的持续、快速、健康发展发挥模范带头作用。

集团公司工会于2003年8月成立，现有工会会员2606人。为了充分保护员工的合法利益，集团公司工会对机制改革、生产经营目标、新产品开发、大宗物资招投标及人事变动等关乎企业发展的重大事项都充分吸纳广大职工的智慧和才能，自觉接受广大职工的监督、评议。对业务招待费开支、员工个人工资分配、住房安排、医疗保险、养老保险等与员工切身利益相关的问题，都做到公开透明或通过职代会研究确定，切实维护职工的权益。公司与每位员工签订劳动合同，并为符合条件的员工购买"五金"。在员工生日期间，工会为员工购买生日蛋糕，对员工进行慰问。工会每年组织员工开展拔河、象棋、兵乓球等各种体育活动比赛，并在"五一"、"十一"期间组织职工旅游，年终组织开展职工文艺汇演，为职工订阅报刊杂志，购买图书等资料，为开展活动搭建了良好的物质平台。

集团公司自成立以来，始终把"感恩社会，造福于民"作为公司的发展理念，把履行社会责任作为最终追求。多年来，坚持兴办教育，弘扬革命传统，改善人居环境，繁荣地方文化，投身慈善事业，保障改善民生，带动区域经济，受到社会的高度赞扬。公司经过多年的积累和发展，建立了比较完善的法人治理结构、科学的管理体系、高效的经营机制、完备的质量管理体系和售后服务体系。公司屡获省、市、区各级人民政府及主管部门的表彰奖励，曾获"甘肃省非公有制经济百强企业"、"甘肃省信贷诚信企业"、"甘肃省诚信纳税先进单位"、"甘肃省先进私营企业"、"全省再就业先进企业"、"白银市劳动关系和谐企业"、"白银市非公有制20强企业"、"平川区发展非公有制经济先进企业""甘肃省五一劳动奖状""全国五一劳动奖状"等荣誉，为西部经济和非公企业持续、快速、健康发展作出了突出贡献。

房忠，甘肃省白银市平川区人，厦门大学硕士研究生，高级工程师，甘肃省人大代表，甘肃省政协委员，甘肃省工商联副主席，白银市政协常委，白银市工商联副主席，平川区人大常委会委员，平川区工商联主席，平川区慈善会会长，平川区响泉村村委会主任，甘肃忠恒集团董事长，平川中恒学校董事长。

邓建军与工友研讨技术问题

中国"知识型产业工人"的领跑者

——记全国劳动模范、"十八大"代表，江苏黑牡丹（集团）股份有限公司邓建军

邓建军，高级工程师、高级技师，1969 年 10 月生，1992 年加入中国共产党，党的十七大、十八大代表。邓建军 1988 年进入黑牡丹（集团）股份有限公司，23 年间，他由一名普通的青年工人成长为新时期产业技术工人创新发展的楷模，成为中国"知识型产业工人"的领跑者、中国"蓝领精英"的象征。

邓建军，凭借其过硬的技术本领，带领着工作室同仁，一如既往的奉献于科技应用领域的现代化企业，围绕世界纺织先进技术的运用实践，不断冲击世界纺织难题。邓建军，用不断探索、执着奋斗的事实，向企业、向家乡常州，也向中国产业界证明，邓建军忠诚地实践了自己"为中国工人争气"的诺言。

邓建军，先后荣获"全国五一劳动奖章"、"中华技能大奖"、"全国技术能手"、"全国青年岗位能手"、"国家级技能大师"、"全国职工职业道德建设十佳标兵"、"江苏省敬业奉献模范"、"江苏省有突出贡献的高级技师"等荣誉称号，荣获"江苏省'333'人才工程突出贡献奖"、"江苏省科学技术进步三等奖"等，享受国务院特殊津贴。在2005年的全国劳模大会上胡锦涛同志亲手为他颁发了"全国劳动模范"的荣誉证书。2009年邓建军先后被评选为"新中国成立以来100位感动中国人物"、"双百人物"、"时代领跑者——新中国成立以来最具影响力的劳动模范"。2005年和2011年，邓建军两次荣获"全国纺织工业劳动模范"称号。

2012年4月10日"邓建军技能大师工作室"揭牌

邓建军回母校常州轻工职业技术学院与师生交流

邓建军与工作室成员探讨技术问题

2007年7月7日，袁继斌作为大连市劳动模范代表受到王兆国等领导的接见。

大 连 模 式

——大连·信阳（新县）进城务工人员工会联合会为农民工双向维权工作纪实

大连·信阳（新县）进城务工人员工会联合会，是在大连市及西岗区、信阳市及新县两地两级工会联手指导下，于2003年11月在大连组建的一个新型工会组织。其工作和服务的主要对象是新县在大连的7000余名从事房屋拆除业的农民工。

工会联合会第二次代表大会换届选举

指导农民工维权

农民工工会为玉树地震灾区爱心捐款

联合会成立几年多来，始终按照"源头建会、属地管理、联合互动、双向维权"的机制运行，积极探索，大力开展有特色、有针对性的工作和活动，取得了较为突出的成绩。2007年1月，中共中央政研室第33期简报编印了《大连农民工工会有效促进社会和谐》一文，胡锦涛同志批转，全总王兆国、孙春兰作了批示。辽宁省总、河南省总也十分关心关注的工作。全总还组成专门调研组，对联合会工作进行全面的考察总结，将联合会为农民工双向维权的工作喻之为"大连模式"。

一是"组织起来"实现突破。

联合会始终把全总提出的"最大限度地把农民工组织到工会中来"的工作方针摆在首位，积极采取各种措施引导农民工加入工会。经过7年多的不懈努力，新县在大连务工的农民工加入工会的，已从建会之初的300余人发展到5860人，其中，除新县来连务工人员外，部分来自河南其它市县和湖北省红安县的农民工，也积极要求加入了这个农民工工会。

二是依法维权成效突出。

房屋拆除是高危作业，伤残事件时有发生。工会成立前，这个群体农民工发生安全事故后，往往无人去管，应得的补偿很难拿到或少的可怜。工会成立后，始终把维权工作作为履职的首要杠杆，旗帜鲜明、坚定有力地维护农民工合法权益，先后调处维权案例310余起，为农民工争取和追回各种补偿两千余万元。有的农民工曾感慨地说"有没有工会，真是天上地下"。

三是帮扶工作扎实有力。

由于这个群体农民工基本是无单位依托、非正规化就业的，流动性很强。过去，他们中出现伤病和生活困难的，往往无人问津。工会成立后，联合会义不容辞地担当了对这个群体中困难农民工给予最主要、最直接的帮扶救助的社会责任，通过工会组织把党和政府的温暖送给农民工。8年来，先后组织工会骨干和会员捐款近400万元，帮扶救助了因伤残、大病和其他原因导致生活困难的农民工200余人次。"有困难、找工会"，是许多农民工由衷的心声。

四是素质教育成效明显。

过去，这个群体农民工长期无人关心、无人教育、无人管理，他们中每年都发生多起刑事和治安案件。

工会成立后，在大力维权帮抚为他们解决实际困难的同时，自觉担负起对这个群体教育引导的社会职责，使这个群体的素质逐步提高。现在，他们自觉文明守法的意识明显增强了，工会成立至今，这个群体成员再未发生一件刑事案件；奉献社会作贡献的责任感增强了；多年来，工会骨干和会员为大连社区建设捐款18万元，为家乡建设和帮困助学捐款800余万元，为汶川和玉树震区捐款10多万元；他们积极上进的意识增强了，48名工会会员光荣加入中国共产党，11人先后荣获省、市、区劳动模范和"五一奖章"，工会主席袁继斌还当选为中国工会十五大代表，2010年又荣获全国劳模光荣称号。

五是自身建设不断加强。

完善了工会的组织体系，联合会根据会员组成结构，下设陈店乡、郭家河乡、陡山河乡和湖北红安四个分会，并建立了一套工会工作制度，培养形成了一批工会骨干队伍，工会工作规范有序。

劳动模范载誉归

袁继斌荣获2010年全国劳动模范，载誉归来受到各级领导和农民工群众的热烈欢迎。

救助农民工子女

农民工会员参加残奥会火炬传递

2010年袁继斌荣获全国劳动模范称号

让合作者与公众的信赖更具价值

—— 记全国劳动模范，广西玉柴机器集团有限公司董事局主席、党委书记晏平

广西玉柴机器集团有限公司，现拥有 30 多家全资、控股、参股子公司，员工 23000 多人，总资产 328 亿元，是国内产品型谱最全的内燃机制造基地、国内挖掘机产品型谱最完备的制造商。玉柴位列中国企业 500 强排行榜第 226 位，中国制造业企业 500 强第 115 位，中国 500 最具价值品牌第 106 位，中国机械 500 强企业第 18 位。

近十年来，玉柴以年均超过 30% 的速度增长。2011 年，玉柴集团销售收入突破 400 亿元大关，达 429.21 亿元，同比增长 15.86%，销售发动机 71.69 万台，销售工程机械 8527 台，为"十二五"打造"千亿元玉柴"提供了坚实基础和保证。

玉柴在掌门人晏平的带领下，以"绿色发展，和谐共赢"为核心理念，以"让合作者与公众的信赖更具价值"为企业使命，立志卓越引领民族产业。2005 年，玉柴主动加入联合国全球契约，行业首家发布企业社会责任报告，成为行业承担社会责任的典范。玉柴以做"中国最大活动污染源的控制者"为己任，多种渠道推进企业社会责任活动，享有优良的社会美誉度和公众诚信度。

2012 年，站在积聚了 60 年巨大能量的坚实基点上，晏平带领玉柴人开始了新的征程，制定了"十二五"千亿目标的宏伟蓝图，并进一步加大了对科技创新的投入力度，同时对玉柴管理团队、玉柴科技人才提出了更高的要求。在晏平主席及带领的经营班子对人才的尊重、关心和爱护下，玉柴涌现出了像吴其伟、陈秋平等一大批善经营、懂管理的精英管理人才，林铁坚等一大批科研专家及科研骨干人才队伍。2011 年，由玉柴科研专家团队研制的拥有玉柴自主知识产权的"YC6L 柴油机的研发及推广项目"荣获广西壮族自治区科技特别贡献奖，其技术达到了国际水平，并填补了国内空白。2012 年玉柴成功摘取首批广西自治区最高质量荣誉奖——自治区主席质量奖。

走在时代前列的火车头

52岁的黄跃君是杭州铁路机务段"老大车"司机。皮肤黝黑，话语不多，平凡而普通。他坐在火车头的操纵台前，目光闪烁，表情从容，神情坚毅，十分专注。从揣着铁路梦的翩翩少年，到火车司机中的佼佼者，34年来，他安全行车300多万公里，相当于绕地球75圈还要多，将数以千万计旅客接来送往，用趟趟列车安全正点赢得四方赞誉。

作为一名机车乘务老兵，他亲身参与了铁路历次大提速，先后经历蒸汽机车、内燃机车和电力机车三次转型。2006年，杭州机务段配备了电力机车。面对崭新的SS9型机车，他调整心态，对照书本找部件，琢磨机车上的每一个部件之间和电器线号的相互关系，一呆就是两三个小时。他亲自到上海找机务系统的老师傅，求教每一个难点，满满记录了两大本学习笔记。

为了掌握电力机车的运用技能，他主动请缨，操纵机车牵引N526次旅客列车安全到达终点站，成为杭州机务段客运电力机车上线运行第一人。

"只有掌握过硬的技术，才能做永不落后的火车头！"黄跃君钻研技术的劲头，在全段有口皆碑。2007年在浙江省职工"百行百星"暨十大技能状元评选活动中，黄跃君力挫群雄，最终名列十大技能状元榜首，被浙江省总工会授予"金锤奖"。为了帮助年轻人更快成长，他经常利用休息时间主动帮带青年司机，传授操纵技能，以自己的丰富经验言传身教，培养带动了一大批业务骨干。

安全行车责任重大。黄跃君每次出乘，心里总是和车厢内两千多名乘客的安危连在一起，无论是出乘准备，还是运行途中，他都始终坚持执行标准，一丝不苟，不到终点绝不懈怠。

每当遇到天气变化，他总要提前几个小时到段里，对机车进行全面检查试验，制定预案，做到心中有数。他有一本随身携带的笔记本，里面密密麻麻记录着各种行车注意事项以及机车故障处理资料。在他的心里，安全始终是绷得最紧的一根弦，不能出现丝毫的差错，因而创造了安全行车12400多天的佳绩。

"开车人要想着坐车人，安全、平稳、正点把旅客送达目的地，这是火车司机肩负的最大责任。"黄跃君经常利用休息时间往返于沪杭、杭金、杭甬之间的列车，体验列车运行的平稳度，了解旅客乘车的感受。在黄跃君的带动下，杭州机务段火车司机下班后纷纷从机头来到车厢，体验旅客感受，征求旅客意见。

黄跃君说："操纵机车，讲究的是高超技术，机车的一个冲动就可能导致车厢里的旅客前仰后倒"。黄跃君平时出乘的每一次操纵、每一个细节，列车挂头、列车启动、途中调速、进站停车等各个环节都力求做到动作标准、作业规范，总结出了一套"启动稳、加速快、停车准、无冲动"的旅客列车平稳操纵法，将列车操纵艺术化，让旅客们都能感受到铁路机车司机的真诚服务。

2010年黄跃君被授予全国劳动模范称号，在北京人民大会堂受到胡锦涛等党和国家领导人的接见。当时，他激动地说："在平凡的岗位上能获得这样的荣誉，是我今后工作最大的动力，我一定要以身作则，带好这个头。"

心系民生乐奉献 责任在肩勇开拓

——记全国先进工作者，上海松江区建设和交通委员会党委书记、主任沈谦

2010 年全国劳动模范和先进工作者表彰大会在北京人民大会堂隆重举行。松江区建设和交通委员会党委书记、主任沈谦被国务院授予 2010 年度"全国先进工作者"光荣称号，受到党和国家领导人的亲切接见。

鲁迅先生说过："世上本没有路，走的人多了，也便成了路。"而作为道路的开拓者，就要具有勇于负责、不畏艰难的精神。在松江，许许多多百姓都熟悉沈谦，他的出名也许源自他的工作经历。自 1981 年起，沈谦便与"大盖帽"结下了不解之缘，先后在松江检察院、工商局、公安局、市政局、绿化局、城管大队、建交委等十余家单位工作过，并担任处级领导职务二十年。无论在哪一个岗位上，他都以"坚持原则、敢于碰硬、勇于开拓、锐意创新"的理念，以"以情动人、以理服人、以心感人"的工作方式，坚持兢兢业业，倾心倾力，实地调研，凡涉及民生的问题，都会想方设法去探索和解决，尽己所能交出满意的答卷。

他是一名特殊的建设者，不求轰轰烈烈，不图显赫声名，凭借着认认真真办事的劲头，坚守在城市管理和建设交通的重要岗位，奔波于车水马龙的街头巷尾，深受群众的尊敬和爱戴。在国家、市、区的重点工程建设中，以其"心底无私敢碰硬"的工作作风，出色完成了令人望而生畏的城市改造前期动拆迁工作。他总说："作为一名党员领导干部，不要计较个人荣辱得失，应时刻牢记肩上永远有一副担子，一头连着党和政府，一头情系着群众。只要是党交给的任务，就算有些不是我职责范围内的事，无论多累多难，都要尽力去管好！"

他以"做本色人、说知心话、办真心事"的人格特征，与民心心相印，始终保持"创新、热情、忘我"的工作精神，创新思路、自我加压、勤政廉洁，在绿化建设、城市建设、综合交通管理中提升松江综合竞

松江新城九号线大学城站

松江区"法律进工地"五年总结,五五"普法顺利通过达标验收。

公路建设日新月异

沈谦主任与帮困对象亲切交谈

沈谦与区领导一起视察动迁现场

争力等方面作出了突出的贡献。几年来,松江区先后被全国绿化委员会、国家爱卫会、建设部等部门命名为"全国绿化模范城市(区)"、"全国绿化先进城区"、"国家卫生区""中国人居环境范例奖"等荣誉称号。

几年来,沈谦先后获得上海市劳动模范、上海市人民满意的公务员、上海市建设功臣、全国绿化奖章、全国绿化先进工作者等诸多殊荣,以其独特的人格魅力、满腔的工作热情、常年的默默奉献,诠释了一名优秀共产党员"全心全意为人民服务"的真正内涵。

松江区新貌

"十个全覆盖"引领杨家窑村走向辉煌

——记全国劳动模范、杨家窑村党支部书记郭占君

郭占君，男，汉族，1965年3月出生，2004年7月起担任杨家窑村党支部书记兼村委会主任。

郭占君和村"两委"一班人倾听群众意见，经过科学论证，抓住同煤集团塔山煤矿这个大项目落户在本村的优势，采取独资、合资的形式，融资5.02亿元，先后建成了卧龙广服务有限公司、七峰山水泥公司、塔山职工公寓、塔山加油站、材料储备场、同塔建材有限公司、四方高科农牧有限公司、卧龙商砼有限公司等项目，2011年全村经济总收入2.76亿元，人均纯收入25860元。

与台商合作的大同福龙生物科技公司，建成5个共计22000㎡的连体智能温室，2011年产木瓜12万公斤，蝴蝶兰种苗150万株，销售成花16万株，这是该项目技术首次落户山西省。另外，又投资240万元建了8个四季型温室大棚，种植新特无公害蔬菜，一年四季供应村民、服务塔山煤矿。农业休闲观光园区建成人工湖一座，累计栽植经济林、景观树15.6万株。

首先，以"魅力、宜居、绿色、生态、和谐"为目标，以"十个全覆盖"为重点，为村民建设一流的居住环境，投资1.5亿元建成178套欧式别墅、190套板式住宅楼和6600㎡综合服务楼。其次是全力推进道路硬化、医疗卫生、标准教育、有线电视、安全饮水、社会保障、公益文化、综合治理、文明创建、生态绿化"十个全覆盖"工程建设，成为山西省新农村建设示范基地。

郭占君富而思进，2008年荣获山西省"五一"劳动奖章，2009年被评为全省建设社会主义新农村十佳村委会主任，2010年获得全国劳动模范、省党风廉政建设先进个人荣誉称号，2011年被评为省优秀党务工作者、省新农村建设十佳标兵。2012年，杨家窑村党支部荣获"全国创先争优先进基层党组织"称号。

村民别墅

休闲公园

全国职业教育楷模

——记全国先进工作者，
山西省长治市第一职业高级中学校长、书记张素珍

张素珍，女，大学本科学历，山西省长治市第一职业高级中学校长、书记，中华教育艺术研究会理事，山西省职业技术教育研究会理事，山西省新世纪学科技术带头人，长治市第十一、十二届人大代表，第八、九次党代会代表，山西省十一届人大代表，第29届北京奥运会火炬手，长治市商品购销国家职业技能鉴定所所长。

张素珍同志从事教育工作30年，担任校长职务17年。长期以来，她凭借对党的教育事业的热爱，以超人的毅力，过人的胆略，团结带领全体教职工，硬是将一所招生门庭冷落、就业无人问津、办学濒临绝境的自收自支的行业职工培训学校办成了市级名校、省级重点和全国知名的中等职业学校。她首先确立了"围着市场转，跟着市场变"的办学理念，其次在教学管理中率先推行了一整套教师队伍管理激励机制，再次是在职教行业率先实施了校企合作、工学结合、订单培养的人才培养模式，引领学校较早地确立了岗位需求牵引、应用能力培养、就业岗位发展的培养理念，向社会展示了职业教育的优势和功能。良好的办学效果赢得了各级政府、社会各界和学生家长的满意。如今，在校学生由60人猛增到3000余人，开设专业由2个发展为12个，为社会输送实用技能人才20000余人，为企业培训员工15000余人，为农村劳动力转移和下岗职工转岗培训9000余人。毕业生就业遍布全国21个城市148家单位，现大部分已成为各行业的业务骨干和高层管理人员，许多已走上了董事长、总经理等领导岗位。学校现有固定的合作伙伴36家，形成了就读学生应接不暇、毕业生供不应求的良好局面，培养订单已签到2015年。毕业生就业率连年保持在98%以上，岗位巩固率达80%以上，为社会稳定、经济发展和城市建设、下岗再就业和农民工转移培训作出了卓越的贡献。

张素珍同志先后被省、市各级政府授予"优秀共产党员"、"三八红旗手"、"十大女杰"、"先进教育工作者"、"劳动模范"、"名校长"和"十大先锋模范人物"等多项荣誉称号。2001年荣获全国"五一劳动奖章"；2007年被国家教育部授予"全国先进教育工作者"称号；2008年荣获全国"三八红旗手"；2009年荣获"中国职业教育杰出校长"和"2009中国教育年度新闻人物"；2010年荣膺"全国先进工作者"荣誉称号。

2007年8月31日，在全国百名模范教师座谈会上，张素珍同志作为全国五位发言者之一，代表全国职业教育工作者向大会作了专题汇报，受到了胡锦涛、温家宝等党和国家领导人的亲切接见。2009年5月25日，习近平亲临山西省长治市第一职业高中视察，对学校的办学成绩给予了充分肯定。人民日报、光明日报、中国教育报、中国青年报等全国各大媒体和报刊报道了张素珍校长的先进事迹。

张素珍与同学们交流学习心得

依法治税　为国聚财

——记全国先进工作者，恒仁满族自治县国家税务局局长、党组书记金锡海

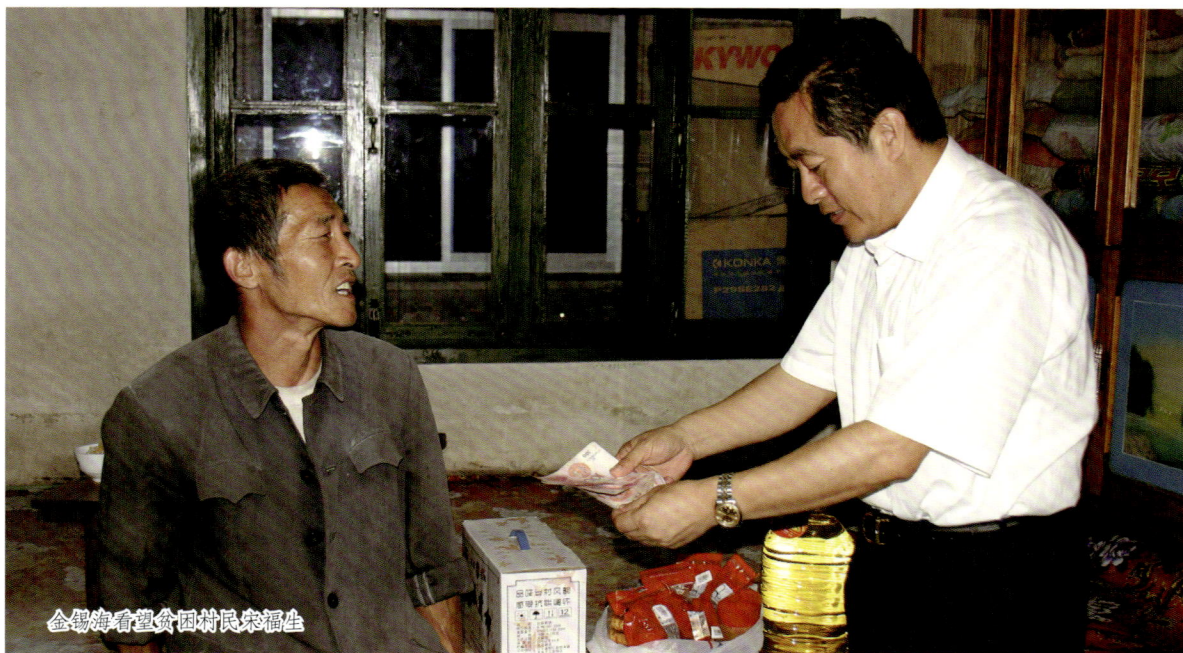

金锡海看望贫困村民朱福生

　　金锡海，男，朝鲜族，1959 年 3 月生，中共党员，现任桓仁满族自治县国家税务局局长、党组书记。由于他一贯爱岗敬业、无私奉献，自 2005 年以来，他先后荣获全国税务系统精神文明建设先进个人、省劳动模范、省道德模范、招商引资先进个人、全国"五一劳动奖章"、全国民族团结进步模范个人、全国先进工作者等荣誉，连续 7 年获市局"优秀公务员"，荣立"二等功" 2 次，荣立"三等功" 3 次。他所带领的县国税局连续 10 年荣获和保持辽宁省文明单位的称号，并获得全国税务系统文明单位的殊荣，所属二棚甸子税务分局被国家税务总局授予"全国青年文明号"。县局连续 10 年超额完成年度税收计划，税收收入由 1997 年的 2778.6 万元增加到 2008 年的 3.25 亿元，连续 6 年保持近 30％的增长速度。2009 年受国际金融危机影响，县域经济受到极大冲击，金锡海局长提出保增长、促税收的奋斗目标，一方面极积深入基层为企业解难题，另一方面采取有效措施抓征管，在巨

团结务实的县局领导班子

大的困难和压力下完成了省、市、县的各项税收指标。5 年来金锡海亲率 4 名工作人员开展招商引资工作，脚步踏遍大江南北，成功引进 14 个大项目，吸纳资金 5 亿多元，这些企业在四五年时间里，已经显现出强劲的生命力，年创产值 5 亿元左右，年实现利税 5000 万上下，使 3000 多人实现了长久就业。5 年来，他个人出资捐助寒门学子 30 余人，救助贫困户 800 余人次，款项已有 5 万余元。他为贫困户、特困户等弱势群体建房、维修房共 26 户，建造房屋 32 间，1460 余平方米，金锡海同全局干部个人捐款 21.5 万元。

县局同时还获得综合治理、依法治市、招商引资、档案管理、优胜集体、扶贫助残、党风廉政建设等先进单位。

无论金锡海本人，还是他所带领的团队，都成为辽宁国税系统的典范。

县局二棚甸子分局全国青年文明号

时任中华全国总工会副主席、书记处第一书记王玉普亲临办事处视察，市总工会领导梁伟、曾繁新、高小强等陪同，办事处主任马淑芹做情况介绍

北京市总工会召开工会工作者培训会，市总工会党组书记、副主席曾繁新在会上发表重要讲话。

北京市委常委、市总工会主席梁伟视察北京办事处并听取互助保障工作情况介绍

北京市总工会召开实施《在职职工医疗互助保障计划》暨职工互助保障工作部署会

北京市总工会以职工互助保障为重要抓手，于1996年成立中国职工保险互助会北京办事处，其主要任务是在职工自筹资金、自愿参加的基础上在全国范围内开展与职工生老病死残、意外灾害、伤害等相关的互助保险业务，为职工提供互助保障服务事业。

目前，各区、县、局、总公司、直属（产业）工会及部分中央驻京单位共建立102家代办处、10000余个基层代办点，参保会员达250万人。截止到2011年底，北京办事处共计为23万多名遭遇意外伤害和患重大疾病及住院医疗的职工进行了赔付，累计赔付金额达3亿多元，受到了党和政府的重视，社会认可、职工欢迎，进一步推动了工会工作的发展。

16年来，北京市总工会已经实施了七项互助保障计划，即：《在职职工意外伤害互助保障计划》、《在职女职工特殊疾病互助保障计划》、《在职职工重大疾病互助保障计划》、《在职职工住院医疗互助保障计划》、《在职职工住院医疗互助保障计划》、《在职职工子女意外伤害互助保障计划》和《非工伤意外伤害及家庭财产（火灾）损失互助保障计划》。

2011年，北京办事处创造性地提出了"三位一体"的职工互助保障理念，职工通过"意外+重疾+住院"三个维度、多个险种的组合参保，拥有一个全面、完备的保障体系，经过多方努力，已成功实现了北京市职工互助保障网络与社会医疗保险网络的对接，对于提高医疗数据审核准确率、简化职工申报手续及流程、防范理赔风险具有重要作用，为互助保障事业的大发展提供了强有力的技术支撑和保证。

2012年，为进一步贯彻《北京市"十二五"时期职工发展规划》，市总工会又在全市范围内推出了《在职职工医疗互助保障计划》，最大限度地减轻在职职工的医疗负担。北京办事处借鉴其他省市互助保险和商业保险的成功经验，认真研发符合本市实际情况的新的互助保障计划，通过积极研究、有效组织、实施网络支持、社保数据对接，保证此计划稳步推进，这一举措开创了全国互助保险门诊报销工作的先河，北京办事处成为中国职工保险互助会在全国办事处中唯一一家对门诊、医疗费用进行互助保障的办事处。

市总工会推出的新计划，覆盖的医疗面广，受益职工多，将会吸引更多单位建立工会组织，吸引更多职工加入工会组织，使职工得到更全面的医疗保障，必将会促进更多职工加入到互助保险活动中，促进全

障为职工筑起抵御风险的坚实屏障

——记中国职工保险互助会北京办事处创新发展纪实

各级工会领导高度重视职工互助保障工作深入一线慰问看望，指导工作

市互助保障业务的蓬勃发展。

在各级工会领导的重视支持下，职工互助保障工作建立了指标考核体系，使全市覆盖面和参保率逐年显著提高：首钢、首旅、汽车集团、京煤集团等大中型企事业单位投保互助保障计划三项以上；燃气集团全员、多项参保；中国通用技术集团、中铁建工集团、北京联通公司、北京首发集团等中央和地方的大中型企业也参加到职工互助互济活动中来，实现了零的突破；继丰台区实现3乡2镇全覆盖之后，互助保障逐渐向门头沟、怀柔、通州、延庆等区县最基层的地方覆盖；市直机关工会所属单位40000名职工全员投保了重大疾病互助保障，市公安局工会为全市48000名公安干警投保了重大疾病互助保障计划。一个由局部实现全覆盖，逐步走向全市各级工会组织的全覆盖的可喜局面正在形成。

辛勤耕耘，职工互助保障事业实现了跨越式发展，北京办事处连续四年被中华全国总工会授予全国"职工互助保障工作模范奖"荣誉称号。

2012年1月19日，北京市总工会副主席高小强亲切慰问京煤集团患病女职工并送去互助金

中国职工保险互助会北京办事处现场赔付会

中国职工保险互助会北京办事处为13名京城机电控股有限责任公司职工进行全市首家《在职职工住院津贴互助保障计划》集体赔付

全总领导到北京东花市街道总工会考察网格化社会管理模式

周永康同志到东花市街道视察工作时指出：北京市东花市街道开展的"条块结合、以块为主、细化到格、责任到人"的网格化社会管理模式是一种很好的管理形式，值得认真总结推广。

网罗民声 格式管理 化解民忧

　　社会服务管理的重点是人。随着单位体制的消解和社区居民从"单位人"向"社会人"的转变，基层社会管理与服务的主体缺位问题日益显现。社区居民遇到的各种问题无法解决，基层社会管理与服务出现了"空白地带"。而正是在这个管理服务的空白地带上，滋生着各种各样的基层社会矛盾和冲突，对此政府只能采取一些较柔软的手段进行引导，并没有硬性的制度对其约束，尤其是地区流动人口比重很大，很难及时、准确地掌握流动人口的底数情况和动态信息，

无法实行更加规范、有效的管理。因而大量矛盾纠纷和大量治安隐患在基层时有发生，影响了社会的和谐稳定。

　　东花市街道坚持社会服务管理创新工作的精神，以创建社会服务管理新模式为总抓手，以原东城网格化城市管理和原崇文信访代理制、城市综合执法等模式为基础，将城市管理的经验推广运用到社会管理与服务中，积极探索、大胆实践、努力创新，建立起了网格化社会服务管理的运行体系。一是划分网格，细

化单元。依据"完整性、便利性、均衡性、差异性"的原则，将每个社区划分为2—4个网格，所辖8个社区共划分为26个网格，同时明确了各网格的四至范围、基本类型、安全级别和编码代号等。二是落实力量，"七员"进格。大力整合街道、社区和派出所等部门力量，将工作人员下沉到网格中，实现每个网格都有"七员"。目前，有26名社区干部担任网格管理员，26名科级干部各督导1个网格，22名网格警员下沉到基层，实现了"一网格一支部，司法员和

工会开展学雷锋日义务咨询

工会开展系列招聘会

端午节职工包粽子

消防员覆盖到所有网格，在一线开展多元调解和消防安全日常巡逻检查。同时，他们从5类协管员中招聘了20名专职网格助理员，面向社会公招了9名助理员，确保"一网格一助理"。三是明确职责，落实到人。以网格为基本单元，对每个网格内的重点人、敏感事和重要场所进行细致梳理，明确职责任务，把职责、任务细化、分解、落实到每个网格，在网格内定岗、定责、定人，努力将隐患纠纷化解在网格内、化解在初期。四是细化流程，合理考核。制作了《网格工作运行图》、《网格事件上报表》、《网格任务派遣单》、《网格化动态排查化解不和谐因素报告表》等，实现了网格工作流程的可操作。在此基础上，还制定了《网格化社会管理考核奖励方案》、《考核奖励分值表（千分制）》等，初步建立起了网格工作考核体系。五是信息支撑，精准管理。积极借助现代信息科技手段，建立网格信息系统数据库，依据信息化平台摸清底数，掌握动态情况。他们将地区视频监控系统、重点人不同时期看护方案以及三级防控点位图等信息全部整合，极大提升了网格信息化系统的功能。通过运用网格信息化手段，建立了流动人口和出租房屋信息动态调查机制，在辖区24个有人员居住的地下空间安装公共安全身份证信息管理系统，按照流动人口"来有登记、走有注销"和出租房屋"租有登记、停有核销"的要求，对在我辖区入住的外来人员进行严格的登记管理，系统自动将人员身份证信息与公安网数据库进行比对，一旦发现存在相吻合的信息就会自动报警，并将报警信息发送给所在地的民警。充分发挥网格工作人员的日常巡视作用，第一时间掌控情况，及时发现问题、了解需求，做到真正掌握每个居民的情况，了解他们

工会慰问美容美发行业一线职工

的需求，这样既产生了良好的社会效应，又拉近了与群众的距离，极大提升了居民参与社区建设的热情，收到了良好效果。

一是网格化服务管理将原来浮在上面的各级干部都下拉到了网格中，能够做到及时发现、上报，在第一时间、第一地点处理各种问题。

二是整合资源、精细服务，为居民提供各种便捷的日常服务，如居家养老、理发修理、社区菜店、便利店等，实现了各界资源的大动员，形成条块融合、服务基层的新格局，受到群众的普遍欢迎。

三是贴近群众、良性互动，工作人员和网格居民融为一体，群策群力，群防群治，有效提升了居民的归属感，最大限度地激发了社会活力，化解了社会矛盾，增强了社会和谐因素。

职工书屋

献手足情 暖职工心

温暖送职工

迎"五一"职工郊游

女工委员们在三八节上的演出

职工运动会

丰台区区委书记李超钢春节期间亲切看望坚守岗位的一线环卫职工

除夕之夜，中心党委书记、主任左兰萍和一线职工一起包饺子过新年

务实拼搏

丰台区副区长高朋来到扫雪铲冰作业一线指导调研工作

名；2010年、2011年连续两年在全市城区市容环境卫生专业考评中夺得第二名的好成绩。

环卫中心的干部职工雨季推积水，秋季扫落叶，冬季扫雪铲冰，春节清理烟花爆竹残屑，重大节日坚守岗位，日常起早贪黑、不怕苦累。2010年1月，北京遭遇59年罕见的暴雪天气，全体干部职工白天黑夜连轴转，一干就是17天，出色完成了铲冰扫雪工作任务。

敢于创新环卫行业数字化信息管理，2009年，环卫中心先后筹集资金375万元，在全国环卫行业中率先建成丰台区环境卫生监控管理指挥调度系统，通过视频传输、数字统计，对车辆行驶实施监控，降低作业车油耗等成本，有效治理超速，为单车核算提供详细参数，为领导决策提供科学依据。通过实时监控环境，同步远程指挥调度，快速处置环境卫生突发事件，全线提高了环境卫生快速精确指挥处置的能力与效率。管理系统的开发使用正逐步改变着传统粗放的管理方式，向全方位、无缝隙的数字化信息管理迈进，在国内环卫行业开创了先例，在丰台区环境卫生事业科学发展的道路上迈出了关键一步。这套系统运行以来，先后吸引全国各地20多家兄弟单位上门观摩学习。2010年，上海市容环境卫生行业协会、浦发环境服务有限公司领导专程来观摩学习，借鉴相关经验，将之应用到上海世博会的环境卫生保障服务工作中。丰台

北京市丰台区环境卫生服务中心（以下简称环卫中心）是丰台区属事业单位，主要承担全区环境卫生保障服务各项工作任务，为首都经济社会发展和人民群众创造更加清洁舒适的市容环境作出突出贡献。

多年来，环卫中心始终把提升丰台环境卫生质量、做好环卫保障服务当成一项最基本的民生工程，不断完善长效管理机制，严格执行作业质量标准，强化多级监督检查，锁定环卫工作中的热点、难点，积极探索解决问题的有效途径。2007年在北京城八区环境卫生专业考核评价中排名由过去倒数第一攀升到第四

环卫中心领导节日慰问困难职工

环卫中心召开庆祝中国共产党成立90周年暨"双百"表彰大会

环卫中心领导来到环境卫生监控管理指挥调度中心现场检查指导工作

凝神聚力促发展　以创新塑"丰环"精神

保环境　凭苦干建一流业绩

——记全国五一劳动奖状单位北京市丰台区环境卫生服务中心

区环卫中心大胆创新管理模式，实行了党委联系基层单位工作目标责任制，除日常分管工作外，班子成员按照责任制的要求联系2至3个所队，定期实地调研，分析人员状况，检查作业路段，查找管理中的"软肋"，破解各种难题。机关科室"捆绑式"分包基层单位，逐月由基层单位对科室服务情况进行考评打分，形成并坚持了"双考核"工作模式。近年环卫中心在职工队伍建设上，以凝聚群众、共建和谐、维护职工合法权益、促进环卫事业健康发展为目标，依法规范各类劳动关系，为劳动合同制工人办实事。连续7次调整劳动合同制工人工资，积极上缴各类保险，提高福利、劳保等待遇，培养选用劳动合同制身份的基层管理人员，广泛吸收合同制工人加入工会组织，积极开展送温暖活动，切实帮助他们解决实际困难，受到了职工群众的欢迎。

区环卫中心丰台环卫所职工在文体路进行道路冲刷

第二届北京市职工技能大赛丰台区总工会汽车驾驶员比赛复赛实操

环卫职工在场馆内擦拭果皮箱

丰台环卫职工队伍新风貌

环卫中心运用科技成果实施监控管理指挥调度

中铁电气化局集团一公司四届二次职工代表大会

追求卓越　争创一流

——记全国五一劳动奖状单位中国中铁电气化局集团第一工程有限公司

中国中铁电气化局集团第一工程有限公司是以铁路、地铁、轻轨电气化、电力、通信、信号施工为主，集施工、工业制造、物资供应、运营维管、工程咨询、电信试验为一体的建设企业。现有员工2427人，其中各类工程技术人员1010人。公司具有住建部资质：机电安装工程施工总承包壹级，房屋建筑工程施工总承包壹级，建筑智能化工程专业承包壹级，电信工程专业承包壹级，公路交通工程专业承包通信、监控、收费综合系统工程资质，铁路电务工程专业承包壹级，

铁路电气化工程专业承包壹级。

一公司成立50多年来，先后修建了我国第一条电气化铁路宝（鸡）成（都）线、第一条新线电气化铁路阳（平关）安（康）线、第一条双线电气化铁路石（家庄）太（原）线、第一条采用AT供电方式的电气化铁路（北）京秦（皇岛）线、第一条开行万吨重载单元列车的电气化铁路大（同）秦（皇岛）线、第一条时速200公里的电气化铁路广（州）深（圳）线、第一条时速300公里的（北）京（天）津城际电

气化铁路，相继建成开通了青藏、京津、北京南站、甬台温（温福）、武广、沪宁、京沪高铁等一大批举世瞩目的铁路重点工程，创造了我国铁路电气化建设的三十多项第一。目前，公司建成的电气化铁路约占全国电气化铁路总里程的40%，为祖国的电气化铁路事业作出了重要贡献。

作为我国铁路电气化建设的国家队，一公司高度重视科技创新工作，大力实施科技兴企战略，全面培养科技人才，切实增加科技投入，企业自主创新能力大幅提升。在既有线提速、常速铁路、重载铁路、高原铁路、高速铁路、城市轨道交通等领域技术优势明显，形成了具有中国自主知识产权的时速350公里—380公里高速牵引供电系统成套技术，站在了世界高铁技术发展的最前沿。

公司党委始终致力于建设一个团结协作、求真务实、廉洁奉公、开拓进取的坚强领导集体，加强领导班子中心组学习、民主生活会、廉政教育等制度。公司选树的"知识型新型工人、农民工楷模"——巨晓林先进事迹入选央视新闻联播时代先锋榜。

中铁电气化局集团工会主席蒋玉林与一公司党政工领导共同为职工书屋揭牌

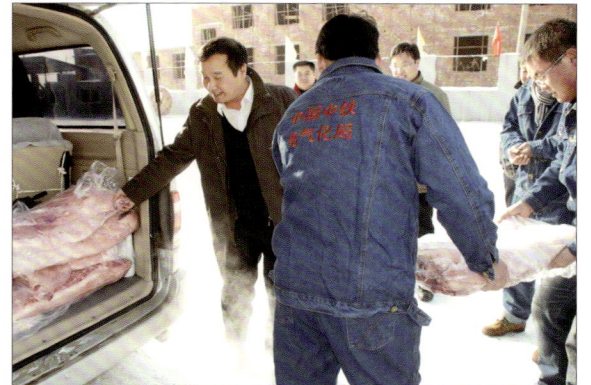

集团一公司工会主席李华在哈大客专慰问施工职工

公司工会认真落实党的依靠方针,坚持以职代会为基本形式的民主管理制度,维护职工合法权益。大力开展"三工(工地生活、工地卫生、工地文化)建设"、"两节"送温暖、"三八"助单亲、"五一"关爱劳模、金秋助学和"冬送温暖,夏送凉爽,一年四季送关爱"等特色系列活动,为解决员工后顾之忧,促进企业持续稳定发展发挥应有作用。共青团工作特点突出,活力增强,公司团委被授予"全国青年安全示范岗",有2个青年集体受到团中央表彰,34支青年突击队、4项青年工程、6项青年创新成果受到省部级团委表彰。

中铁电气化局集团一公司作为铁路电气化建设的排头兵,积极响应集团公司党委提出的"挑战新时速,砥砺再奋进"的号召,全面促进公司持续健康稳定发展,始终坚持把公司建成行业领先,国内一流,集团居首的先进型企业。公司先后获得"全国优秀施工企业"、"全国用户满意施工企业"、全国"安康杯"竞赛优胜企业、"全国五一劳动奖状"、"中央企业先进集体",中国建筑工程鲁班奖、詹天佑土木工程奖,北京市"首都文明单位",北京市"首都劳动奖状",铁道部"火车头奖杯"等荣誉。

多年来,一公司按照"促创干,争一流"的企业精神,努力把"三个文明"建设、企业文化建设、职工职业道德建设、构建和谐企业、立足本职、自主创新的工作抓好抓实,增强了企业的凝聚力。职工爱岗敬业,扎实工作,形成一心一意谋发展的合力。

集团一公司党委书记刘文宣,总经理丁晋春,工会主席李华在集体合同上签字

集团一公司在京沪线开展技术比武活动

集团一公司成立学雷锋志愿者服务队

集团一公司工会组织员工开展岗位练兵活动

公司党委组织开展党员"共建双优先锋号"授旗活动

集团一公司工会举办形式多样的文体活动丰富职工文化生活

集团一公司农民工楷模巨晓林在沪宁铁路施工

集团一公司举行巨晓林班组授牌仪式

团结和谐的领导班子

强化基础 提高质量
创建安全和谐电务段
——记全国五一劳动奖状单位广州铁路（集团）公司长沙电务段

广铁集团长沙电务段于 2004 年由 5 个电务段合并组建而成，共有职工 2559 人，其中中共党员 1375 名，专业技术干部 548 名，下设 12 个科室、23 个车间、244 个班组。该段主要担负武广高铁、京广、沪昆、

湘桂、益湛、石长线等共 199 个站场的信号设备维修养护任务，营运里程达 2312.785 公里，其中武广高速线 623.506 公里。近年来，该段围绕"强化基础、提高质量"的工作思路，强化高铁安全管理，狠抓设

备质量基础，深化创先争优活动，各项工作取得了较好成绩，实现了安全生产持续稳定。

规范管理，筑牢安全基石。该段不断探索实践高铁"精检慎修"养护模式，全力开展针对性专项整治，

段党委书记陈湘德同志与干部职工谈心交流

段长晓建国深入现场检查指导

现代化的安全生产调度指挥中心

整洁明亮的高铁机械室

高铁设备运用质量稳步提升；在高铁车间率先试行"值检分开"，实现了高铁班组值班抢修和日常养护职能专业化管理。坚持以科技保安全，开发建设安全生产管理信息系统、安全生产调度指挥系统，实现了安全生产信息化管理；充分利用微机监测、视频监控、TDCS等科技手段，实时监控设备运用状态，实现了人控与机控相结合的设备质量网络卡控。大力推进标准化建设，积极开展"维修标准站"建设，规范检修流程，细化检修标准，提高了设备日常检修维护质量。该段连续7年消灭责任一般及以上事故，设备故障率、故障平均延时均低于控制指标。

创先争优，激活发展活力。该段围绕确保安全，组织党支部和党员开展争创"四强四优"活动和"无违章、无违纪、无事故"竞赛活动，涌现出"全国先进基层党组织"衡阳东高铁信号车间党支部等一大批先进典型。同时把创先争优活动融入到实际工作中，促进全段各项工作健康发展。建立全面的评价考核体系，以综合排名、"星级"岗位、标准化作业奖等为杠杆，充分调动职工积极性；推行干部动态显性化管理和干部岗位工作标准模块化管理，强化干部安全管理职责落实。合理并岗优化，试点"值检分开"，有效缓解结构性缺员，为沪昆高铁、益湛复线、石长复线等新线及早储备了劳动力。优化生产组织形式，提高检修效率，改进成本控制方法，有效控制成本支出，全面完成经营管理目标。

关爱民生，创建和谐氛围。坚持以人为本，让员工共享企业发展成果，职工人平收入年均增幅超过10%。针对沿线职工生产生活条件艰苦的实际状况，分批改造了104个沿线班组的生产生活设施。自2005年来先后投入1084万余元，为沿线车间班组整修办公设施，添置生活文体用品，营造良好的工作生活环境。积极落实"三不让"帮扶救助制度，累计投入842万余元，解决贫困职工救助、子女上学、看病就医等方面困难，为该段科学发展创建了和谐氛围。该段于2011年被铁道部授予"火车头"奖杯。

坚持开展经常性安全教育

深化创先争优，发挥党员先锋模范作用

走访慰问一线职工

到一线慰问演出

举行"安全杯"篮球比赛

选人用人 坚持民主选举和公开竞聘

施工会战如火如荼

讲学技练功坚持于经常

精检细修 一丝不苟

坚持高标准检修高铁设备

兰太公司制钠事业部氯酸钠工作现场

做强产业

阿拉善盟盟委书记云喜顺在公司考察调研

内蒙古兰太实业股份有限公司（以下简称"兰太公司"或"公司"）成立于 1998 年，公司总部位于内蒙古阿拉善盟乌斯太镇阿拉善经济开发区，是中盐吉兰泰盐化集团有限公司旗下的一家集制盐、盐化工、盐湖生物制药与养殖以及矿产资源开发为一体的大型工业企业，现有员工 5277 人，资产总额 60.9 亿元。

近三年来，企业先后荣获"中国化工企业 500 强"、"中国工业（采盐）行业排头兵企业"、"中华慈善突出贡献单位（企业）"、"改革开放 30 年内蒙古先锋企业"、"内蒙古自治区诚信企业"、"内蒙古自治区职工文化先进单位"、"内蒙古自治区用户满意产品"、"内蒙古自治区科学技术进步二等奖（高纯钠项目）"、"阿拉善盟劳动关系和谐单位"和阿拉善经济开发区"2008 年度企业技术进步奖"、2010 年度"节能减排和资源利用突出贡献企业一等奖"、"安全生产工作先进单位"、"企业综合效益突出贡献二等奖"、2011 年度内蒙古自治区"五一劳动奖状"等荣誉。

自"十一五"规划实施以来，兰太公司领导班子在中盐总公司和集团公司的领导下，在地方各级政府的关怀和支持下，不断解放思想，转变观念，以科学发展观统领全局，稳步调整产业结构，努力推进循环经济建设，不断扩大产业规模，进一步优化内部管理运行机制，努力提高经济运行质量，促进各产业的平衡发展。

调整优化产业结构，发展壮大企业规模。

公司以"贡献国家、满足用户、惠及员工、回报股东"为宗旨，按照以"盐为基础，横向拓宽，纵向延伸，科学发展"的经营思路，积极调整优化产业结构和产品结构，不断扩大企业规模，构建循环经济产业链，由一个新生的上市公司不断发展成为拥有一项世界第一，一项亚洲第一，三项全国第一的大型工业企业，拥有储量丰富的盐湖、煤矿、石灰石矿三大资源，是集盐、盐化工、生物制药深加工能力的具有多个产品的中国化工 500 强企业。自上市以来，公司从未有过亏损局面，特别是"十一五"以来，公司总资产从初期的 17.2 亿元发展到今天的 60.9 亿元，近三年上缴税金 5.47 亿元，为国家经济建设作出了应有的贡献。

合理组织、周密安排，全面推进企业效益新增长。

公司内强管理，外拓市场，确保各年度经营任务如期完成。2009 年，受市场等诸多不利的主客观因素影响，产品价格回落，企业获利空间相对缩小，给公司经营工作带来很大的困难。但经过公司全体员工的共同努力，公司整体生产经营仍保持了比较稳定的发展态势；2010 年，公司上下齐心协力、振奋精神、苦练内功、狠抓落实，努力克服各种不利因素，深入贯彻落实科学发展观，认真贯彻实施公司股东会和董事会的各项决议，服从集团发展大局，在危机中把握机遇，在困难中探寻出路，借助国家投入巨资拉动内需的契机，积极采取有效措施，化危为机，全面完成年度目标任务；2011 年，在我国经济形势逐步步入平稳快速增长的大环境下，公司把握时机，抢抓市场机遇，营业收入再创新高，全年实现利润总额 1.35 亿元，完成年度目标 1 亿元的 135.17%。

内部挖潜，全面推进技术进步。

公司在做好生产经营的同时，不断挖掘潜力、节能降耗，在盐湖规划、安全生产管理、产品质量控制、销售分析、节能减排、制盐新技术应用及对引进技术的消化吸收等方面加大了工作力度，最大限度地发挥设备和工艺的生产能力，为企业健康、可持续发展奠定了基础。公司引进吸收了世界一流的美国杜邦制钠技术和加拿大 ERCO 氯酸钠生产工艺技术。通过掌握这些核心技术，确立了我们在这些行业的技术领先地位，提高了企业的核心竞争能力。另外，公司利用已

公司四届一次员工代表暨工会会员代表大会表彰先进

兰太公司第一届"沙漠明珠"文化节

公司工会慰问困难员工

增实力 科学发展上水平

——记全国五一劳动奖状单位内蒙古兰太实业股份有限公司

有的与中国海洋大学、内蒙古工业大学共同创立的两个科技创新平台，共同针对解决企业中存在的问题和实现关键技术的跨越式发展进行产学研全面的合作，为公司的发展给予技术支持和保障。

突出重点，有序推进项目建设工作。

公司利用现有资源和技术优势，加大新建项目的建设力度，不断培育新的经济增长点，为实现企业大发展奠定坚实的基础，围绕盐—盐化工—盐田生物医药和煤化工—精细化工两条发展主线，以促进资源综合利用与延伸产品链为产业发展纽带，积极涉足市场前景好、技术含量较高的化工及相关产品领域，从而实现产业结构与产品结构的调整，公司遵循合理规划资源和市场的理念，在原有金属钠、核级钠、氯酸钠、氯化异氰尿酸、氯化聚乙烯等产品结构的基础上，又陆续新建了巴音煤矿改扩建项目、兰太实业氯酸钠扩建项目、江西兰太氯酸钠和双氧水项目、青海纯碱项目以及阿拉善经济开发区污水处理及再生水处理工程等项目，公司的资源得到合理的配置，经济效益不断增长，公司始终保持行业的领先地位。

人本和谐、与时俱进，企业文化建设卓有成效。

公司坚持"党建带工建"、"党建带团建"的工作思路，紧紧围绕生产经营工作开展劳动竞赛、青工技能比武、合理化建议、"五小"成果等创新创效活动，

积极开展丰富多彩的企业文化活动。先后成功举办了三届员工艺术节、兰太公司上市十周年庆典系列活动，围绕建党90周年开展了"永远跟党走"歌咏比赛，开展了公司首届"沙漠明珠"文化节，在公司范围内营造了健康向上的文化生活氛围，增强了企业的凝聚力和向心力，推动了企业健康、平稳、持续发展。

奉献爱心，回报社会。

2008年以来，公司积极参加各类社会公益活动，

先后为开发区教育事业捐资助学，为四川灾区、台湾灾区、青海灾区捐资救灾及参加"博爱一日捐"活动等累计捐款近306.7万元。公司积极响应阿拉善开发区党工委、红十字会号召，向慈善协会、红十字会捐款五万元。公司先后荣获"阿拉善经济开发区抗震救灾爱心标兵先进集体"、"内蒙古自治区抗震救灾捐款捐物先进集体"、"中华慈善突出贡献企业"、自治区"公益事业优秀单位"等称号。

时任吉林省委书记孙政才接见松江河公司总经理王永潭

明珠璀璨耀松江

——记全国五一劳动奖状单位吉林松江河水力发电有限责任公司

巍巍长白山，滔滔松江水，吉林省东南部风光旖旎的长白山脚下抚松县境内，一串耀眼的水电明珠——吉林松江河水力发电有限责任公司（以下简称"松江河公司"）管理的梯级水电站，在松电人的拓建和科学管理下，熠熠生辉，源源不断地为社会输送清洁绿色能源。

松江河公司隶属于国网新源公司，是驻白山市的大型国企，纳税大户，在优化区域水电资源配置、防洪、调峰、事故备用等方面的作用突出。企业现有员工161人，承担着一个集控中心、三座电站、四座水库的管理重任，实现了由一个集控中心对三座电站四座水库运行流域统一控制的智能化水电厂管理模式，

人员精干，员工队伍富有活力。

梯级电站位于头道松花江上游松江河上，由小山、双沟、石龙三座电站和松山水库组成，装机容量510兆瓦，以发电防洪为主，在东北电网中承担调峰和事故备用任务，同时兼顾水产养殖和旅游等综合利用。

几年来，松电历届领导班子始终坚持"以人为本，

国网新源公司党组书记刘昌印视察双沟电站

国网新源松江河公司一届一次董事会、监事会议

忠诚企业，奉献社会"的发展理念，以科学发展观为统领，全面贯彻落实国网公司"五统一"企业文化，大力实施企业文化传播、落地和评价工程，为企业发展营造了浓厚的企业文化氛围。在国网新源公司的指导和关怀下，攻坚克难，创先争优，企业从无到有，从小到大，从弱到强，从单一电站到形成梯级电站规模，一步一个脚印，脚踏实地，使企业走上了安全健康可持续发展之路。

企业工作中始终坚持"安全第一、预防为主、综合治理"的方针不动摇，实施精益化管理，深入开展"反违章"、"隐患排查治理"、"安全生产月"等活动；作为国网公司智能化水电厂建设试点单位，目前已具备初步验收条件，提升了安全管理工作水平，全面构建"本质安全"型企业；大力实施人才强企和科技兴企战略，为企业安全健康发展提供人才保障和科技支撑；浓厚的"家"文化内涵促进"五统一"企业文化落地；精神文明建设业绩突出；松电人以实际行动诠释了"诚信、责任、创新、奉献"的核心价值观，安全生产工作连续刷新历史记录，为企业安全、健康、科学发展奠定基础。

企业先后荣获全国五一劳动奖状、全国"安康杯"优胜企业、第四届全国精神文明建设先进单位、全国模范职工之家、国家电网公司五四红旗团委、吉林省明星企业、吉林省厂务公开民主管理先进单位、吉林省"五一"劳动奖状、东北电网公司安全生产标兵单位、吉林省电力公司优秀四好领导班子、新源公司安全生产先进单位、精神文明建设先进单位等众多荣誉；2011年获得科技进步和管理创新奖等七项成果，同时涌现出一批省、市及网省公司劳动模范、优秀专家人才、杰出青年岗位能手等先进典型，为企业发展集聚了厚重的软实力。

（文/孙志远）

松江河梯级电站集控中心

团结和谐创新进取的公司领导班子

公司荣获"全国五一劳动奖状"，林野董事长（中）赴京领奖

李晶生、李冰鸣到皖电东送工程沪西变电站工地检查慰问

开拓创新求发展　服务大局有作为

——记全国五一劳动奖状单位华东电网有限公司工会

华东电网承载着华东区域（包括上海市、江苏、浙江、安徽、福建省）的电网核心业务，多年来，华东电力工委（华东电网有限公司工会）在华东电网有限公司党组的坚强领导下，在上海市总工会、全国能源化学工会委员会和国家电网公司工会的关心指导下，认真履行工会职责，服务大局、服务职工，动员广大职工，为企业的发展建功立业，为华东电网的安全、

2012年春节慰问一线员工

稳定、发展发挥了重要作用。

以创建"工人先锋号"为载体，组织动员广大职工为企业发展建功立业。

围绕中心工作，积极开展职工经济技术创新活动，努力发挥好广大员工的智慧和力量。

以"当好主力军，建功'十一五'、和谐奔小康"、"我为节能减排作贡献"、争做"创新能手"、"创新示范岗"

和"创新型班组"等活动为载体，激发广大员工的创造潜能和活力，提升员工创新能力，组织动员广大员工为企业发展建功立业。

组织各类劳动竞赛和技术比武活动。在一线生产人员中，组织开展"华东电网调度和运行系统技术技能竞赛"活动，加强职工技术交流和技术协作力度，动员和组织广大员工立足本职，学赶先进，不断提升员工综合素质，有力推动了员工学技、登高的积极性，促进了企业人才队伍建设。编辑出版的《华东电网调度和运行系统技术技能竞赛题库集（上、下册）》书籍得到电网系统的一致好评，几经再版发行。

深化职工民主管理，不断总结和创新企业民主管理的新途径、新方法。

华东电力工委致力于区域系统内民主管理工作的推进。深入贯彻落实《国家电网公司职工民主管理纲要》，进一步完善职代会制度，落实会议决议的各项任务、办理提案，加强闭会期间的民主管理，各专门工作委员会切实履行职责，围绕职代会决议落实开展相关活动。

召开职代会联席会议，开展领导干部民主评议等工作，为职工广泛参与企业民主管理搭建了平台，并从制度上保障职工合法权益。召开总经理联络员会议，畅通职工建言献策的渠道。进一步凝聚人心，集聚民智，激发广大职工群策群力促进企业发展。

以夯实各项基础管理为突破口，深化班组建设工作。

高度重视班组建设工作，多次召开班组建设工作座谈会，组织专题调研，广泛征求意见和建议，班组建设工作得到了有力的加强和推进。

2006 年下发《关于加强华东电网班组建设暨班组减负指导意见》，从定位、权责、政策、机制、培训、信息化、台账管理以及和谐环境建设等九个方面提出指导意见。每年举办两期 100 人参加的华东电网优秀班组长培训班，使班组长学到新知识，拓展人际交流，管理能力得到很大提升，受到基层企业领导和班组长的普遍欢迎。

全面关爱职工身心健康，进一步促进企业和谐稳定发展。

从保障安全健康、关注现实生活、满足文化需求等方面全面关爱职工，坚持开展冬送温暖、夏送清凉、节日送慰问、平时送关爱活动。围绕重大工程，组织开展现场慰问，做到哪里有工程现场，哪里就有工会组织的关爱。

积极搭建丰富的职工文体活动平台，编辑出版《画影墨缘》（华东电网职工摄影书画作品集）、《播撒光明》（华东电网职工文学作品集）。组织"国庆 60 周年"，"建党 90 周年"等文艺活动。积极开展"团结杯"网球比赛、"友谊杯"乒乓球比赛、"银线杯"桥牌比赛、"奋进杯"游泳比赛、"职工五项全能竞赛"等活动。倡导员工积极工作，健康生活的理念，全面提升员工的综合素质，促进企业和谐发展。

以立功竞赛、"巾帼建功标兵"活动为抓手、以"争当学习型女职工"活动为平台，引导女职工树立"争取每天进步一点点"的学习理念和进取精神，为企业多作贡献。编辑出版《送你一朵七色花》书籍系列，启发女职工发现自我、实现价值的思考，此项工作得到上海市总工会高度肯定，被授予"2011 年工会女职工工作优秀品牌"称号。

贴近基层，加强调研，提升工会工作水平。

开展华东电网第二轮技术技能竞赛

华东电网第十届"团结杯"网球友谊赛

捐助山区畲族小学

坚持贴近一线、贴近员工，每年确定一个主题赴基层开展调研工作，通过调研使得工会更好地为职工办实事、解难事，为企业和员工的共同发展、和谐发展起到了保驾护航的作用。

积极开展华东电网系统创建职工之家活动，评选工会工作标杆单位、先进职工之家、先进职工小家以及优秀工会工作者和优秀工会积极分子，通过举办职工之家标杆单位成果发布会的形式，为省市电力公司工会搭建平台，交流经验取得了良好的效果。每年举办工会工作实务操作、工会财务管理、工会劳动保护、职工帮困工作等各类专题培训班，提高了工会干部的理论水平，强化了工会干部的履职能力。

华东电网职工迎春文艺晚会

青海油田公司获得的奖牌（王晓明摄影）

全国五一劳动奖章获得者——青海油田公司党委
副书记、纪委书记、工会主席党玉琪（右）在管道施
工现场检查指导工作（王晓明摄影）

奉献能源 创造和谐

——记全国五一劳动奖状单位青海油田

"青海高原工人先锋号"青海油田公司采油二厂昆一采油作业区职工在巡井（王晓明摄影）

青海油田地处素有"聚宝盆"之称的柴达木盆地，地理面积 25 万平方千米，沉积面积 12 万平方千米，油田工作区平均海拔高度 3000 米以上，多为沙漠、丘陵、沼泽、盐湖地貌，气候干燥，高寒缺氧。平均年降雨量 40 毫米，蒸发量高达 2800 毫米，空气中含氧量为内陆地区的 70%，是国内自然条件最艰苦的油田。

青海油田公司以科学发展观为统领，把加快发展作为第一要务，遵循"奉献能源，创造和谐"的企业宗旨，坚持"油气并举、持续创新、科学发展"三大战略，努力建设千万吨级高原油气田。截至目前，盆地内找到油田 18 个、气田 7 个，累计探明石油地质储量 5.018 万吨，探明率 23.3%；探明天然气地质储量 3263 亿立方米，探明率 13.06%。累计生产原油 4518 万吨、天然气 443 亿立方米，加工原油 2081 万吨，生产甲醇 267 万吨、聚丙烯 25.7 万吨。连续 17 年保持青海省财政支柱企业和第一利税大户。

近年来，青海油田的油气勘探取得新成绩：东坪获高产气流，成为涩北气田之后的又一大气田；英东油田预探井发现厚油层，夯实了超亿吨级储量基础；扎哈泉获工业油流，柴西南发现新的含油区带；切十六区新增探明石油储量 4500 万吨，昆北油田探明石油地质储量近 1.1 亿吨。建成了花土沟原油生产基地、格尔木石油化工基地、敦煌培训轮训基地；形成了以"爱国、创业、奉献"为精髓的柴达木石油精神。

在油田持续快速发展的同时，秉承"奉献能源、创造和谐"的企业宗旨，通过扶贫帮困稳民心，排忧解难得民心，平抑物价舒民心，基地改造顺民心，企业文化聚民心，惠民措施赢民心，职工生产生活条件显著改善，生活水平逐步提高，文化生活日益丰富，文明建设取得了丰硕成果，保持了油田持续快速和谐发展的良好势头。青海油田公司先后荣获全国"五一"劳动奖状，"全国精神文明建设先进单位"和"全国企业文化建设先进单位"荣誉，获得青海省"文明单位标兵"称号；油田工会先后荣获全国和青海省"模范职工之家"称号。还荣获全国"厂务公开先进单位"称号。

青海油田尕期库勒油田外景（周海波摄影）

青海油田涩北气田集气站外景（周海波摄影）

青海油田花土沟油田外景（王晓明摄影）

延河岸边的
绿色数字示范油田
——记全国五一劳动奖状单位中国石油长庆油田公司第一采油厂

第一采油厂是中国石油长庆油田分公司下属的一个主力采油单位，主要负责全国最早开发的亿吨级特低渗油田——安塞油田的开发建设与管理。长期以来，第一采油厂坚持科学发展观，立足特低渗透复杂地质条件，解放思想、开拓创，艰苦奋斗、攻坚克难，在延河岸边建起了我国第一个年产300万吨的现代化"绿色、数字、示范"油田。

开全国特低渗油田先河，创建安塞模式

安塞油田是我国陆上开发最早的以"低渗、低压、低产"闻名的特低渗亿吨级整装油田，是一个曾经被外国人论断"不可能效益开发"的边际油田，是一个"井井有油，井井不流"的"磨刀石"油田。自1983年塞一井获得高产油流全面开发以来，几代采一人在"依靠科技进步，开发安塞油田"的思想指导下，先后用了7年时间，进行了三个开发可行性研究，开展了三次矿场开发试验，组织了三次技术攻关，创立了"安塞模式"，走出一条经济、高效开发特低渗油田的路子。特别是进入"十一五"以来,全厂职工始终以科学发展观为统领,以人为本充分发挥工人阶级的主力军作用,以提高油田开发效率为目标,以攻克特低渗透油田开发关键技术为途径,加强队伍建设,凝聚发展合力,攻坚啃硬,拼搏进取,实现了安塞油田的又好又快发展。2006年生产原油221万吨,2007年生产239万吨,2008年达到269万吨,2009年达到295万吨,2010年跨越300万吨雄关,2011年创318.5万吨历史新高,油田开发连续15年保持我国特低渗透油田一类油藏开发水平。年平均原油产量以近20万吨的速度增长,相当于每年为国家贡献一个小型油田。截至2011年底,安塞油田累计为国家贡献原油3381.5万吨,有效履行了保障我国能源安全的政治责任。

加快转变发展方式,创建国家环境友好企业

为实现"资源节约型、环境友好型"的具体要求,全面加快转变发展方式。投资2.4亿元,大力推行老油田数字化改造,油田数字化覆盖率达90%以上,建成了数字油田,大幅度降低员工劳动强度,提升油田科学化管理水平,提高油田抵御安全风险的能力。发展循环经济,建立16套采油产出水处理系统,实现了油、气、水100%循环利用;推广超大井场丛式钻井技术,高效利用土地资源,节约土地1343.2亩、投资9115.66万元;平均每年投资2200多万,进行油维工程改造,夯实安全环保基础;着力推行清洁文明生产,全油田清洁文明井场达到95%以上,坚持生产建设和生态建设同步协调发展,推进生态油田建设,建设环保示范区,创建绿色家园井站,油区场站绿化覆盖率达到了85%以上。特别是投资3亿多元,完成了王窑库区综合治理工程,永久封堵了400口生产井,确保了国家一级水源保护区——延安市王窑水库及周边30万人的饮水安全,产生了广泛影响,赢得了高度赞誉。2007年10月,全国人大常委、全国人大环资委副主任委员徐永清评价我厂的安全管理,他说:"我走过好多地方,像你们这样的管理还是第一次看到,你们的管理是一流的。"近年来,采油一厂先后获得了"中华环境友好企业"、"中国企业新纪录节能减排双十佳企业"、"陕西省清洁文明生产先进单位",长庆油田公司安全生产先进单位、HSE管理金牌单位等多项荣誉,2011年,成为中国石油首家国家"绿色矿山"企业示范单位。

践行"奉献能源,创造和谐"企业宗旨

在加快自身发展的同时,采油一厂始终坚持"发展主导,利益协调,互利双赢",认真践行"奉献能源,创造和谐"的企业宗旨,把油田发展和地方经济建设紧密结合,与构建和谐社会相结合,积极承担国有大型企业的社会责任,用实际行动谱写着一曲曲和谐的乐章。仅近年来,就累计投入2亿多元,重点实施八大帮扶举措,大力支援地方发展。一是将长庆油田陕北应急抢险系统全面纳入陕西省延安市应急抢险大系统,实现企地资源共享,为保障地方百姓生命财产作出实质性贡献;二是投入近8000万元修建公路160公里、四级砂石路近200公里,改善地方基础设施,有力带动了农村经济

的快速发展;三是响应延安市山川秀美工程号召,积极投身造林绿化,投资1000余万元兴建"中国石油·长庆林"、"长庆采一生态林",企地和谐共建"绿色延安";四是积极参加地方"希望工程",投资2000多万元,兴建2所长庆希望小学,投资400多万元修缮破旧校舍、配备教学器材,坚持每年发起"圆梦行动"助学捐助号召,编织爱心助学网络;五是优先考虑当地中小企业参与油田建设,带动了当地老百姓就地就业;六是支持地方人民改善生活环境。平均每年投入400多万元支持地方乡村,使当地人民感受到油田发展带来的新变化,创造新生活;七是全面参与社会主义新农村建设,积极开展包建小康示范村活动,投入1200万元,累计兴修梯田600余亩、蔬菜大棚120个、"母亲水窖"200个,解决了安塞、志丹两个县区5个贫困村的饮水问题;八是全面投身"千企千村扶助行动"、绿化共建、文化共建等一系列社会公益事业,确定定点包扶对象,帮助村民走致富之路。安塞油田的科学发展,为延安市地方经济腾飞提供了强力支撑。"十一五"以来,该厂累计生产总值达到近700亿,年平均生产总值达108亿,累计向延安市各区县增加税收80多亿,其中,2011年,生产总值155.84亿,占延安市GDP的14.17%,提供税收17.36亿元,有力地支撑了地方经济建设,最大限度地将发展成果惠及到了老区人民。

大力创建特色企业文化,精心培育好汉坡精神

创新推行党建数字化管理,加强学习型党组织建设,积极开展创先争优活动,不断提升基层党建工作科学化水平。坚持推进企业文化建设,坚持以人为本,关

心员工生活,搭建发展平台,维护员工权益,着力打造内部和谐企业环境,实现了精神文明和物质文明建设的双丰收。传承融汇延安精神和大庆铁人精神,形成了培育形成了以"艰苦创业、勇攀高峰"好汉坡精神(五种内涵)为代表的,具有安塞油田特色的品牌文化:打造了3条文化长廊,培育了10个特色文化窗口,固化了4种文化活动形式,建成了5个员工企业精神思想教育基地。大力开展扶危救困活动,构建"二三五"救助体系;不断强化人本关爱,每年投入1000多万元,改造一线员工生产生活环境,广泛开展"三为主"文化活动,持续推进民生工程,大力推进厂务公开和"六表一卡一案"等民主管理,保障员工合法权益。"好汉坡精神"成为员工共同的价值趋向,极大地凝聚了企业发展合力。"好汉坡"被中国延安干部学院、西安石油大学等多所院校作为实践教学基地,先后获得全国青年文明号等多项荣誉称号。厂先后获得"全国企业文化建设优秀单位"、"中国文化管理先进单位"、"全国模范职工之家"等30多项省部级以上荣誉。优秀的企业文化为企业管理创新提供了强大推动力,以"简洁、实用、高效"为原则的"系统管理、项目管理、精细管理、前端管理、人本管理"等多种特色管理方法,先后获得公司(地区)级以上各类奖项1000多个,其中,国家级成果10余项,省部级成果30余项。"系统管理"、"生产分控管理"、"标准成本管理"、"四全工作法"等管理方法,在长庆油田公司全面推广,系统管理荣获第十七届国家级企业管理现代化创新成果二等奖,全方位展示了安塞油田科学发展、创新发展和可持续发展的优秀水平。

中国石油长庆采油一厂被授予"全国五一劳动奖状"厂长吴志宇(中)在颁奖台上

长庆第五采油厂员工代表大会

长庆第五采油厂劳动竞赛

助 推 建 设

长庆第五采油厂示范基地

长庆第五采油厂到一线活动

长庆第五采油厂慰问困难职工

　　第五采油厂是中国石油长庆油田分公司主力生产单位之一，建厂以来，第五采油厂员工总数由100余人增长到目前的3817人，年产原油从最初的50万吨，快速攀升至目前的290余万吨，创造了长庆油田发展建设奇迹；探明储量由初期的1100万吨，滚动增储至目前的4亿吨，成为了全国"三低"油田高效开发的典范。六年来，累计生产原油550万吨，实现内部利润69亿元，是长庆油田12个采油单位中开发管理面积最小、增储上产速度最快、发展潜力最大的采油厂，一举跃升为长庆油田第三大采油厂，成为助推长庆油田建设"西部大庆"宏伟目标实现的坚实力量。

　　第五采油厂以科学发展为统领，科学谋划，科学定位，制定"323"战略目标。即三年建成100万吨采油厂，用两年时间建成200万吨采油厂，再用三年时间建成300万吨采油厂。从勘探之初到效益建产，只用六年时间就建成了一个300万吨现代化采油厂的规模，比传统的"三低"油田建成同等规模缩短了近30年时间，创行业新高，开历史先例。坚持走"标准化设计、模块化建设、市场化运作、数字化管理"的"四化"建设之路。针对"姬塬油田"多层系开发的特点，瞄准"三低"油田勘探开发难题，运用新工艺、新技术，解决开发"瓶颈"难题。积极构建安全管理全控网络格局，健全自下而上安全管理组织体系，连续五年实现全厂未发生重大人身伤亡事故，无环境污染事件的"零目标"，安全环保、

长庆第五采油厂突破 300 万吨

长庆第五采油厂 王建

长庆第五采油厂 张永强

'西部大庆'
的绿色和谐现代化采油厂

—— 记甘肃省五一劳动奖状单位中国石油长庆油田公司第五采油厂

节能减排达到长庆油田先进水平。

持续改善油区设施功能和职工生活环境，先后投入近亿元积极改善一线生产生活环境，在福利待遇等方面，向一线和艰苦岗位倾斜，建立了规范的职工健康体检、疗养等制度，建成倒班点公寓12座，招待所2座，基本解决了全厂一线员工住房问题。建成职工之家、职工小家40余个。仅2010年，用于职工水窖工程、井站住房改造、困难员工帮扶等资金达2000余万元，职工群众安居乐业，发展成果惠及到全体职工。

积极推进厂务公开，构建和谐劳动关系，"六表一卡一案"、"厂长接待日"、"三心"阳光工会、"四零民主管理法"、"360工作法"等一系列民主管理工作的特色和成果，有力地维护了职工的合法权益，促进了企业与职工的和谐发展。

按照"发展主导、和谐共赢"的理念，主动向地方党委政府汇报工作，努力争取支持，企地关系实现和谐共处，互利双赢。模范履行企业三大责任，积极支持地方道路、学校及公益事业建设，全力支援地方抗震、抗洪救灾，全厂干部员工向四川汶川、青海玉树、甘肃舟曲、陕西安康等灾区伸出援手，踊跃捐款，用于支持地方经济建设的投入，捐款累计达2.5亿元，与自然环境、与相关利益方及所在地经济社会实现了和谐发展。

2010年，第五采油厂作为长庆油田产能建设的主战场，一场声势浩大，气吞山河的大会战全面打响，全年钻井进尺476万米，投产油井1228口，水井348口，完成了151.5万吨产能建设任务，连创长庆油田27项建设纪录，全年原油产量两次换"千字头"，成为长庆油田"大规模建设、快速上产"的典范。2012年1月14日，由国土资源部、财政部联合确定，中国石油长庆油田公司负责、采油五厂主要建设的全国首批60个"矿产资源综合利用示范基地"之一的"长庆姬塬油田特低渗透油藏综合利用示范基地"正式落户姬塬油田。

先后获得省部级荣誉23项，地市级荣誉273项，涌现出142位先进典型人物，50余篇管理创新实践论文获得省部级及以上大奖。仅2010年，集体获得省部级及以上荣誉11项，个人获得省部级及以上荣誉12项，其中"姬塬油田230万吨产能地面建设项目"获得国家优质工程银质奖、中国石油优质工程金质奖，第五采油厂先后获得中国企业形象优秀单位、全国企业文化建设先进单位、中国企业文化建设十佳单位等荣誉；2010年厂工会获得中国石油天然气集团公司先进工会组织。以甘肃省劳动模范、厂长周学富为代表的一批劳动模范、先进典型，成为引领油田发展的风向标，站立时代潮头的领航员。

针对队伍年轻、用工性质复杂、技能素质薄弱等现状，持续推进"三支"队伍建设，提升员工对企业的忠诚度；加强员工技能培训和职业素养培育，完善员工激励机制，实施公开竞聘制度，发挥各类人才作用，职工队伍素质大幅提升，在行业采油工技能竞赛中屡获佳绩，为企业走内涵式发展道路奠定了基础。

长庆第五采油厂看望职工

马家山东作业区"关爱员工 快乐生活"心理健康活动

长庆第五采油厂开展心理辅导

服务主战场 担当主力军
为"西部大庆"建设立新功

——记全国五一劳动奖状单位中国石油川庆钻探工程公司长庆井下技术作业公司

中国石油川庆钻探工程公司长庆井下技术作业公司始建于1973年，主要从事油气田试油、压裂、酸化、测试试井及井下工具、化工液体、压裂支撑剂研发生产、油气地质综合研究等工程技术服务。公司现有员工3885名，拥有各类先进设备900余台套，具有超深井、水平井、分支井、小井眼井等特殊作业井的井下作业能力，年试油气压裂酸化能力达6500层次、完井2000口以上。公司先后获得"全国职工职业道德建设先进单位"、"全国守合同重信用企业"、甘肃省五一劳动奖状、全国五一劳动奖状等荣誉称号。

"压裂将士奔向四方，为了油气何惧风霜……"。40年来，长庆井下传承解放军精神、延安精神、大庆精神和"攻坚克难、争创一流"的川庆精神，加快技术集成创新，推进业务转型，注重质量效益，狠抓安全环保，为长庆油田油气产量快速增长和建设"西部大庆"提供了强劲的服务保障，公司呈现出生产建设跨越发展、基础工作日趋精细、管控水平不断提高、员工队伍和谐稳定、企业价值大幅提升的良好局面。特别是2011年，在队伍规模和用工总量不增、井型结构发生变化、水平井工作量翻番的情况下，及时跟进长庆油田勘探开发工作部署，增强项目部区域调控和综合协调职能，完善技术方案优化、提速联动提效、安全环保长效机制，全面承揽水平井、科学实验井等高端服务，完成试油（气）压裂酸化6509层次，完井2015口，压裂酸化施工一次成功率98.7%，全优率92.6%，全年刷新20项生产记录，整体生产时效提高3.6%，在如火如荼的"西部大庆"劳动竞赛中，勇当主力军和排头兵，谱写了浓墨重彩的崭新篇章。

在改造长庆特低渗透油气田的实践中，长庆井下

甘肃省人大常委会副主任、省总工会主席孙效东向公司颁发甘肃省五一劳动奖状

畅通民主管理渠道

技能比赛

读书活动深入人心

荣获全国五一劳动奖状

关心困难职工

创造了"长庆安塞油田、靖安油田、靖边气田、西峰油田"等特低渗透储层压裂酸化改造模式，成功解决了"三低"油气储层改造世界级难题，配套形成了八大技术系列，成为有效改造特低渗透油气田、提高单井产量的重要技术支撑，在长庆油田乃至国内储层改造方面发挥主要的技术引领和示范作用，在水平井工厂化作业、带压作业、连续油管作业、对外合作等高端业务上占领了制高点，创造了一项项优质工程和精品工程，树立起工程技术服务施工队伍优质品牌。2008年以来，参与承担国家级科研项目4项、集团公司级10项、局级57项、公司自主项目211项。荣获省部级成果奖5项、局级奖15项。申请专利127件，授权专利53件。

深化HSE体系建设，大力加强安全环保。以推进HSE体系建设为主线，以实现"三个零"为目标，落实直线责任和属地管理，推行试油（气）队"866"、车队"825"等有效管理模式。强化工艺安全和设备完整性分析，狠抓新设备投用、新工艺、新技术试验推广的风险评估和控制，规范工艺设备安全管理。推行机关管控六必报告制度，严格落实日碰头、周通报、月分析、每季度召开一次HSE委员会等例会制度，开展"科包队"等帮促活动，及时解决工作中出现的问题，保障了生产平稳运行。推行绿色试油理念，全面推广应用连续混配压裂、环保型可回收压裂液、密闭安全抽汲技术等成熟

技术，施工成功率100％，抽汲效率提高30％，全年实现技措节能577吨标准煤，技措节水4.32万立方米。

深化"四好"领导班子和"创先争优"活动，加强企业文化建设，大唱压裂歌，文化下基层，不断增强广大员工"我为祖国献石油"的政治责任感和历史使命感。完善"三支人才"队伍"十二五"发展规划，拓展专业技术人才成长通道，加强经营管理人才培养，努力实现管理干部技术化，技术干部市场化，全体员工效益化。深入开展持续加强"五型"班组建设，大力开展"技术大比武、技能大培训、岗位大练兵"活动，构建分层次、全覆盖、常态化的培训机制，提升员工综合素质。2011年共举办各类培训班27期，培训4352人次。承办了甘肃省职工职业技能大赛井下作业工等三个项目省级决赛，49名员工分别荣获甘肃省技术能手、技术标兵、优秀选手称号，2名同志获得甘肃省五一劳动奖章。

成绩面前再加鞭，荣誉之后更奋进。站在新的起点，面对新的形势、新的任务，长庆井下人将抢抓新机遇、迎接新挑战、创造新业绩，向着建设中国石油"三低"油气藏压裂酸化、试修技术水平第一、综合实力第一的专业化服务公司的宏伟目标阔步前进，为建设"西部大庆"作出新的更大的贡献。

（文图：魏文全 王建武 薛明）

慰问一线职工

文化下基层

凝聚力量

爱心捐助灾区民众

活跃文化生活

歌唱祖国

建功"西部大庆"

—— 记全国五一劳动奖状单位中国石油长城钻探工程有限公司钻井一公司

中国石油长城钻探工程有限公司钻井一公司是石油天然气钻井工程专业化大型施工企业。近年来，先后荣获中央企业先进集体、全国诚信企业、辽宁省守合同重信誉企业、用户满意企业等称号，2012年被中华全国总工会授予全国五一劳动奖状。

钻井一公司自2000年开始进入长庆油区施工。建设"西部大庆"劳动竞赛大幕拉开后，作为石油工程技术的一支重要力量，有47支队伍、1300多名员工参建的钻井一公司自觉肩负"我为祖国献石油"的时代重任，以创建工人先锋号活动为载体，兴起了一场"赛进度、

钻井一公司经理李科领取全国五一劳动奖状

赛质量、赛安全、赛技术、赛协作"的热潮，倾力助推"西部大庆"建设。

强"三基"，促"三提"，筑牢建功"西部大庆"根基。把加强"三基"工作作为提升工程技术服务水平，夯实发展根基的根本保证。实施"双培养"工程，深化"创先争优"活动，充分发挥基层党组织战斗堡垒和党员先锋模范作用。用大庆精神、铁人精神和长城钻探团队精神武装队伍，推进"国内队伍国际化、国际队伍铁人化"，打造忠诚、无畏、奋斗的长城钻井铁军。构建实施以技术、HSE、施工时间、成本为四条关键链条的精准工厂化钻井管理模式，确保各类风险可控、在控、受控。搭建"八学法"素质提升平台，开展"心中有职责、手中无差错"员工技能"百问不倒"活动，强化提升队伍的职业责任感、岗位基本功和工作执行力。40503队在苏里格3400米以上定向井施工中，创造了日进尺1291米、月进尺10242米、年进尺连续四年超过6万米的纪录。2011年，32806队、32907队在长庆定边区块年进尺双双突破11万米，创造了中国国内陆地钻井施工的新纪录，中国石油集团公司副总经理廖永远欣然赋诗祝贺，誉为"长城双雄"。

强技术，重协作，打造建功"西部大庆"利器。把提升工程技术服务能力和水平作为立身之本，强化科技引领作用，打造利器支撑提速，建功"西部大庆"。以"工序零对接、时间零损失"为目标，推行"精准十不等"生产运行模式，严密与钻井生产相关方沟通协调配合，全程控制施工进度，提高生产时效。坚持"为油气打井"，发挥水平井、气层保护技术等配套技术体系优势，持续

钻井一公司领导欢送长庆市场将士出征

钻井一公司坚持每年举办职工职业技能大赛

公司十分注重职工的业余生活，篮球赛每年必不可少

钻井一公司党委书记田宝山慰问井队干部员工

"教导队"对员工素质提升起到了关键作用

强科技，重协作，打造建设"西部大庆"的利器

提升钻井速度和质量。在苏里格率先成功推广水平井，2011年水平井交井进尺总量86938米，占苏10区块的56%，创下3项苏里格水平井钻井纪录。40578队施工的苏10-34-35H井完钻井深4318米，创造了长城钻探苏里格自营区块水平井最短钻井周期纪录。40001队施工的苏52-78-47井，压力23MPa投产，日产气高达21万方。50008队施工的苏53-82-46H井，完钻井深5696米，水平段长2111米，钻井周期100.94天，建井周期110.29天，创长庆市场最长水平段水平井施工纪录。在建设大军背后，这家公司开展好"安心工程"，切实解决外闯市场过程中职工家庭面临的实际困难和问题，稳定了队伍，增强了员工的归属感。

2011年，钻井一公司在长庆市场开钻332口，交井336口，年累计进尺109万米。创造了8项区块单井施工最快纪录，施工的口井创下5项区块产量最高纪录。11年累计在"西部大庆"钻井2456口，总进尺700多万米。创造了107项区块单井施工最快纪录，施工的口井创下52项区块产量最高纪录，17支队伍先后创下区块年进尺最多纪录。

（图/文 王延华 胡国强）

征战"西部大庆" 谱写固井新篇章

——记中国石油川庆钻探工程有限公司长庆固井公司

中国石油川庆钻探工程有限公司长庆固井公司是一个集固井施工设计、注水泥作业、固井技术研究及水泥化验为一体的综合性固井工程技术公司。多年来，公司以科学发展观为统领，高举中国石油大旗，以油气建设为荣耀，为油气发展而奋斗，连续4年生产经营业绩实现历史性跨越，在鄂尔多斯盆地书写了中国石油固井的新篇章。

作为油气勘探开发企业，面对高危作业特性，公司把安全生产作为加快发展的"天"字号工程。将"油气至上、安全为天"的生产经营理念贯穿于生产全过程，对标国际油气工程技术公司，全面推行HSE管理体系，运用"有感领导""属地管理""直线管理"等先进的安全管理方法和工具，着力加大固井交通安全、现场施工安全监管，保持了平稳高效的生产态势，为服务保障长庆油田增储上产夯实了基础。

公司紧紧围绕"服务油气发展"的工作主线，坚持把保障长庆油田建设"西部大庆"作为崇高使命，大力开展固井提速提效工程，强化油气勘探市场开发，实施短、频、快生产组织模式，努力克服鄂尔多斯盆地恶劣的自然环境，超前预警，动态跟进，固井井次以年5%以上的递增速度高歌猛进。仅2011年，就完成油气固井5117井次，同比上年增加7%；刷新长庆区域固井新纪录、新指标10项，创造了历史纪录，为建设"西部大庆"作出了贡献。

公司大力实施科技强企战略，加大关键技术超前储备、"瓶颈"技术重点攻关、成熟技术集成推广的科技攻关力度，凭借技术优势顺利实现了由常规固井向水平井、特殊工艺井等高端业务转型。先后圆满完成了中国石油集团公司重点项目榆37-2H储气库井、苏6-3-5井小套管井、长水平段阳平1井、阳平2井，以及煤层气项目吴试3井等重点井施工任务，固井质量全优，增强了企业的核心竞争力。

公司把队伍建设同生产经营同安排、同部署，着力发挥党政工团合力，突出抓好以基层建设、基础工作和基本素质为核心内容的三基建设，强党建、抓培训、建流程，锤炼"铁人"式的固井队伍。深入开展建设"西部大庆"劳动竞赛，比学赶超，建功立业。公司先后荣获甘肃省"模范职工之家"、川庆钻探公司"先进企业"、"基层建设先进单位"、"HSE先进集体"、"思想政治工作先进集体"、长庆油田"综合治理先进集体"等多项荣誉。

（图文/慕建军 曹永叻 杨锋 李晓敏）

公司领导深入基层检查指导工作

组织技术比武推进员工提素工程

固井将士满怀激情出征西部大庆

强化员工技能培训促进队伍发展

参与西部大庆建设的固井铁军

承担责任 践行诺言 不辱使命
提前完成国家能源通道建设任务

——记中国石油集团公司管道局西二线东段

2011年中石油集团公司管道局胜利完成了横跨土库曼斯坦、乌兹别克斯坦和哈萨克斯坦，由新疆途经国内15个省、市、自治区，最后到达珠江三角洲西气东输二线工程施工任务。管道局作为总承包商，高标准、高质量、高水平地把西二线工程建设成为了经得起历史检验、经得起实践检验的精品工程。

西二线东段工程总长4046公里，是迄今为止国内管道建设规模最大、距离最长、经过的区域最多、地形地貌最复杂、建设难度最大的工程任务。

为了确保工程按期顺利投产，管道局高度重视，举全局之力，调集了强有力的骨干人员，组建了西二线东段EPC项目部。管道研究院、管道设计院、管道学院、管道机械制造公司、穿越公司等单位积极开展科研攻关和课题研究，制定了19项工程技术标准，调遣管道局一、二、三、四、五、六公司、穿越公司、电信公司、建设公司、物装公司、龙慧公司、维抢修公司、投产试运公司、特运公司、设备租赁公司等专业公司的骨干施工队伍投入工程施工，承担了干线线路施工总量的64.9%，同时还集中了12家中石油队伍、2家中石化队伍、28家隧道、顶管隧道等专业队伍，参建人员28700余人，各类大型设备8600余台套。会同铁路、公路、地质、中科院等单位的专家，组成了实力雄厚的专家团队，为西二线东段工程建设提供强有力的技术支持。解决了定向钻、盾构、顶管隧道施工过程中的技术难点，保证了山地、沼泽、河流、在役管线近距离爆破等难点的顺利通过。

在总体施工部署上，EPC项目部结合工程特点、南北气候差异、季节变化和工期要求，确定了分南北两段，北部优先，南北兼顾的总体原则，合理安排施工资源。紧紧围绕投产目标，结合工程实际，编制EPC四级计划，对施工图设计、物资采办、工程施

土库曼斯坦总统 别尔德穆哈梅多夫、汪洋、朱小丹、蒋洁敏共同按下通气点火触摸球。林培军摄

管道局局长助理、西二线东段EPC项目经理张吉海陪同廖永远检查钱塘江盾构

西二线东段EPC项目经理张吉海接过管道局长赵玉建代表管道局向西二线东段的慰问

张吉海陪同管道局党委书记张学明、中国能源化学工会主席张成富一同欣赏项目部展板

工、项目投产进行了进一步的安排，组织开展了"奋战一百天，夺取主动权"的百日攻坚工作，凝心聚力，鼓舞士气，激励斗志。在工程重点、难点施工现场，各级领导干部、管理人员紧盯一线，靠前指挥，解决和处理施工中存在的问题，施工一线的员工发扬"大庆精神"、"铁人精神"，战酷暑，斗严寒，越高山，涉水网，谱写了一曲曲建设国脉、奉献能源的壮歌。

西二线东段工程克服重重困难，实现干线提前半年投产，充分展示了管道局全体职工主力军风采。

（文／图 才永欣）

西二线东段EPC项目经理张吉海在沙河施工现场

管道局艺术团赴西二线东段慰问演出

党员先锋岗在西二线

跨 越 巅 峰 之 路

五公司承建的西二线西段管道沿赛里木湖畔长驱直入大独山

——记全国五一劳动奖状单位中国石油天然气管道局第五工程公司

在举世瞩目的西气东输二线工程建设中，管道局第五工程公司以建设"战略工程、优质工程、绿色工程、阳光工程"为己任，广泛开展"建功中亚西二线，石油工人作贡献"劳动竞赛，大力发扬大庆精神和铁人精神，迎难而上、攻坚克难、高速优质安全地完成了建设任务，施工工期、工程质量、安全环保、社会影响力均创最好水平。

面对西气东输二线西段1、2A标段急难险重节点多、工期紧的严峻挑战，公司按照"整体优化、全程受控、分段优化、难点专控"的思路，精心谋划施工方案，以总体部署确保"后墙不倒"，以分段推进确保阶段目标，以突出重点确保难点工期，以创造亮点确保优质高效。果子沟一号隧道，是西二线进入国内后的第一道天然屏障，由于双管铺设，隧道狭窄，施工人员在隧道运管、组对、焊接等环节作业时，反复研究论证，

最终确定了"组合技术攻关法"，即：采取在隧道铺设道轨，用运管小车运管的方式，解决了隧道运管难题；采用液压龙门架进行卸管组对，一边组对一边卸掉道轨和枕木，解决了管道进隧道、道轨和枕木出隧道的难题；采取加高支垫实施管道焊接，再用液压泵驱动双液压缸将管道逐步降到设计标高，解决了空间小、焊接难和管道就位难题。为了保障施工安全，独山天险施工采取了用双层尼龙网将管沟两侧山头进行包裹、锚杆固定的"双保险"措施。针对果子沟和赛里木湖草场地质条件不同，土层薄厚不一，采取了在土层较厚的地段，将作业带草皮剥离出来，用加厚防晒网覆盖保护，并适当喷洒清水保持湿润，管沟回填后，再将剥离出去的草皮恢复原位的保护措施。在土层薄、草中夹杂石块多的地段，就在作业带草皮上铺垫塑料布、塑料布上再铺垫土供设备行走，有效保护了天然

草皮的自然状态。

在西气东输二东段20、22标施工中，根据地形地貌特点，公司项目部制订出不同的施工方案：在20标段实施"前期突击丘陵段，中期攻克山地段，后期鏖战'三穿'段"的施工策略；在22标段实施"冬春季抢建水网段，夏季突围山区段"的施工战略，牢牢把握施工主动权。夏季作业带泥泞，潮湿闷热，气温达到40多摄氏度，防风棚内温度达60多摄氏度。施工人员每天奋战十几个小时，月月完成焊接计划，CPP-502机组创日焊接40道口纪录，为实现顺利投产作出了贡献。

五公司人正是凭着坚定的信念、顽强的斗志，在艰苦卓绝的西二线管道工程建设中，力排万难，争先创优，安全优质高效地完成了国家重点工程建设任务，创造了辉煌业绩，树立了新的丰碑。

西二线广南支干线

全力争取在封山前冲出果子沟

天山果子沟隧道管线施工

华北石化公司检修施工现场

缅甸管道工程

中国石油管道

3号隧道开工

众志成城铸精品 钢铁长龙穿天山

CPP—503机组在西二线东段22标施工

上海八标黄姑塘穿越顶管焊接现场

工人吹响发展的"先锋号"

——记全国"工人先锋号"管道局第五工程公司 CPP—503 机组

第五工程公司 CPP—503 机组在西二线施工任务中，主要承担着第 1A 标段和第 2A 标段 ¢ 1219 管道的焊接任务。焊接使用的钢材 X80 在国内是首次，对焊接质量要求非常严格。施工地段要穿过沙漠、棉田、草原、山地和河流。由于气候差异大，施工初期，许多人身体很不适应。面对重重困难，他们积极开展"建功中亚西二线，石油工人做贡献"竞赛活动，在工程建设中，充分发挥员工的积极性、创造性、不怕艰苦，甘于奉献，用 9 天时间顺利通过百口考核，焊口一次合格率 100%。截至 2008 年 11 月 12 日共完成 ¢ 1219 焊口 2847 道，累计 32.9 公里，焊口一次合格率 97% 以上，顺利完成施工任务，受到了业主、监理的一致好评。

在 2009 年西二线工程隧道群施工中，机组群策群力，开拓创新，勇于解决工作中的疑难问题，克服了地势险峻、施工难度大的问题。3 号隧道全长 384 米，坡度 8.4 度，内部要同时安装两条 ¢ 1219*26.4 管道，作业空间异常的狭小，钢管底部距地面仅有 200mm 的空间，只能伸进拿着焊把的手；钢管两侧只有 400 多毫米，只允许一个人侧卧，就在这样的作业环境下，机组两个焊工硬是咬着牙干完了两倍于平日的工作量，保证了施工工作的顺利完成。在果子沟 4B 隧道的施工过程中，原设计方案是铺设双轨，用卷扬机牵引往下送管，用液压小龙门架对口，但由于个别钢轨不能及时到位，影响了施工进度。面对突发问题，机组不等不靠，积极想办法，重新制定方案，铺设单轨，用

大龙门架和倒链进行对口。在大家的共同努力下只用了 10 天就完成了这条 570 米长的隧道中双管焊接的任务，比原方案工期提前 5 天。

在 4A 隧道出口和 4B 隧道进口处的连头中，山谷间水平距离不足 40 米，落差有 15 米，最大坡度 51 度，两条线路需用 8 个热弯（最大的有 64 度，最小的有 32 度），12 个短节。在如此窄小的条件下，进行连头的困难是可想而知的。项目部原计划 12 天完成，但为确保按期投产必须 6 天完成。接到任务后机组员工认真研究、集思广益，制定了合理的工作安排，分成两班，在现场搭建帐篷，24 小时轮流施工，最终在期限内保质保量完成了任务，保证了后续工作的正常进行。

焊花消融了冬季果子沟的冰雪

CPP—503 机组苦战果子沟

铁人先锋号

——管道局第五工程公司 CPP-504 机组

管道局第五工程公司 CPP-504 机组，共有员工 36 人，大专以上学历 9 人，主要以青年为主。在"建功中亚西二线，石油工人作贡献"劳动竞赛活动中，全体员工发扬铁人精神，顽强拼搏，在西二线工程建设中，作出了突出贡献。

2008 年 4 月至 2009 年 9 月，机组接受了西气东输二线第 1A 标段和第 2A 标段的主体焊接任务。一年多来，共完成 ¢ 1219 焊口 4863 道，累计 50 多公里，焊口一次合格率 98% 以上。其中，38 道弯单线长度为 1.38 公里，双线的焊口数为 252 道，共计使用热煨弯头 24 根，短节 16 根。2#-3# 隧道出口的大陡坡，落差有 150 米，最大坡度 26 度；两条线路共计焊接 180 道焊口（最大的有 30 度，最小的有 26 度）。根据施工要求，CPP-504 机组按时完成了西二线和西三线的双管铺设的焊接任务，并曾多次受到了业主、监理及公司领导的一致好评。

2009 年—2010 年，机组参加了西二线东段的第 22 标段管道施工。全线沟下焊接，环境相当恶劣，给施工带来极大不便。施工地形土质松软，淤泥多，设备经常陷入泥潭中。机组员工战湿冷，夏季顶潮热，共计完成焊口 2328 道焊口，焊接长度为 28.2 公里，探伤一次合格率在 97% 以上的好成绩。

CPP—504 机组员工在泥水焊接

夏天焊工穿着厚重的皮衣在不透风的作业篷里精心作业

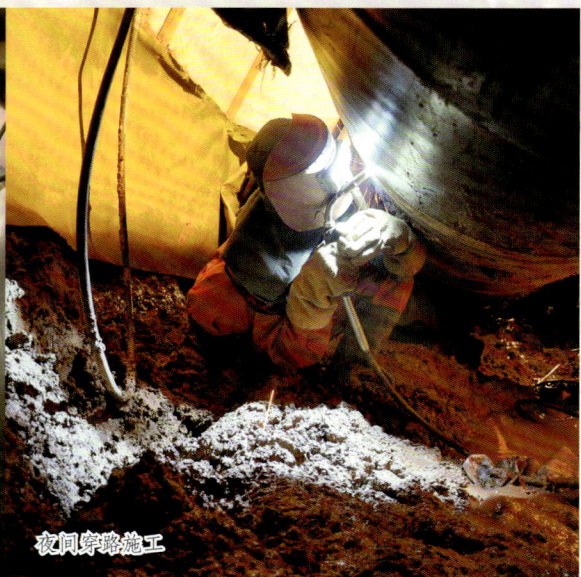

夜间穿喉施工

铁人先锋号

CPP-519在著名风景区赛里木湖畔进行西二线的管道铺设

——管道局第五工程公司 CPP-519 机组

2008年初，世界最长的跨国天然气管道西气东输二线工程正式开工。工程完成后可将国内外的天然气输送到珠江三角洲、长江三角洲，为南东部地区提供清洁能源。这对保障我国能源安全、推动我国经济社会发展具有重大意义。

西气东输二线管道 φ1219×18.4mm，X80 钢，在新疆霍城县，管线沿大东沟直上果子沟一号隧道，此段与西三线双管同沟敷设。大东沟是通往一号隧道的必经之路，位于科古琴山山脉山涧之中，山体陡峻，沟谷深窄，坡面较陡，沟谷坡度约 20-50°，被称为无人区。由于隧道施工需要，上山路修筑成连续的盘山道，共 38 个弯，形成了一个个阶梯状陡坡，被称之为"38 道弯"。第五工程公司 CPP-519 机组承担了穿越无人区，征战 38 道弯的攻坚任务。

2009年4月，CPP-519 机组打火开焊，拉开了 38 道弯双龙铺设的序幕。"顶着黎明进山，伴着月光出山"成了机组员工真实的生活写照。他们每天都要通过 12 公里的大东沟，道路崎岖不平，常使车辆陷入泥潭。1.33 公里的施工段，徒步要走四十多分钟。面对恶劣的施工环境，机组员工发扬铁人精神，迎难而上，每天早晨 6 点上班，晚上 10 点再下班，全天奋战 16 个小时。凭着这种战天斗地的精神，提前 30 天完成了管线施工任务。经过全体员工共同努力，累计完成 2210 道焊口，焊接管线 26 公里，实现了安全生产无事故、焊接一次合格率达 98% 以上。

水中焊接作业

广南支干线高温泥泞的作业环境，
身上已分不清哪是汗水哪是泥水

西二线天山深处 38 道弯施工

整齐有序的机组管理

团结进取的公司领导班子。新一届集团公司党委成员为：党委书记张东海（左五），党委副书记祁文彬（右四），田尚万（左四），党委委员李成才（左三）、刘春林（右三）、马茂盛（左二）、葛耀勇（左一）、张东升（右一）、郝喜柱（右二）

把握机遇 科学发展
以人为本 共建和谐

—— 记全国五一劳动奖状单位内蒙古伊泰集团有限公司

内蒙古伊泰集团有限公司创办于1988年。24年来，伊泰集团由成立之初的21名职工，5万元资产的煤炭企业，发展成为拥有6000多名职工，14座大中型生产矿井，2座筹建矿井，总生产能力超过5000万吨，以煤炭生产、经营为主业，以铁路运输、煤制油为产业延伸的大型现代化能源企业。

把握机遇、科学发展

多年来，伊泰集团坚持"四个不变"的办企理念，致力于企业的产业提升和科学管理，大力推进企业的产业结构优化、产品创新、技术创新、制度创新、文化创新，在全国煤炭行业走出了一条依靠自身经济方式转变的高速增长之路。2001年以来连续生产原煤超2亿吨，实现零死亡率，取得行业领先安全生产记录，达到世界先进水平；2011年生产原煤6027万吨，销售煤炭7066万吨，生产较2009年、2010年分别增长64%、9%，销售较2009年、2010年增长70%、16%；截至2011年底，公司总资产达到567亿元，较2009年、2010年分别增加77%、36%；2011年实现利税142亿元，其中，上缴税金70亿元，实现利税较2009年、2010年分别增长了112%、40%；伊泰集团率先响应各级政府要求，陆续投资约30亿元对原有27座矿井实施了技术改造和整合，引进国内外先进设备，投资23亿元新建了1200万吨酸刺沟高产现代化矿井。并与中科院山西煤化所合作完成煤间接液化技术，2006年，年产16万吨煤基合成油品加工厂

集团公司董事长张双旺于1995年被授予全国劳动模范称号

张东海总经理2005年被授予全国劳动模范称号

2008年3月20日，黄河内蒙古杭锦旗独贵特拉奎素段决堤，张双旺董事长（右一）率领集团公司党委、董事会全体成员深入独贵塔拉灾区进行慰问

董事长张双旺（左三）、总经理张东海（右二）与公司领导们看着煤制油公司生产出的第一桶油

煤制油出油现场

项目建成，成为我国煤间接液化自主技术产业化第一项目，填补了国内空白。伊泰以其雄厚的经济实力，齐备的基础设施（煤矿、铁路、煤制油完整配套），跻身中国企业500强（第227位）、全国煤炭企业百强（第18位）、内蒙古自治区煤炭50强之首，被国务院正式确定为全国规划建设的13家亿吨级大型煤炭骨干企业之一。

关爱员工、回报社会

2001年公司转制后，伊泰集团公司适时提出"坚持加强党对企业的领导，集团公司党委是领导核心不变；坚持合法经营，照章纳税，两个文明协调发展的方向不变；坚持依靠广大职工，充分尊重广大职工的主人翁地位的宗旨不变；坚持为地方和国家的社会主义建设积极做出贡献的思想不变"的办企理念，在企业快速发展的同时，努力让广大员工共享发展成果，积极回报社会。集团公司采取薪点工资制，根据各岗位的管理、技术及劳动质量、强度等因素进行综合评价，以岗定薪，薪随岗变，以岗位价值为基础，绩效考核为依据，职工收入随工作绩效上下浮动。2011年，普通员工岗位工资4.32万元，绩效奖金6.04万元，分别较2001年增长4.23倍和24.16倍；集团公司严格按时足额做好国家规定的养老保险、医疗保险、工伤保险、失业保险、生育保险及公积金缴费，并构建了独具伊泰特色的医疗风险基金制度，在城镇基本医疗、商业保险的基础上，创建医疗风险基金每年每人最高支付30万元，累计可报支100万元，不让一名职工因疾病导致收入低于伊泰职工平均水平。企业转制以来，

伊泰职工收入实现了与企业经济效益同步或高于其增长。2011年员工年平均总收入达16万元，是2001年转制时1.4万元的11.4倍，远高于地区及行业水平。

合法经营、照章纳税

多年来，伊泰集团始终坚持"合法经营、照章纳税"的原则，做到不违规、不违法、不打擦边球，在生产经营当中做到诚实守信、规规矩矩、实实在在。2008年2月我国南方发生冰雪灾害，煤炭供需趋紧，许多煤炭企业纷纷涨价，吨煤售价从457元一下子涨到七八百元，伊泰不仅未涨一分钱，而且在20天内，克服很多困难，抢运出优质煤炭220万吨，超额完成国家给公司下达的任务，受到国家发改委的表扬。截止到2011年底，累计为国家和地方上缴税费285.67亿元，纳税连续10年居鄂尔多斯市地方企业之首。

健全职代会制度，切实维护职工民主权利

伊泰集团不断完善职代会制度，坚持"凡需职工民主参与的企业发展规划、年度工作安排，企业改制及内部改革方案等必须经职代会审议；凡与职工切身利益相关的集体合同、年度员工股金分红、工资调整必须经职代会通过；凡需民主监督的企业财务预决算、干部评议必须向职代会报告，接受职工代表和全体职工的监督"的"三必须"原则。建立职代会参与中层以上管理人员竞争上岗、民主评议、任用考核制度，全过程参与中层以上管理人员竞争上岗，其考核结果交职代会通过后张榜公布。2006年以来，职代会评议中层以上管理人员2110人次，有1名同志评议不合格被免职。在集团工会的主持下，坚持每年由人事部门

与职工签订一次劳动合同，与企业平等协商签订一次集体合同。目前，集团劳动合同签订率、履约率、职工满意率均达100%。

热心公益事业，倾情回报社会

公司创立24年来，为社会各项公益事业无偿捐资超过5亿元，先后为鄂尔多斯市中心医院、汶川强震、青海省玉树地震援助近亿元。投资1.55亿元进行黄河南岸（杭锦）现代化农牧业科技示范基地项目基础建设，该项目计划为当地农牧民带来人均纯收入约3万元。先后为教育事业捐款达3000多万元，用于改善办学条件，更新教育设备和资助贫困大学生。总经理张东海个人近年来为社会困难群体和个人捐助几十万元，资助多名贫困大学生，受到政府的高度评价和社会的广泛赞誉。

伊泰集团先后被授予全国就业与社会保障先进民营企业、全国厂务公开民主管理先进单位、全国"安康杯"竞赛优胜企业、全国双爱双评先进企业、全国模范劳动关系和谐企业、全国文明单位等荣誉称号，四度荣获中华慈善奖。集团公司董事长张双旺、总经理张东海被授予全国劳动模范称号。

工会主席田尚万（后排左数第四）亲自参加公司举办的"纪念建党90周年"红歌合唱演出

内蒙古伊泰集团召开企业职工代表大会

内蒙古伊泰集团工会与企业平等协商签订集体合同

时任交通运输部部长李盛霖到草街枢纽工地视察慰问

市总工会副主席张建新为草街工程建设者送清凉

开展员工工资集体协商，签订工资专项集体合同

承载使命 奋发进取 发展水运 服务社会
加快建设长江上游航运中心

——记全国五一劳动奖状单位重庆航运建设发展有限公司

　　重庆航运建设发展有限公司是经重庆市政府批准成立，投资建设和经营管理重庆市主要通航河流的航电枢纽工程、重点港口码头，进行流域的梯级渠化及航道整治，具有较强公益性的投资型企业。公司成立九年来，紧紧围绕建设加快长江上游航运中心总体目标，累计完成投资100亿元，新建港口码头6个，新建航电枢纽3个，渠化航道264公里，为重庆水运事业和交通发展作出了突出贡献。先后获得全国文明单位、全国"十一五"期社会主义劳动竞赛先进集体、全国"安康杯"劳动竞赛优胜企业、重庆市五一劳动奖状等多项集体荣誉称号，并涌现出国务院政府特殊津贴获得者、全国海员建设工会"金锚奖"、全国交通行业青年岗位能手、重庆市劳动模范、重庆市五一劳动奖章获得者等一大批先进典型。

　　立足企业使命，加快长江上游航运中心建设进程。 承载"发展水运、服务社会"的企业使命，全力推进重庆水运基础设施建设。先后建成了涪江梯级渠化项目富金坝航电枢纽；草街航电枢纽工程下闸蓄水、船闸通航、四台机组全部投产发电；参股建设的乌江银

盘航电枢纽四台机组全部投产发电，新增电站装机规模70.7万千瓦。渠化航道264公里，其中Ⅲ级航道70公里、Ⅳ级航道143公里、Ⅴ级航道51公里，大大提升了嘉陵江、乌江以及涪江、渠江航道等级和通航能力。投资建成了重庆市重点工程巴南佛耳岩作业区一期工程、涪陵黄旗作业区一期工程，开工建设了彭水下塘口码头、万州新田港，参股建设了涪陵龙头港等一批重点港口码头，为重庆市新增港口年货物吞吐能力650万吨，加快了长江上游航运中心建设进程。

　　坚持科学发展，不断增强企业科技创新能力。 坚持实施科技兴企战略，先后完成了草街航电枢纽工程通航关键技术研究等10多项科技创新课题研究，其中，"嘉陵江草街航电枢纽工程通航关键技术研究"项目成果整体上达到国际先进水平，该课题成果于2010年获得重庆市交通科技进步成果一等奖和中国航海学会科学技术奖二等奖。同时，围绕企业中心工作，在工程建设和生产管理等领域，开展职工合理化建议活动，草街电厂职工提出的"利用汛期涌水发电"等建议，实施后为电厂创造经济效益超1000万元。草街项目

部职工关于"草街航电枢纽工程马鞍山人工骨料场弃碴重新利用的建议"，为企业节约弃碴处置费用3690万元，减少占地约126亩，该建议获全国职工节能减排优秀合理化建议奖。

　　突出以人为本，切实构建和谐劳动关系。 全心全意依靠职工办企业，职工劳动合同签订率100%。坚持职代会、司务公开制度，开展员工工资集体协商，认真落实民主管理。紧紧围绕建设和经营目标，开展重点工程劳动竞赛、"安康工程"劳动竞赛、平安工地建设，"工人先锋号"、"职工之家"等创建活动，近年连续三年获全国"安康杯"优胜企业称号，先后创建全国交通建设系统"工人先锋号"1个、重庆市"工人先锋号"5个，重庆市交通建设系统"工人先锋号"8个；创建重庆市模范职工之（小）家3个，重庆市交通建设系统"职工小家"2个。健全防控体系，加强廉政教育，落实责任制，公司未发生违法违纪案件。注重人文关怀和心理疏导，建立了领导接待日、领导与职工交心谈心等制度，认真落实职工劳动保护，设立了困难职工帮扶基金，帮助职工解决生产生活中的实际困难和问题，让职工共享企业发展成果，切实构建起和谐劳动关系。

　　担当社会责任，热心社会公益事业。 切实为政府分忧，抢救性介入三峡库区码头复建工作。热心社会公益事业，组织开展了"鱼类人工增殖放流"、向地震灾区"献爱心、送温暖"活动，与敬老院、学校、社区结成精神文明共建对子，开展"敬老爱老"、"关爱留守儿童"、"捐资助学"、植树造林等社会公益活动，切实履行了一个国有企业的政治使命和社会责任。

重庆市总工会隆重表彰草街重点工程劳动竞赛先进集体和个人

思想作风建设常抓不懈，凝心聚力促进企业发展

贵州习酒 再铸辉煌

——记全国五一劳动奖状单位贵州茅台酒厂（集团）习酒有限责任公司

习酒公司董事长、总经理张德芹

贵州茅台酒厂（集团）习酒有限责任公司是贵州茅台酒厂的子公司，于1998年成立。公司坚持外抓市场、内强管理，连续以两位数以上的速度保持快速增长，成为贵州省除"茅台"之外第二大白酒工业企业，经济指标实现50%以上增长，实现销售15.85亿元，上缴税金4.81亿元，完成工业总产值14.5亿元，实际利润2.2亿元，为地方经济社会发展作出了积极的贡献。

坚持"以人为本"的理念，努力为员工谋福利、办实事。保障员工合法权益。坚持和完善以职工代表大会为基本形式的民主管理制度，充分发挥职工在民主决策、民主管理、民主监督中的作用。依法签订了《集体合同》、《女职工特殊权益保护专项集体合同》，开展厂务公开工作，抓好劳动安全卫生和劳动保护工作，规范用工，依法维护职工合法权益，建立了和谐的劳动关系。

不断提高员工收入。2011年，公司员工工资收

入达到71000元，是1998年的12倍多。建立社会保障制度。随着公司销售、税金、利润的快速增长，公司即使是在过去企业困难的条件下，仍用企业自有资金补缴了老企业遗留下来欠缴的员工"两金"1500余万元。相继建立完善了社会保障制度。2011年，公司上缴"四险一金"5109万元。

加强企业精神文明建设，构建和谐企业发展。始终把职工文体活动当作一项重要工作来抓，积极搭建企业文化建设平台。隔两年一次交替举办职工运动会和职工文化艺术节活动；每年"三八"节、"五一"国际劳动节、"五四"青年节等节日期间组织职工开展形式多样的文化体育活动，完善娱乐休息设施，不断丰富广大职工的精神文化生活，营造积极健康奋发向上的文化氛围。

勇于承担企业社会责任，积极参与公益和慈善事业。依法纳税作表率。企业经营活动中产生的各种税金及附加，自觉按时足额上缴，从2009年至今，公司累计上缴税金近10亿元，为国家、为地方作出了一定的贡献。2005年进入"遵义市重点纳税企业25强"，2006年进入"贵州省诚信纳税百强企业"，2007年国家工商行政管理总局授予"全国重合同守信用先进企业"，"中国驰名商标"，2010年荣获"贵州省A级纳税信用企业"，2011年中华全国总工会授予"全国模范职工之家"，2011年中食协授予"全国食品信用企业AAA级企业"称号。

2009年，招录了50名大学生，2011年，公司招录大学生、职工子女、社会青年、安置征地群众、退伍军人723人。2008年"5·12"四川汶川大地震，公司捐赠112.36万元。2010年春，云南、贵州遭受百年难遇的旱灾，公司捐赠200万元。2011年，向习水县旱灾捐款50万元。

2011年出资1000万元资助1000余名西部地区贫困大学生上大学。2012年将继续出资1200万元资助贫困大学生圆大学梦。

习酒公司董事长、总经理张德芹代表公司向省青年基金会捐赠1000万元助学金

团结和谐的领导班子

建设新农村的银行

——记全国五一劳动奖状单位中国农业发展银行内蒙古分行

中国农业发展银行内蒙古分行成立于1995年2月。该行认真履行农业政策金融职能，坚决落实强农惠农政策，为"三农三牧"发展作出了突出贡献。

2009年以来，该行累放贷款433亿元，没有出现农民"卖粮难"和"打白条"现象，推动了粮食连续8年增产。立足农牧业资源优势，推动农牧业结构调整，促进产业升级和现代农牧业发展。3年累放贷款132.3亿元，支持客户240个；累放贷款28亿元，支持收储羊绒8000吨。加大农牧业重点领域和薄弱环节信贷支持力度。3年累放贷款118.7亿元，支持农村路网、水利、生态等项目89个。围绕自治区"富民强区"发展战略，大力促进新农村新牧区建设。累放贷款119.2亿元，支持新农村建设、民生、农村公共设施、农村科教文卫、农村能源开发等项目87个。

充分发挥政策性银行优势，促进农牧区金融服务改善。弥补农牧区金融市场不足。成立以来累放贷款

2846.5亿元，有效缓解了"三农三牧"领域资金投入不足的问题，同时为商业性金融更好更多地介入农牧业经济发展创造了条件。引导资金回流农牧区。3年来，累计向总行借款330.5亿元、吸收商业银行同业定期存款993亿元、吸收涉农财政性存款684.4亿元。回流农村资金是吸储农村资金的4倍。执行优惠利率让利于民，增加农牧民收入。

大力开展帮困扶贫活动，先后为帮扶点投放贷款23.78亿元，投入扶贫资金133万元，捐赠物资价值33万元，实现了帮扶目标。捐资助学。开展"情系三农·圆梦大学"捐资助学活动，捐款43.4万元。爱心捐款。先后为汶川、玉树地震、南方旱灾捐款96万元，同时参加其他公益捐款活动。

关心依靠员工，齐心协力促发展。各级行均建立了工会组织，维护职工权益。坚持完善职代会制度，调动基层员工参与民主管理的积极性。开展行务公开，

扩大员工的知情权和监督权。在政策范围内，最大限度地提高福利待遇。积极为员工排忧解难，近几年来累计发放慰问金85万元，慰问困难职工1130人。先后荣获支持乡镇企业发展先进单位、全区金融工作业务创新奖、自治区金融工作社会贡献奖、完成粮食工作目标组织奖、"全区民族团结进步奖"、自治区"金融突出贡献奖"等称号，2012年被中华全国总工会授予全国五一劳动奖状。

行领导带头捐款

与农民工子弟小学建立帮扶关系

加强信贷人员廉洁从业教育

为客户提供优质服务

团结奋进的国开行陕西分行领导班子

砥砺奋进助力富民强省
勇攀高峰谱写发展新篇
——记全国五一劳动奖状单位国家开发银行陕西分行

2012 年，国家开发银行陕西分行被全国总工会授予五一劳动奖状荣誉称号。分行党委书记、行长黄俊也被陕西省总工会授予"陕西省 2012 年劳动模范"荣誉称号。近年来，国开行陕西分行不断追求卓越，勇攀高峰。2009 年，分行贷款余额突破 1000 亿元，成为国开行系统西北地区唯一的一家千亿行。2010 年，分行贷款余额跃居全省银行业金融机构第一，成为省内金融同业的主力银行。2011 年，分行实现了"投贷债租证"业务齐头并进，在省内同业中创下了多项第一。截至 2011 年末，国开行陕西分行贷款余额 1521.23 亿元，比 2009 年初增长了 117.31%，信贷资产总额、人民币贷款余额、外币贷款余额、贷款余额新增、资产质量、人均纳税等多项指标位居省内同业前列，牢牢奠定了国开行陕西分行在助力陕西西部强省建设中的金融主力地位。

长期以来，国开行陕西分行坚持开发性金融增强国力、改善民生的使命，运用开发性金融的原理和方法，累计融资超过 4000 多亿元，为全省经济社会发展作出了积极贡献。先后为关天经济区发展、西咸新区发展等提供了融资规划；近年来向陕西省保障性住房、教育、医疗、卫生、中小企业等民生领域发放贷款 480 亿元，为陕西经济发展、实现富民目标提供了有力的金融支持；全力以赴支持重大项目建设，累计向省交通、城建、能源重化、装备制造等领域的重点项目投放贷款 875 亿元，保障了太中银铁路、包西铁路、西安路网扩建等一批重点项目资金来源，并与西电集团、中铁一局等企业开展海外业务合作，外汇贷款余额突破 10 亿美元，跃居全省金融机构首位；充分发挥投贷债租证协同发展优势，在债券承销、融资租赁、中小企业票据发行等方面取得了丰硕成果，在全国创造出了亮点。国开行陕西分行先后荣获"国家西部大开发突出贡献集体"、全国五一劳动奖状、"全国金融系统思想政治工作标兵单位"、"国家开发银行四好领导班子"等荣誉 100 多项。

国开行陕西分行与曲江新区签署临潼城乡统筹项目合作协议

国开行陕西分行贷款支持的西汉高速（勉略段）

国开行陕西分行贷款支持的西安棚户区改造项目

中国工商银行湛江分行领导班子

凝心聚力谋发展　创新实干促跨越

——记全国金融五一劳动奖状单位中国工商银行湛江分行

中国工商银行湛江分行地处粤西，属于欠发达地区。然而经过近三年的不懈努力，实现了跨越式的发展，不仅成为了湛江市首家利润超10亿元的金融机构，而且还跻身于珠三角先进行的行列，2011年经营绩效考核跃居全省第一名。

近年来，该行被评为湛江市"先进集体"、"AAA级劳动关系和谐企业"、"金融贡献奖"、"最具社会责任企业"；荣获"广东省文化建设标兵单位"；荣获省分行2011年度"综合贡献奖"等五项大奖；工行总行第二届"学习型组织先进单位"、总行"优质服务先进单位"、总行省行"先进基层党组织"、

总行"模范职工之家"，连续三年进入全国30强；杜东龙行长荣获"全国企业文化建设2011年度先进工作者"。2012年5月，湛江分行荣获全国金融五一劳动奖状。

敢为人先　勇于创新促发展

2011年，面对复杂多变的经济形势和日趋激烈的市场竞争，行党委班子把精力用在抓落实上，把时间花在求实效上，加快营业网点改造，改善服务环境，提升服务品质。2011年建成粤西唯一一家财富管理中心，高端网点从2008年的6家增至20家，自助设备从2008年的70台增至173台；多渠道提升内外服务

效能，提高业务处理能力和运营效率，减少客户排长队问题。在全国首办"霞山水产贷"等多项小企贷款创新性业务，被总行和省银监局推介，获得总行第三届青年创新创效三等奖；成功办理全省首笔大额行内进口代付业务；与湛江市煤气管道经营企业签订发行牡丹新奥联名卡，荣获省行产品创新三等奖……一次次发展瓶颈的突破，彰显了该行强大的创新力。

科学管理　凝聚和谐兴业的力量

湛江工行在做大做强做优业务的同时，致力于构建"共创共健共享"的家园文化。扎实开展创建学习型组织活动，引导和鼓励全行员工不断学习，超越

自我，勇挑重担，实现目标；积极开展和谐企业创建活动、职工之家创建活动，健全工会组织，员工入会率100%；坚持职工代表大会制度，职代会建会率达100%；完善劳动合同管理，劳动合同签率达到了100%；健全了劳动关系协调机制，规范劳动用工，协调各方利益。在全行开展"四比四看"竞赛活动：比贡献，看谁业绩最好；比安全，看谁内控外防最强；比精神，看谁奉献最多；比服务，看谁客户最满意。开展"创新金融服务，支持经济发展"建功立业竞赛活动、"巾帼建功"等活动，涌现出一批批业务能手及先进集体，推动了业务的快速健康发展。

以人为本 打造幸福分行

正是每一位湛江工行人的辛勤付出，成就了今天的湛江工行。湛江工行秉承"共创共健共享"家园文化，回馈给自己的每一位员工。深入开展"面对面，心贴心，实打实，服务职工在基层"活动，坚持开展"员工大家访"，每年各级领导到员工家里拜访，员工家访100%。按照王兆国同志关于开展职工服务活动"关键在于解决问题"的要求，积极为职工办实事，做好事，解难事，采取多种途径改善和提高员工福利，每年组织员工进行健康体检，为员工购买每人30万元重大疾病保险和额外补充医疗保险；建立"幸福互助基金"，加大对困难员工的帮扶救助力度，建立健全困难员工长效帮扶救助机制，切实加强"送温暖"工作；关爱老同志，高标准建立"驿站一号"老干活动中心；装修分行和部分支行办公大楼，大力改善员工工作环境条件；精心改造员工饭堂，员工吃上了自助餐，网点配备了微波炉；为员工发放节日慰问品、生日蛋糕卡、洗衣卡和书报卡；兴建了中华全国总工会核定的全国级"职工书屋"；组建"一团六队"即：牡丹艺术团、足球、篮球、羽毛球、乒乓球、网球队、形象展示队，引导员工"健康生活，快乐工作"……在点点滴滴中让员工亲身感受到了企业发展所带来的实惠，也让员工充分体会到"家"的温暖，员工的幸福指数不断提升！

中国工商银行总行工会王祥兴副主任在广东省分行工会廖群风主任一行陪同下到湛江分行慰问困难员工

2012年3月24日，举办"快乐工作、幸福生活"拓展活动，员工在工作之余放飞心灵，拼发激情，收获幸福

2011年2月12日，由中华全国总工会授牌的国家级"职工书屋"向全行员工开放，丰富了职工文化生活

2011年5月，湛江分行举办第一届"迎亚运"职工运动，比赛项目有篮球、足球、羽毛球、网球、田径等项目

"团结 敬业 务实 创新"的领导班子集体

团结 敬业 务实 创新

——记全国五一劳动奖状单位中煤张家口煤矿机械有限责任公司

中煤张家口煤矿机械有限责任公司前身为张家口煤矿机械厂，始建于1926年，新中国成立后成为我国三大采煤机机械生产制造企业之一，是目前中国煤机行业规模最大的国家一级企业，位列中国机械制造企业500强。

近年来，公司先后承担了国家攻关项目11项，省部级科研项目27项，开发重大新产品近80个品种，有28项产品获科技进步奖或优秀新产品奖，其中有两种产品获得国家级科技进步奖，有13种产品获省、部级科技进步奖，有4种产品获国家级新产品称号，多项技术获得国家专利。

"十一五"期间，公司各项经济指标逐年攀升，经济效益不断提高，职工收入逐年增长，技术改造、技术创新、新产品开发、企业管理等各项工作均有长足进步，增强了企业综合实力和核心竞争力，主要经济指标年平均增长率均超过18%，实现了跨越式发展。

狠抓技术创新，多项新产品市场占有率稳步提高。2005年以来，先后开发了6个品种的超重型刮板输送机及配套的转载机、破碎机。2006年，成功研制国

内首台装机功率最大的SGZ1000/3*700型刮板输送机，打破了国外产品局面，并向神华交付了一套同型号综采输送成套设备，这一项目荣获中国煤炭工业协会科学技术进步一等奖。同年将拥有自主知识产权的SGZ800/800成套输送设备出口俄罗斯，创下了煤矿井下综采成套设备首次出口海外的记录。

近几年先后研发了年产600万吨大采高综采成套技术与装备、SGZ1350/3*1200型刮板输送机样机、SGZ1200/2×1000型刮板输送机等一系列新产品，从而使重型和超重型刮板输送机引领着国产设备的发展方向，在国内市场具有绝对优势，市场占有率一直保持在70%以上。

加强管理创新，全面推动企业快速发展。"十一五"期间，公司坚持精细化管理，大力实施管理创新，注重品牌建设，以管理促效益，从而确保了企业的快速发展。

公司针对经营工作中存在的重点和难点问题，有计划地组织实施精细化管理项目，使流程控制精细化、信息传递精确化、管理操作精益化、产品服务精良化，

增强了全体职工精细化管理意识，取得了较好的效益和效果。通过开展精细化管理和"双增双节"活动，2010年成本费用比重下降，盈利大幅上升，全年成本费用占主营业务收入比例为92.45%，比2009年同期的93.60%下降了1.15个百分点；主营业务毛利率20.23%，同比提高0.16个百分点，比年计划提高1.33个百分点。

为了提高企业管理水平，公司全面导入OEC先进管理理论，研究建立了目标体系、日清体系、考核体系，达到任务有考核，考核有时效，时效有检查，检查有反馈，反馈有纠偏的全流程管理，取到了明显成效。

"十一五"以来，随着企业生产规模的不断扩大，企业营业收入大幅增长，盈利大幅提升。营业收入由2005年的10.95亿元增长到2010年的26.47亿元，增加15.52亿元，增长1.42倍，年均增长率达19.32%；利润总额由2005年的2500万元增至1.95亿元，增加1.7亿元，增长6.8倍。

公司2011年荣获全国五一劳动奖状称号。

情洒天山 功建新疆

——记全国五一劳动奖状单位新疆煤田地质局一六一勘探队

2012年龙年除夕，自治区党委书记张春贤一行看望慰问161队勘探队员，与大家合影

自治区人大常委会主任艾力更·依明巴海视察三塘湖施工区。
（右起：161队队长张相、自治区人大主任艾力更·依明巴海、自治区煤田地质局局长何深伟、161队生产副队长徐惠忠、161队钻探公司副经理沈东昆）

新疆煤田地质局161队承担全国最大整装煤田——三塘湖煤田勘探工作开工仪式。（左起第三位：161队党委书记侯洪河）

1958年新疆煤田地质局一六一勘探队在哈密成立。50多年来，足迹踏遍了天山南北，曾在乌鲁木齐煤田、哈密煤田、伊犁煤田、准东煤田、库拜煤田等做过艰苦有效的勘查工作，取得了丰硕的地质找矿成果，先后完成300多个大、中型项目，累计钻探工作量200多万米，提交各类地质报告300多件。获得煤炭资源储量1000多亿吨。曾先后获得国家储量委员会、国土资源部的表彰奖励。荣获全国五一劳动奖状、煤炭部"功勋单位"和自治区"开发建设新疆奖"等荣誉称号。他们用煤田地质勘探这种语言一次又一次诠释了煤田地质勘探人特别能吃苦、特别能战斗、乐于奉献、敢为人先的精神风貌。

2011年，新疆煤田地质局一六一煤田地质勘探队集结了全国多个省区的5500多名地质勘探队员、260台钻机、5个地震分队在三塘湖煤田4200多平方公里的范围内开展了全国煤田地质勘探史上一次勘探面积最大、一次组织钻机最多、一次"参战"人员最多、一次探明煤炭资源量最大的煤田勘探大会战。一年内共完成钻探进尺63万米（相当以往30年的国家项目工作量），探明煤炭储量（1000米以浅）550亿吨。

为三塘湖煤田进入实质性开发阶段提供了详实的地质依据。

2012年龙年除夕。自治区党委书记张春贤，自治区党委副书记、自治区主席努尔·白克力，自治区人大常委会主任艾力更·依明巴海，自治区党委常委、秘书长白志杰、自治区主席助理、国土资源厅党组书记田建荣等领导来到新疆煤田地质局一六一队，看望慰问地质勘探队员，与大家一起包饺子过大年庆团圆。

张春贤书记在听完161队领导工作汇报后，称赞这支队伍50多年来能打善冲、令人感动、精神状态可嘉！2011年在三塘湖的勘探工作中卓有成效的完成了自治区交给的勘探任务。充分体现了新疆精神，展现了新疆效率。希望大家再接再厉，发扬新疆精神，加快三塘湖等项目勘探步伐，为新疆"三化"建设作出贡献，在新的一年再立新功！

如今，在自治区大开发、大建设、大发展的新的历史时期，新疆煤田地质局一六一煤田地质勘探队更是以饱满的热情、精湛的技术投身到为进一步加快新疆优势资源转换、为新疆跨越式发展和长治久安两大历史使命的实现、为国家战略能源基地的建成贡献着自己的力量。

钻机施工一角。见煤系地层，上钻。

全国五一劳动奖状单位

在创新中不断发展的
四川天华公司

天华公司创建"工人先锋号"工作责任书签订仪式

四川天华股份有限公司是四川化工控股集团旗下以化肥生产为基础，积极从事化工新产品开发和生产的大型国有控股公司。公司位于美丽的长江之滨——四川省泸州市境内，现有总资产近25亿元，年营业收入13亿元，职工2000余人。近年来，天华公司领导班子团结带领全体干部员工用心想事，用心干事，合力成事，不断推动公司科学发展水平，取得了可喜的成绩。

五年前，天华公司还是一个只有一套大化肥装置的企业，经过短短几年的发展，现已拥有三套化工生产装置：一是年产30万吨合成氨、52万吨尿素的大化肥装置。这套装置是从意大利成套引进的，投资22亿元，系国家"八五"重点支农项目。该装置于1995年10月建成投产，截至2012年3月，已累计生产尿素850万吨，实现产值130多亿元，创利税9亿多元；二是年产2.5万吨的1,4—丁二醇装置。这套装置引进美国杜邦公司的先进技术，投资总额5.8亿元，2006年2月产出合格产品，并已产生良好的经济效益。该项目是四川省2005年重点建设项目；三是年产3万吨的三聚氰胺装置。这是天华与川化、泸天化合资

建设的，总投资 4.89 亿元。该装置已于 2007 年 4 月建成投产，其产品现在供不应求，每年可新增销售收入 3 亿元。

　　三套装置相继建成投产，使天华公司迅速改变了原来产品单一、抵御市场风险能力弱的不利局面。特别是 1，4—丁二醇项目的建设，为天华公司发展具有广阔前景的精细化工项目奠定了坚实的基础。

　　投资近 30 亿元的年产 6 万吨 1，4—丁二醇和 4.6 万吨聚四氢呋喃项目也将于 2012 年 7 月份建成投产，这两个项目建成后，每年将为公司增加销售收入 15.4 亿元，净利润 2.8 亿元。

　　上述项目的建设不仅有效调整了公司的产品结

天华公司第二届职工辩论赛

天华公司化学检验工技能竞赛现场

构，提高了公司的抗风险能力，为公司向医药化工、食品化工、纺织化工方向发展奠定了坚实的基础，而且对四川省化工产业的调整产生了积极的重要意义。

　　通过近年的努力，天华公司现已跻身于四川省工业企业综合实力 20 强、四川化工企业最大规模 10 强，先后获得全国学习型组织先进单位、四川省质量管理奖、四川省质量信誉 AAA 级企业、四川省最佳文明单位、全国实施用户满意工程先进单位、全国石化系统首张能源管理体系认证获证企业、全国首批环保生态肥认证企业、全国实施卓越绩效模式先进企业特别奖、四川省安全文化建设示范企业、四川省模范劳动关系和谐企业、中国石油化学工业文化先进单位、党建及思想政治工作优秀企业等荣誉。

天华公司新项目建设现场

时任中共中央政治局常委、中央政法委书记周永康视察临工，公司董事长王志中汇报公司发展情况

时任中共中央政治局委员、全国人大常委会副委员长、中华全国总工会主席王兆国在全国五一表彰大会上与公司总经理文德刚亲切握手

创国际化临工　建可信赖品牌

——记全国五一劳动奖状单位山东临工工程机械有限公司

山东临工工程机械有限公司（山东临工）始建于1972年，是国家工程机械行业的大型骨干企业，中国机械工业100强，国家级高新技术企业，制造业信息化示范企业。公司专业从事铲运机械、挖掘机械、路面机械、混凝土机械等工程机械产品的研发与生产制造，主导产品有装载机、挖掘机、压路机、挖掘装载机四大系列，近百个品种，先后被评为"中国名牌产品"、

"中国驰名商标"。公司先后被授予"全国守合同重信用企业"、全国五一劳动奖状、"全国模范职工之家"等荣誉称号。

多年来，山东临工始终坚持"以市场为龙头，以科技为先导，以质量为重点"的经营方针，积极推进和深化改革，使企业实现了突飞猛进的发展。2011年，公司实现销售收入116亿元，实现利税16.5亿元，在

临沂市工业企业中纳税额排名第一，产销量、综合经济效益在全国工程机械行业名列前茅。

注重管理创新，搭建信息化平台。公司投入数千万元，对技术研发、市场营销、质量体系、配套供应、生产管理、人力资源、成本控制等方面进行改进、完善和提升，初步实现了信息共享、资源共享，工作效率大幅度提升。

山东临工工业园

先进的生产设备

挖掘机总装流水线

注重技术创新，走产学研结合道路。公司每年的研发投入占销售收入的 6% 以上，每年有 5—7 个新产品投放市场，拥有 70 多项国家专利，主持并参与了十几项国家和行业标准的制订。公司建立了博士后工作站，进站博士研究生二十余人，承担着包括国家 863 计划在内的省级以上多项科研课题。先后与北京航空航天大学、吉林大学、北京科技大学合作建立了工程机械技术创新基地、工程机械产品开发基地、工程机械人才培训基地，初步建立了开放高效的技术合作与技术创新体系。公司通过了 ISO9001 质量体系认证、获得了出口产品质量许可证和进出口企业资格证。数控和激光切割机、IGM 焊接机器人、加工中心等一大批先进工艺装备的运用，使得公司的制造水平和质量保证能力进一步加强。产品畅销全国，并出口俄罗斯、巴西等几十个国家和地区。

注重品牌效应，加强市场网络建设。公司将临工的品牌理念、管理理念、服务理念延伸到市场的前沿，让终端用户实实在在感受到山东临工的管理品质和美好愿景。"通过不断地创新，提供最为可靠的产品和服务，使客户持续获得最大价值的回报"，临工以实际行动践行着这一庄严的使命，客户满意度和品牌美誉度不断提高，成为工程机械行业的领先品牌。

注重企业文化建设，促进企业和谐发展。认真研究、积极探索新形势下企业文化建设，充分利用《山东临工》报、临工网站等阵地，加强宣传教育和舆论引导，尊重员工首创精神，加快技能型人才的培养。每年用于奖励技术创新、管理创新、合理化建议的资金达 300 多万元。鼓励员工发展和个人成才，公司投资 1800 多万元建立培训基地，对员工进行焊接、机加工、桥箱装配和整机装配等培训。公司想方设法创造条件，丰富活动载体，投资 500 多万建设了员工活动中心，电子阅览室、健身活动室、演艺厅、放映室、图书室等陆续开放，成为员工学习交流、娱乐休闲和健身活动的重要场所，从而丰富了职工业余文化生活，陶冶了员工情操，增强了企业的凝聚力和团队精神。同时公司积极参与社会公益事业，在近年来为"慈心一日捐"活动中累计捐款 150

山东临工开展形式多样的职工文体活动

山东临工首届文化艺术节

余万元；为支援四川、青海灾区抗震救灾，捐款捐物价值 500 余万元；2010 年，捐款 60 万元，在新疆建设希望小学；向临沂市见义勇为基金会捐款 20 万元，向临沂经济开发区慈善总会捐款 30 万元。在环保、安全等方面，公司先后投入了大量的人力、物力和财力，使企业的社会责任得以充分体现。

民生超市 百姓永辉

——记全国五一劳动奖状单位永辉超市股份有限公司

永辉超市成立于2001年，是中国500强企业之一，是省级流通及农业产业化双龙头企业，被国家商务部列为"全国流通重点企业"，获"中国驰名商标"，是上海主板上市企业（股票代码：601933）。目前，在全国16个省市已发展超过300家超市，经营面积超过300万平方米，拥有员工近40000人，2011年销售额逾200亿元，全年缴纳税费逾6.6亿元。

永辉超市积极贯彻落实党中央加强非公有制企业党组织建设的号召，于2002年即建立了党支部，之后又发展成为党总支及四个党支部，凝聚了一批爱党、爱国、爱乡的党员职工。永辉超市大力落实基层工会组织建设，于2003年创建了永辉超市工会，创建成效显著，获得了全国五一劳动奖状、"全国双爱双评先进单位"、"全国模范职工之家"等荣誉，一批优秀职工荣获"福建省五一劳动奖章"、"福州市劳动模范"称号。

永辉超市是最坚决、最积极响应政府号召的稳价保供企业，在历次应急救灾、市场调节中起到带头骨干作用，得到了省、市政府的充分肯定，被国家七部委誉为中国"农改超"推广的典范，被百姓誉为"民生超市、百姓永辉"。

永辉超市大力发扬福建精神，积极承担企业公民的社会责任，热心致力于慈善超市、助学支教、扶贫济困、助残助孤、赈灾救难等公益事业，全力持续开展"春风送暖"、"关爱职工"行动，已向社会捐赠资金及物资累计逾亿元。

未来几年，永辉将稳健地向全国多个区域发展，并保持可持续盈利增长，力争发展为全国性生鲜超市龙头企业，跻身中国连锁企业前列，为稳增长、调结构、控物价、惠民生、助三农作出新的更大贡献！

诚信 创新 团结 奉献

——记全国五一劳动奖状单位山东三箭置业集团有限公司

山东三箭置业集团有限公司是以国有资产授权经营管理的国有独资企业，主要是以建筑施工、房地产开发、项目管理咨询、资产投资管理、国际贸易为主的产业集团，是山东省最早通过 ISO9001、ISO14001、OHSMS18001 认证的企业之一。公司主营业务包括：国内外工程总承包、大型公共建筑和高层建筑施工、设备安装、建筑装修装饰、钢结构工程承包与施工、市政工程承包与施工、房地产开发、项目管理咨询、资产投资管理、劳务输出（劳务管理）、工程检测、建材供销、设备租赁、物业管理、国际贸易等。公司先后被评为全国先进施工企业、首批全国建筑业 AAA 级信用企业、全国"守合同、重信用"企业、全国质量信得过单位、全国安全生产优秀施工企业、全国建筑企业 500 强等。2011 年，公司完成产值 46.04 亿元，同比增长 17.3%，其中控股公司完成产值 39.75 亿元、实现利润 1.64 亿元、上缴税金 1.95 亿元，分别同比增长 14.91%、10.75% 和 65.37%；职工人均收入连续五年实现增长，并建立了职工工资增长的长效机制，使职工工资的增长更加公平、合理、科学。三箭集团在取得丰硕的物质文明成果的同时，也取了丰硕的精神文明成果，公司连续四年被国资委评为优秀企业，连续四年保持了"山东省文明单位"荣誉称号，2011 年又被人力资源和社会保障部、全国总工会授予"全国模范劳动关系和谐企业"称号。公司秉承"诚信、创新、团结、奉献"的企业精神，坚持"一切为了职工、一切依靠职工、让职工共享企业发展的经济成果"的发展理念，形成了"集中决策、分层执行"的"三箭"管理模式，"立足省内、面向全国、走向世界"的战略部署，已经发展成为在省内具有较高知名度、国内有一定影响的大型企业集团。

深化安全风险管理 强化运输经营提效
积极探索提速、高速时代车务管理新模式

——记全国五一劳动奖状单位天津车务段

天津车务段地跨津冀鲁"两省一市",共管辖54个车站、车间,铁路总里程555.726公里,现有职工7000人。年发送货物3650万吨,实现收入47亿元,2011年发送旅客930万人。

加强安全文化建设,提升安全基础管理质量。强化文化引导,夯实思想基础。车务段在职工中深入开展正确安全观教育,引导职工认识到安全是个动态控制过程,自觉克服有了经验就是安全、安全天数长了就是安全、不出事故就是安全的松懈麻痹思想,把小问题当成大问题来抓,把别人的问题当成自己的问题来检查。强化干部抓安全责任感。让干部认识到:一个人、一个岗位、一个作业环节的不安全,就会造成影响全局的大后果,就会带来无法弥补的大损失。

深化安全倒查,强化风险评估。一是全面开展安全倒查,反思可能会发生什么样的事故,运用事故虚拟化方法,找出容易发生的事故,吸取教训。二是全面评估风险等级,按照引发事故的等级、后果、事故发生的频率、影响因素、作业环境等综合条件,提出防止事故发生的措施。三是强化风险预测。车务段按照问题发生的频率、性质、等级、可能产生的后果等,超前预测和研判安全问题,实施超前防控。

强化职工培训,提高全员素质。一是大力推进班组长培训,举办班组长培训班,班子成员亲自授课,专业干部讲解专业知识,交流班组管理经验,不断提高班组长的综合素质;二是大力推进行车非正常演练规范化,坚持每站一台、每周一练、每月一考、每季一赛制度,随机指定演练班组,随机抽取演练题目,随机选定演练干部,以演练难度、工种广度、结合实际紧密度为打分标准,奖优罚劣;三是大力开展"大练兵、大比武、大提素"竞赛活动,通过车站赛、站区比、总决赛的形式优中选优,对优胜者给予重奖;四是推进专业录像授课系列化。结合季节性工作,由业务过硬的专业干部专题授课,并刻成光盘,下发各站进行学习。近三年,全段获部级技术比武一、二、五等奖各一次,获得路局比武竞赛团体第一9次、团体第二4次,获得个人全能第一28人次、第二13人次。

强化科技攻关,加快推进实现科技保安全。针对专用线调车事故频发的情况,开发了"调车作业防止挤脱撞系统",在机车上安装控制装置,及时提示机车减速停车和自动放风制动,防止了调车作业挤岔子、脱线、撞土挡事故的发生。在全段行车室安装了视频监控系统,段安全调度24小时进行监控,研发了调车作业计划查询系统、调车机GPS定位系统、安全信息电子平台系统、"客运作业控制服务系统",实现了客车预告、检票、站台组织以及晚点等信息的自动播报,增设LED大屏幕,设置了触摸屏旅客自助查询,从而大大提高了客运服务质量。三年来,全段共申报差点差距公关项目22项,立项11项,获奖10项。

以人为本,不断改善职工生产生活条件。近年来,车务段加快推进职工住宅建设工作,并做到公平、公正、公开分配。自筹资金为各站购买健身器材,开办小食堂,配齐冰箱、电磁炉等设备。段每年投资300多万元用于职工用餐补贴,共开垦菜园14425平方米,自筹资金2000多万元对管内各站的调休室、行车室、文化室等"六室"进行装修,为职工浴室增设太阳能,确保职工能吃上热饭、喝上热水、洗上热水澡、睡上空调屋。

天津车务段先后获得全国铁路文明单位、全国精神文明建设先进单位、全国安全文化建设示范单位、铁道部优质车务段、天津市精神文明建设先进单位、全国五一劳动奖状等荣誉称号。

路局工会领导视察天津车务段唐官屯车站文化室

党委书记张国仓深入一线检查指导工作

天津车务段第二届第一次职工代表大会暨工会第二届第一次会员代表大会会场

段长金志毅深入一线行车岗点检查指导工作

出乘前召开班前会做好安全预想

第五届职工（会员）代表大会

表彰先进模范员工

举办职工职业技能大赛

着力打造"和谐成中"
促进企业经济发展
——记全国五一劳动奖状单位成中投资集团股份有限公司

成中投资集团成立于 1992 年，当时负债 20.8 万元。但到 2011 年，企业已拥有总资产 12.2 亿元，年产值达 16.6 亿元，上交税金 1.19 亿元。近五年来，企业连续以 40% 以上的速度向上递增，走上了持续发展的快车道。先后荣获"全国文明单位"、"全国模范和谐劳动关系企业"、"四川省五一劳动奖状"等一百余项（次）荣誉称号。

实践中，成中集团十分清楚企业要发展，和谐是关键。工作中，他们十分注重建设"职工民主管理体系、法律保障体系、员工关爱体系"，让职工在发展企业经济中有位、有为、有享、有奔头。一是建立职工民主管理体系，保证职工主人翁责任的正确行使。企业建立之初就坚持每月召开一次职工大会，把企业生产经营情况告之大家。为了规范职工民主管理，先后制定了"成中投资集团全心全意依靠职工办企业实施细则"、"成中投资集团职工代表大会实施细则"，建立了企业、子公司（工程局）、项目部（分公司）、班组的四级职工民主管理体系，形成了企业公开与基层公开相结合，会议公开与网络公开相结合，事前公开与事后公开相结合，过程公开与结果公开相结合，大会公开与小会公开相结合的"五结合"的企务公开模式。从而使职工民主管理和企务公开实现有规范、有程序、有监督、有检查、有权利、有效果，职工主动参与到民主管理之中。二是建立和谐的劳动关系，早在 2007 年公司就组织职工制定了一个既有企业个性，又使职工利益不受伤害的劳动合同，职工参与了劳动合同制定的全过程。从而使企业百分之百职工签订了劳动合同。在工资集体协商合同中，公司把职工的工资标准列为内容，提高工资管理的透明度，并把企业实现经营目标后要为职工兴办集体福利的事也明确写进合同。

企业的发展离不开员工。多年来公司坚持开展"四个一"活动，即致一句祝福的话，进行一次家访，搞一次生日聚会，送一份生日礼物。做到务工人员能及时、如数获得报酬。几年来先后为十余名困难职工组织了"献爱心亲情募捐活动"，金额达 25 万余元。

建立完善机制，培育一支过硬的职工队伍。实行激励机制，让广大职工充满进取的欲望。近十年来已先后评出全国五一劳动奖章、省市县劳动模范和其他先进集体、个人 800 余人（次）；组织先进模范集体和个人开展事迹报告会，坚持每月一次最佳职工和过失职工的评选活动，激励职工岗位成才；建立建筑工人技术学校，实行脱产或半脱产培训，先后办了 20 期，培养 3000 余名中级以上的建筑工人；同时建立"农民工夜校"，把广大农民工组织到学技术、学科学、学文化中来。目前有 6 所夜校吸纳了 1000 余农民工参与其中，农民工不仅从夜校中学到知识，同时也培养了他们好学上进的作风。同时公司在职工中还开展"金点子"合理化建议活动，近年来职工提出了上 1000 余条合理化建议，有 100 余条在施工中广泛应用，仅此每年可为企业创造 500 余万元的节约价值。

农民工夜校

集团工会送清凉

为员工患病女儿捐款

丰培中心领导班子成员：主任韩臣（左三）、党委书记董彦海（右三）、副主任翁连仲（左二）、工会主席兼副主任王喜春（右二）、副主任李华（左一）、纪委书记兼副主任白会峰（右一）

以卓越培训服务坚强智能电网

——记全国五一劳动奖状单位国网新源丰满培训中心

国网新源丰满培训中心是全国首家水力发电培训基地和国家电网唯一水电高技能人才培训基地。近年来中心抢抓机遇，不懈拼搏，大胆创新，在服务电网发展及地方经济建设中交了一份出色答卷，荣获全国五一劳动奖状。

中心建有各类现代实训室 32 个，其与清华大学联合研发的水电厂运行仿真机填补了国家空白，研发的"一机多模"达到"世界一流"水平，获吉林省科技进步二等奖。中心还建有多媒体教室、会议室、报告厅、400 米标准运动场、可承办大型赛事的体育馆、户外拓展训练基地、学员公寓等功能齐全的服务设施，目前正对 59 个电力行业特有工种的初中高级技术和技能人员进行教育培训，可对 77 个电力行业特有工种和 11 个通用工种进行职业技能鉴定，年培训能力达 5000 人次、鉴定能力达 1500 人次。

近年来，中心通过实施"名师工程"选拔等举措，全力打造品牌师资团队，包括了中电联、国家电网公

水电运行仿真实训室

开展对赤道几内亚的水电培训

司和吉林省相关领域的学科带头人和专家，教授了水轮机组值班员等 5 个工种的全国知名培训课程，并先后为国家人力资源和社会保障部编制了《水轮发电机组值班员国家职业标准》、为国家电网公司主编了十余个职业能力培训规范。

50 余年来累计培养学员、毕业生 10 万余名，遍布全国 27 个省区，覆盖包括三峡、小浪底在内的 50 余个大中型水电厂、100 余家电力和地方企业。良好的培训环境、优秀的师资力量、卓越的服务能力，使该中心成为全国电力行业首批高技能人才培训基地，吸引了赤道几内亚、苏丹等非洲国家学员前来跨境求学。

迄今为止已培训退伍军人万余人。丰满培训中心多次被省、市及电网公司授予"精神文明建设先进单位"、"先进党委"、"先进工会"等荣誉称号，连续 12 年保持"吉林省文明单位"称号，并先后被评为"全国模范职工之家"、"全国绿化模范单位"。

中共中央政治局委员、时任广东省委书记汪洋（右二），广东省委常委、深圳市委书记王荣（右三）视察学院在深圳富士康集团举办的心理健康辅导员培训班

中华全国总工会副主席陈荣书（正面前排右一）、广东省总工会常务副主席陈宗文（正面前排右三）、深圳市总工会副主席王同信（正面前排右二）等领导视察学院"全国工会农民工技能培训示范基地"

广东省委常委、深圳市委书记王荣（右三）在深圳市委常委、统战部长张思平（左二）、深圳市人大副主任、市总工会主席罗莉（左一）、深圳市总工会副主席李少梅陪同下视察"民工技能培训示范基地"

创新职工教育模式
打造工会办学品牌

——记全国五一劳动奖状单位深圳市职工继续教育学院

深圳市职工继续教育学院是深圳市总工会直属的教育事业单位。近年来，学院从小变大，发展迅速，办学能力不断提高，发展成为深圳重要的职业教育和职工教育机构。2012年4月荣获全国五一劳动奖状。

学院积极履行工会教育职能，大力开展农民工素质教育和技能培训，累计培训职工、农民近30万人次。目前有各类学历教育在校生4642人，年培训职工5万多人次，在职业教育和职工教育方面取得了显著成绩，用实实在在的办学成果走出了一条工会学校办学的新路子。

坚持"发展才是硬道理"，不断推进学院科学发展

经过多年的努力，学院发生了翻天覆地的变化。从只有各类在校生400多人，教职工人数不足20人，办学场地不足2000平方米。到现在拥有办学场地10043平方米，教职工96人，各类学历教育在校生4642人，年技能培训规模近8000人次，年职工素质培训规模达5万人次。已发展成为深圳重要的市属中等职业技术教育机构，成为深圳市工会开展"工会大学校"建设的示范性基地。

夯实发展基础，建设有工会特色的职业教育机构

学院提出"学历教育和非学历教育并举，职业教育和职工教育并重"的发展战略，坚持职业教育和职工培训相互促进、两翼齐飞、协调发展，走出了一条有鲜明工会特色的职业学校发展之路。

学院还秉承工会优良传统，关怀社会弱势群体，积极履行工会扶贫帮困职能，招收困难家庭学生和灾民子女6个中专班共171人，实施"零费用就读"，累计投入帮扶资金460多万元。

创新职工农民工教育方式，深入开展职工素质教育

作为工会办学机构，学院始终不忘使命和责任，积极开展职工素质教育和农民工技能培训。

开展以社会主义核心价值观为主要内容的职工农民工素质教育。深入多个社区和580多家企业开展素质教育讲座2100多场，受教育职工30多万人次。编写出版多部培训教材，印刷10万册，免费发放给职工学习。

积极开展班组长培训、心理健康教育、女职工素质培训等专项能力培训。3年间共培训班组长3万多名，

在近百家农民工集中、规模较大的企业开展职工心理健康教育讲座200多场。拍摄出版了全国首部以新生代劳务工为对象的心理健康教育电视教育片《阳光在心中》。

实施"圆梦计划"，打造工会教育帮扶新模式

"圆梦计划"是学院配合深圳市总工会实施的一项以农民工和困难职工为主要对象的教育帮扶活动，主要内容包括为求学上进但家庭困难的部分农民工提供大、中专学费资助，提供免费的职业技能培训学位等。

2008年5月，首届"圆梦计划"启动。最终，104名农民工被天津大学、北京航空航天大学、四川大学等高校的网络教育学院录取。从2008年至今，"圆梦计划"已成功举办四届。共资助大专学历教育1095人，中职学历教育1012人，职业技能培训12300多人，投入帮扶资金2100多万元。

"圆梦计划"有效激发了广大的职工农民工求学上进、岗位成才的热情，调动了广大企业开展职工素质教育的积极性，已成为影响广泛的农民工素质教育品牌。

把握科学发展主题 建设绿色炼化企业

——记全国五一劳动奖章获得者、中国石油化工股份有限公司石家庄炼化分公司总经理毕建国

毕建国现任中国石油化工股份有限公司石家庄炼化分公司总经理。作为国有企业的带头人，始终牢记自己的责任和使命，坚持依靠广大职工办企业，积极践行科学发展观，大力发展绿色经济、低碳经济，为地方经济社会发展作出了积极贡献。先后被评为河北省劳动模范，中国石油化工集团公司授予有突出贡献的科技和管理专家，2008年当选为第十一届全国人大代表，并荣获河北省优秀企业家称号，2012被中华全国总工会授予"全国五一劳动奖章"称号。

积极推动科技兴企战略。他参与组织完成了20多项技术攻关、开发和应用项目，其中9项获省部级以上奖励。在推进己内酰胺产业发展中，积极倡导并参与引进世界领先的技术、装备，首次应用于己内酰胺原料的生产，形成了新的独特的工艺技术组合。主要原料转化率由85%提高到99%以上，氢耗降低2/3，废气和COD排放仅为传统工艺的1.8%和9.4%。

着力提升企业竞争力。"十一五"期间，积极推动具有自主知识产权的苯－甲苯法组合生产己内酰胺专有技术实现工业化生产，投产当年实现盈利1.3亿元；由他组织建立了涵盖利润、成本、安全环保和廉政建设等横向到边、纵向到底的全方位的目标指标管理体系，做到了每项工作的完成情况可进行量化、对比分析，大大促进了企业持续进步。

认真履行企业的社会责任。2008年由于受国际金融危机冲击，企业遇到了前所未有的困难，他带领企业始终严格执行中国石化的要

毕建国出席人代会

求,努力增产增供成品油保市场,当年累计增产增供汽柴油近 14 万吨。他认真履行安全环保责任,多次获石家庄市环保诚信企业、被评为 "河北省双三十减排目标考核优秀单位"、"石家庄环保先进单位"、"河北省诚信企业" 等称号。

企业管理水平显著提高。"十一五" 期间,他全力推进企业一体化制度体系建设,构建了融 QHSE、内控、三基等多位一体的管理系统,有力地促进了管理水平的持续提高,2009 年炼油加氢车间荣获 "中央企业先进集体" 荣誉称号,炼油中化室连续 6 年取得国家抽检无不合格项的优异成绩,设备管理 2010 年度荣获全国设备管理先进单位称号,公司剧国强电气工作室获全国"工人先锋号" 称号。

注重发挥党的思想政治工作优势。企业大力加强和改进企业和思想政治工作,全面推进企业文化建设、创建学习型组织等活动来激发企业的组织活力,炼油电工车间、动力维护一班和化工聚合车间四班荣获全国标杆级学习型班组荣誉称号,2010 年企业被树为 "河北省企业文化建设示范单位";公司被国家体育总局授予 2005–2008 年度"全国群众体育先进单位"荣誉称号,评为 AAA 级河北省劳动关系和谐企业。

毕建国在技术审查会上发言

企业积极践行节能减排,尽社会责任,职工在作宣传

为奥运助威,展职工风彩

企业希望工程——油品质量升级项目启动

石家庄炼化公司炼油装置全景

石炼社区花园全景

陈刚主席到岗位帮扶重病和病故职工家庭

真诚做人　勤奋做事

——记全国五一劳动奖章获得者，贵州铝厂党委副书记、纪委书记、工会主席陈刚

陈刚担任工会主席10年来，始终秉持"继承、学习、借鉴、发展、创新"十字箴言，把"真诚做人、勤奋做事"作为自己的座右铭。从一名电解工成长为大型国有企业的领导班子成员，他用不懈的追求努力体现自己的人生价值。

陈刚对自己的企业始终怀着深深的感恩之心，无论在什么工作岗位上，他都满怀激情地干好工作。他任工会主席的十年，正是中铝贵州企业管理改革加速

推进的十年，新旧管理体制与思想观念的激烈冲撞，各方利益诉求的不同表达，使工会工作面临的局面更加错综复杂。在大是大非和事关企业稳定、职工利益保障方面，陈刚讲政治、讲大局，他用一颗真诚的心，对企业负责，对职工群众负责，团结组织广大职工融入生产建功立业，开展了职工困难帮扶、安康杯活动、"创先争优比业绩、我在岗位我闪光"劳动竞赛、"万名职工大比武、提升素质我先行"技能大赛等系列活

动，有力地助推了企业的改革发展和生产任务的完成，使工会的地位和作用得到有力彰显。而他本人，也先后获得了全国优秀工会工作者、全国"安康杯"竞赛活动先进个人、全国群众体育先进个人、全国帮扶工作先进个人等荣誉称号。

2006年，在陈刚的积极建议下，企业成立了"困难职工帮扶中心"，首期筹集帮扶基金310万元。为方便长期受助的特困职工及家庭能每月能拿到帮扶款，

贵州铝厂党委副书记、纪委书记、工会主席陈刚

为困难职工办理了"爱心存折"，受助职工每月可从银行领取100元—470元的帮扶款。7年来，帮扶中心已先后帮扶困难职工共计2700多人次，总计帮扶费用达752万元。他当工会主席后，倾注心血，履行职责，带着责任，带着感情，发挥了"第一知情人、第一报告人、第一帮扶人、第一监督人"的作用，把关爱和温暖送到职工心坎上，让职工感受到了工会的温暖和力量。十年来，他利用节假日和休息时间，顶酷热，冒寒凉，走遍了全厂246户特困职工家庭，对这些困难职工及其家庭开展了生活、医疗和助学方面的帮扶。

"如何使患上重大疾病的职工能及时得到帮扶？怎样才能使事后救助为事前帮扶？"陈刚的思索没有停止。为了延伸帮扶工作的手臂，2011年1月，在他的倡导下，一项旨在通过职工之间的互助互济，实现"无病我帮人，有病人帮我"的大病医疗互助活动，又在中铝贵州企业全面启动。职工以"每天一角钱、大家帮大家"的形式，在患上45种重大疾病后，可以获得5000元以上的互助金帮扶，增强了职工在企业特殊困难时期抵御风险的能力。

在深入开展"面对面、心贴心、实打实服务职工在基层"活动中，他要求工会干部要接地气，转作风，多到矛盾突出的地方去，多到困难突出的地方去，多到难点热点问题聚焦的地方去。他带领工会干部，采取分片包干、定点联系等形式，深入车间、班组，服务基层、服务职工群众，真心对待每一位职工群众，热心帮助困难职工。在他的率先垂范下，贵铝工会组织的战斗力和影响力不断增强，不但得到了企业党政组织的高度评价，也赢得了上级工会组织的充分信任，并经常把一些重要工作放在贵铝试点，把大型活动放在贵铝举办。陈刚始终坚信："只要全体职工共同努力，中铝贵州企业一定能够走出困境，实现新的发展。"

2008年以来，中铝贵州企业一直陷入连续亏损的境地，扭亏脱困任务异常艰巨。陈刚鼓励各级工会干部："要把压力转化为动力，要把工会的组织优势转化为

促进企业控亏增盈、降本增效的优势。在企业扭亏脱困、攻坚克难的关键时期，工会组织一定要有声音，工会干部一定要有作为！"

他要求工会组织要融入企业生产经营中心，组织职工开展"创先争优比业绩、我在岗位我闪光"劳动竞赛，在全厂110多个车间、500多个班组蓬勃开展，"优秀车间"、"闪亮班组"、"明星职工"劳动竞赛活动把企业的重要项目完成、重要指标提升、重要技术攻关作为劳动竞赛的主攻方向，把竞赛前后的数据变化作为竞赛考核依据，激发了职工干事创业的激

情。他积极为职工搭建学技练兵和比武晋级的平台，在他的努力下，贵铝的技能大赛获得了省级二类资质的资格。他视稳定为硬任务，厂务公开民主管理的坚决推行，厂长经理接待日等制度的建立，给职工充分的话语权、广泛的参与权、透明的监督权，提高了企业民主管理的公信力。他以文化为润滑剂，发动厂文联、体协、老年大学等社团组织，积极开展职工群众喜闻乐见的文体活动，潜移默化地转变了职工的思想观念，提振了战胜困难的信心。在很大程度上成为困境时期促进企业发展、保持队伍稳定的有效载体和强力支撑。

陈刚主席在爱心助学活动中送上助学金

科学发展 ◐ 特色道路 *KEXUE FAZHAN TESE DAOLU*

曾佑国与工商大学学生暑期社会实习实践活动总结会

曾佑国同志获得五一劳动奖章

一片丹心铸税魂
满腔赤诚写人生

——记全国五一劳动奖章获得者、重庆市南岸区地方税务局曾佑国

曾佑国做客重庆新闻直播间

曾佑国是重庆市南岸区地税局副局长。从事税务工作33年来，从一名普通税管员到副科长、科长再到副局长，身份在变，职务在变，而他踏实做人、诚信做事的人生原则和对税收事业的不懈追求始终未变。

多次被评为"优秀公务员"、"先进工作者"，还先后被评为"重庆市职工职业道德建设十佳标兵"，荣获重庆市五一劳动奖章。曾佑国深爱税收事业，他牢记"聚财为国，执法为民"的服务宗旨，坚持依法治税、严格执法，亲自参与数十余次大型税收违法专项整治行动，为地区经济发展创造起公平公正的税收环境。为促进区域招商引资，他主动收集信息、牵线搭桥，近年来由他引进的企业，年增加税收数千万元。同时他还注意对引进企业加强服务工作，经常出面帮助引进企业解决实际困难。曾佑国十分注意做好干部职工的培养教育工作，坚持把以人为本的理念贯穿于各项工作的始终，从政治上、工作上、生活上时时处处体现出对干部职工的真情关怀。在他的倡导下，南岸区地税局健全了竞争上岗、交流轮岗、工作创新、定期考评、督导工作等一系列干部管理制度，搭建起了有

利于干部职工成长的平台，近五年来，共有30多名干部通过竞争上岗走上了领导岗位。为了全面提高干部职工队伍素质，他采取脱产培训、夜校长训、异地短训等方式对干部职工进行业务培训，采取擂台赛、实战演练、能手评比等方式提升岗位技能，定期向干部职工推荐书籍、办理图书馆借书证等方式进行知识拓展，有效提升了干部职工学习能力和综合素质，目前全局大专以上学历达到99%，10人被评为全市地税系统各类岗位能手。丹心一片常在，赤诚满怀不变。作为一名共产党员，曾佑国始终把遵守廉政规定视为工作的生命线，贯穿于生活的点点滴滴，时刻增强自己的责任感和使命感，用热血和丹心注解着责任的崇高，用扎实和勤奋完美自己的人生，以无私无畏的行动践行着党旗下的铮铮誓言，在人生大舞台中扮演好每一个角色，在平凡的岗位上书写着与时俱进的辉煌。

106 弘扬中国工人阶级伟大品格

国企"工会"的领军人

——记全国五一劳动奖章获得者，包头铝业集团公司党委副书记、纪委书记、工会主席张智

张智 1989 年大学毕业后分配到包铝，1998 年就担任工会主席。主持工会工作以来，以企业生产经营为中心，以协调党政关系，创造工会良好的工作环境为切入点，以维护职工的合法权益为落脚点，模范地履行了一名工会主席的职责，走出了一条求真务实、开拓创新的工会工作之路。工会多年连续保持"全国模范职工之家"荣誉称号，张智多次被包头市总工会、内蒙古自治区总工会授予"优秀工会工作者"称号、自治区劳动模范，2012 年被中华全国总工会授予全国五一劳动奖章称号。

长期以来，包铝集团工会坚持"围绕中心、服务大局"的工作思路。积极支持和参与企业改革，将工会工作纳入企业工作的总体方案，动员职工为企业的发展献计出功。架起了一座沟通的桥梁。

在维护职工的合法权益上，率先在自治区推行厂务公开工作，加强和完善了以职代会为基本形式的民主管理、民主参与、民主监督制度，工作全过程参与厂务公开，率先在全市签订了企业集体合同。同时，每年还定期组织召开集体合同协调会，在职代会上向职工代表汇报，从根本上维护了职工的经济利益。

多年来包铝集团工会十分重视维护职工的精神文化权益，充分发挥文化活动场所的作用，丰富职工生活，为包铝营造了浓厚的企业文化氛围，为企业实行跨越式发展提供了强大的精神动力。

集团工会把提高职工素质作为维护职工权益的结合点，制定出台了《包铝职工技能大赛管理办法》，广泛发动职工群众开展"经济技术创新工程"活动，如"首季开门红劳动竞赛"、"战高温、夺高产、保安全竞赛"、"提高 A356 合金锭质量竞赛"、"确保一期技改工程投产出铝"、"降本增效"合理化建议活动等，近 5 年来创造效益 6000 多万元，促进企业生产发展。

张智始终把安全生产工作放在工会工作的首位，时刻敲响安全警钟，深入开展"安康杯"竞赛活动，推行职工代表安全巡视制度，宣传职工劳动保护，健全监督网络，实施了"十个一"工程等，企业连续 3 年实现无任何事故，促进了企业持续、健康、快速发展。

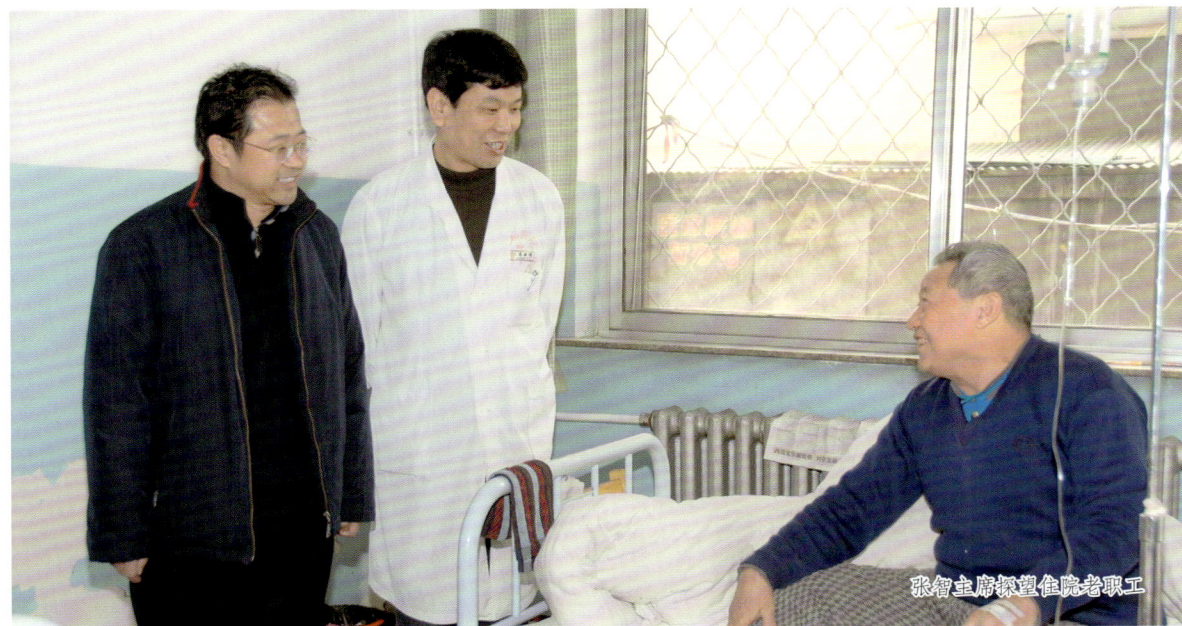

张智主席探望住院老职工

团结、和谐的领导班子

《电气设备绕组电加热浸漆紫外固化节能技术》荣获第 109 届法国巴黎发明展金奖

　　上海宝钢工业技术服务有限公司是原宝钢工业检测公司和宝钢设备检修公司合并重组成立的技术服务性公司。2011 年销售收入 27 亿元，净资产收益率 10.65%。公司的主要业务是为工业企业安全稳定持续生产提供一流的检测、维护、维修技术服务、产品和相关技术解决方案。公司以齐全的专业门类和资质、先进的装备和实验室设施、专业化的人才优势在国内同行业中处于领先位置。2011 年，公司先后获得第九届全国设备管理先进单位、全国质量信誉有保障优秀服务单位、上海市科技进步奖等荣誉。

全国五一劳动奖章获得者
上海宝钢技术轧辊无损检测技能专家杜国华

杜国华在实施技术创新活动

　　"自己比别人做得好，今天比昨天做得好"是杜国华同志的行为准则。

　　杜国华同志是宝钢技术轧辊无损检测技能专家。他扎根一线，创新创造，"复合轧辊无损检测盲区"发明成果破解了一项世界性轧辊检测难题；他在第 43 届美国钢铁年会上发表题为"采用纵波双晶探头对复合轧辊探伤"的论文，成为第一位走上国际钢铁论坛的宝钢工人；他注重现场管理改善，带领团队主动发现解决轧辊质量异议，创造经济效益 1006.77 万元；他打破了国内外热轧高速钢复合工作辊尚无改制的先例，为钢铁主业创造经济效益 995.85 万元；他组队数据论证，使铁道部对宝钢车轴钢"封杀令"得以解封，为宝钢挽回近 5 个亿的经济损失。

　　2011 年度"杜国华创新工作室"共主持、参与完成重大检验检测项目 40 项，组织、参与完成科研项目 10 项，完成专利、技术秘密 9 项，累计创造效益 2658 万元。"用不重复的方法从事重复的工作"是杜国华同志创新实践的真实写照，他拥有"便携式裂缝模拟试块"等国家专利 14 项，技术秘密 7 项。

杜国华在创新工作室向参观人员演示创新成果

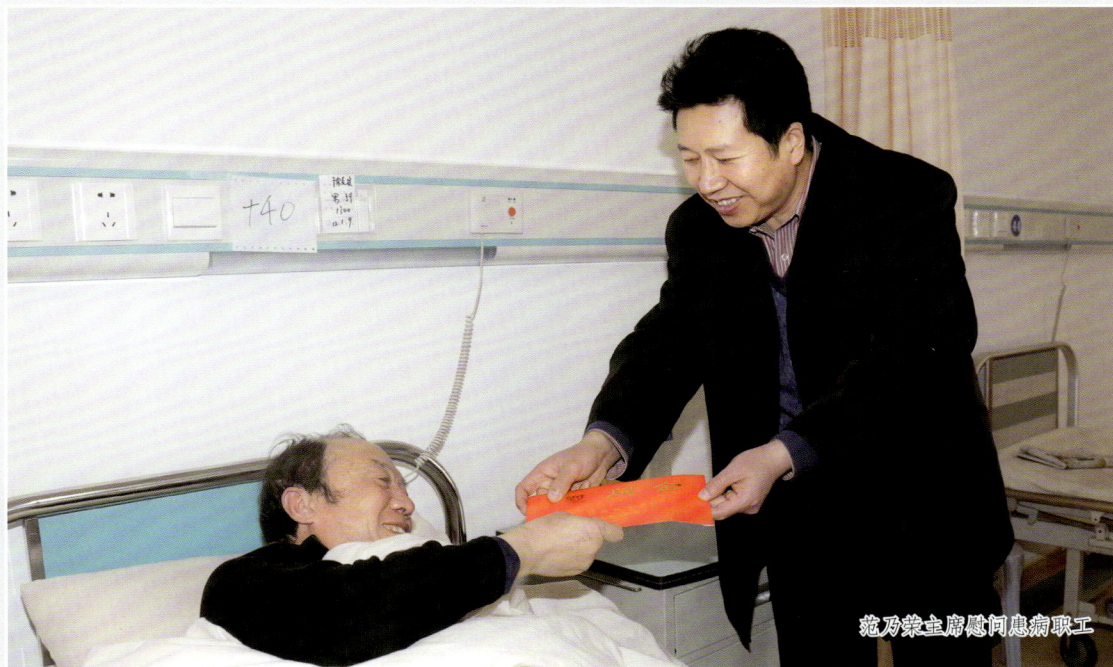

范乃荣主席慰问患病职工

范乃荣在工会干部培训班上讲话

范乃荣深入基层了解职工思想状况

心系职工 主动作为
倾力服务企业和谐稳定发展

——记全国五一劳动奖章获得者、江苏盐城供电公司工会主席范乃荣

范乃荣，高级政工师，现任江苏省盐城供电公司工会主席，先后荣获全国能源化学工会"优秀工会工作者"、江苏省电力公司"优秀高级经营管理者"等称号。

范乃荣全面落实科学发展观，努力钻研业务，熟练掌握本职岗位所需的知识和技能，在工作中不断开拓创新、积极作为，做出了突出成绩。

紧贴企业中心，积极探索和创新工会工作机制。围绕公司中心任务，工会确定了"思维创新、维权尽职、创先争优、职工满意"的工作目标，积极主动地开展各项工作和活动，较好地发挥了工会的职能作用，从而大大提高了工会整体工作水平。

搭建员工成长平台，实现职工和企业共同发展。大力实施员工素质工程，广泛开展岗位竞赛和技能竞赛的双元制大比武等活动。以"劳模创新工作室"、"技师创新工作室"为龙头，积极开展群众性经济技术创新活动，鼓励职工岗位自学、读书成才。

开展职工文化活动，不断推进企业文化建设。公司已举办五届职工体育运动会、四届文化艺术节，组建了15个职工文体俱乐部，两个职工活动中心达1500平方米，专人管理、定期开放，做到了职工学习有去处、活动有场所、健身有器材、展示有舞台，群众性文化体育活动得到广泛普及和提高。

履行维护职能，做好职工合法权益的代表者。工会高度重视企业民主管理工作，制定和完善了企业各项民主管理制度。他心中始终装着职工，把员工的喜怒哀乐、幸福冷暖放在心上，甘做员工的贴心人，努力把工会建设成为职工从心底信赖和拥护的"温馨家园"。

强化工会自身建设，着力构建和谐企业。多年来，范乃荣始终坚持"建家就是建企业"的理念，把建会、建家、建制有机结合起来，通过建家活动，推动建立和谐稳定的新型劳动关系，努力把工会真正建设成为服务中心、充满活力、职工信赖的"职工之家"。

召开2012年工会工作会议部署重点工作

范乃荣主席在施工现场慰问

2012年2月27日,中国工艺美术大师宁勤征为时任中共中央政治局常委李长春同志创作山水瓷板画并与首长合影留念

师古而创新 为瓷都增辉

——记全国五一劳动奖章获得者、中国工艺美术大师宁勤征

宁勤征,景德镇陶瓷研究所高级工艺美术大师。2005年受国务院表彰,享受国务院特殊津贴;2006年获国家发改委授予的中国工艺美术大师称号,2007年被评为景德镇市专业技术拔尖人才,2010年荣获

江西省劳动模范。多次担任国家、省市级工艺美术大师、高级职称和家国级、省市级工艺美术、陶瓷艺术大奖赛专家评委。

2005年,时任艺术专业技术副馆长的宁勤征,

在景德镇陶瓷馆经济状况十分困难的情况下,作为一名专业技术领头人,他独自一人承担起为日本大阪食博会创制一座高5米的巨型青花《瓷塔》文化交流作品,在一没有图纸、二没有样品,更没有制作大型《瓷塔》

的经验条件下，他毫不退缩，历经 10 个月艰苦努力，圆满完成了巨型青花《瓷塔》创作。在日本展出时，轰动了大阪食博会。不仅为单位赚取了巨额外汇，也为瓷都赢得了声誉，为中国人争了光，为传播中国陶瓷文化开创了新的篇章。

宁勤征作为景德镇陶瓷业领域的国家级艺术大师，他对自己所热爱的陶瓷事业，兢兢业业、勇于探索，28 年来，他总是在不断探索中发现和发展，在不断超越自我中创造和创新。开创了从釉下青花彩绘到坯体釉上青花彩绘新的工艺，一举改变了景德镇烧制青花从元代开始延续至今 700 多年的局面。由他开发出独具时代感的现代釉上、釉下刷花山水、花鸟装饰新品种，发明了各种色彩的高温亚光颜色釉，创新各种高温颜色釉用于陶瓷绘画装饰技法。这个发明，不仅为景德镇陶瓷高温颜色釉增添了有时代特色的新品种，更重要的是提高了许多普通高温颜色釉的艺术价值。他成功烧造出了高温中华红颜色系列作品，填补了景德镇陶瓷艺术领域里的一项空白，被人们誉为"中华第一红"。随后，他又开发出高温皇家黄、丁香紫、翡翠绿、宝石蓝等颜色釉系列作品，在运用高温颜色釉材质上又有了新的突破和延伸。

宁勤征在陶瓷艺术的道路上，创新成就突出，成果丰硕，令人瞩目。他创作设计的作品，有近百件获国内外金、银、铜奖；30 余件精品力作被国家、省、市博物馆入选收藏。为弘扬陶瓷文化，推动陶瓷产业的发展，他先后在国内外举办各种形式的展览 20 多次，既宣传了博大精深景德镇陶瓷文化，又赢得了世界人民的赞誉。同时，他还把自己创作作品的收入近 40 万元奉献给陶瓷馆，自己只拿一份微薄的工资。他时刻不忘对国家、对社会的回报，乐于奉献。近几年，先后为各种赈灾、助学、扶贫、爱心、公益事业，累计捐款 50 多万元，体现了一位科技人员的高尚品质。

2008 年 5 月 28 日，宁勤征在巴林国家博物馆向时任外交部长杨洁篪介绍自己创作参展的作品

高温皇家颜色釉《香荷》瓷瓶　　高温颜色釉《油菜花开满地金》瓷瓶　　中华红颜色釉梅花《香飘乾坤》

青花刷花《荷塘月色》瓷板画　　亚光颜色釉山水《瑞雪图》瓷板　　青花中华红彩《丰年》瓷瓶

2012年4月27日，时任中共中央政治局委员、全国人大常委会副委员长、中华全国总工会主席王兆国等国家领导与接受表彰的全国五一劳动奖状、奖章和全国工人先锋号代表亲切握手并合影留念。图为：王兆国同中国工商银行黑龙江省分行行长李勇亲切握手。

支持经济发展 勇当金融先锋

——记全国五一劳动奖章获得者，中国工商银行黑龙江省分行党委书记、行长李勇

会领导慰问基层困难职工

李勇行长陪同全总领导慰问基层困难职工

李勇从事投资银行工作以来，对项目融资、银团贷款、重组并购、资产证券化、直接投资等领域进行了深入研究与探索，在国内商业银行开展投行业务方面进行了大量开拓性工作，先后撰写出版了《商业银行的投资银行业务》、《商业银行资产证券化》、《现代银行的投资银行业务》等理论著作，并带领投行团队构建了四大类、十二项产品的投行产品体系，使工商银行投行业务从零起步，8年间年均复合增长率达73%，业务收入在国内同业中率先突破百亿元。2010年，工商银行的投行收入同业占比排名第一（35%），以较大优势领先全国同业，在证券时报主办的"2010年度中国

区优秀投行评选"中蝉联"最佳银行投行"和"最佳重组并购银行"奖项。

李通调任黑龙江伊始，面对黑龙江省分行历史上核销、剥离不良贷款1000亿、信贷业务曾被总行"停牌"的局面，他以大力发展资产业务为经营战略，向全行发出"以信贷为突破，全力以赴支持地方经济发展"的决定，带领分行在金融支持地方实体经济发展上取得了历史性突破，当年累计投放各项贷款722亿元，投放量同业第一，全力加大对"三农"、小企业、节能环保、消费等重点领域和薄弱环节的信贷支持力度。得到黑龙江省委、省政府及社会各界的充分肯定和高度评价，

李勇于 20 世纪 80 年代毕业于北京大学，后留学德国，获博士学位。怀着一颗报效祖国的赤诚之心，学成归国、投身于中国经济金融建设事业。现任中国工商银行黑龙江省分行党委书记、行长。2002 年，李勇主持工商银行总行的投资银行部工作，负责全行中间业务和投行业务发展。他以全球化的视野和前瞻性的战略眼光，提出了国内商业银行，必须加快以发展中间业务为标志的经营战略转型，积极迎接未来国际金融市场的竞争和挑战，他带领各部门及分行共同努力，推进全行中间业务收入 5 年内从 20 多亿元增长到 200 亿元，2010 年达到 728 亿元，在营业收入中占比达 19%，有力地推动了工商银行收益结构调整和经营发展转型，成为国内商业银行经营转型发展中引领投行业务发展的第一人。

并授予分行"促进经济社会发展突出贡献单位"奖。李勇作为黑龙江省银行业协会的会长，充分发挥影响力和模范作用，深刻影响和带动了其他地方金融同业，齐心协力为地方经济建设和实体经济发展积极贡献力量。

李勇作为工行黑龙江省分行的主要决策者和经营管理者，他定战略、带队伍，在扭转分行落后局面、支持地方经济发展、发挥金融纽带和杠杆作用等方面作出了突出贡献，形成了支持地方经济与自身经营发展的双赢格局。2011 年实现税前利润 50 亿元，在总行的排名从 2009 年的 25 位提升至 2011 年的 16 位；绩效考评从 2009 年的 29 位提升至 2011 年的 19 位，创历史最好水平。他带领分行始终坚持认真履行社会责任，承担了省内 108 万社保群体，包括 56 万"五七工、家属工"等弱势群体的社保金融服务，主导设立了工行大兴安岭漠河北极支行，为当地群众百姓和企业提供优质金融服务。他心系员工、以人为本，克服重重阻力和困难，下大力气为员工解决了一大批历史遗留问题，全心为员工办实事、做好事、解难事，走遍全省各基层单位，努力改善

边远地区员工的工作生活条件，定期走访生活困难、身患重病的员工及退休老职工家庭，进行困难救助、危困帮扶，带去党的关爱与温暖。他以强烈的使命感和责任感，率先突破工商银行传统业务定位，从地方资源优势、产业优势与银行金融业务的契合点入手，并以对现代农

业的深度研究，在金融支持现代农业发展的跑道上践行着国家的战略与远谋。其凭借丰富阅历和商业睿智，向工商银行总行提出开辟现代农业金融市场，为黑龙江省农垦总局未来 3 – 5 年授信 500 亿元，使金融行业与地方经济的合作发展上升到了一个新的空间和战略高度。

2012 年 3 月 7 日，李勇行长参加总行与黑龙江省政府《金融战略合作协议》签约仪式

李勇行长带队慰问省行营业部中大支行干部员工

2012 年 3 月 22 日，李勇行长率队与省农垦总局及北大荒集团主要领导进行座谈调研

李勇行长走访中国第一重型机械股份公司，并参观企业展厅

国家开发银行贵州省分行党委书记、行长王永进

创新金融服务支持经济发展

——记全国五一劳动奖章获得者，国家开发银行贵州省分行党委书记、行长王永进

国家开发银行贵州省分行与中电投金元集团签署银企战略合作协议

国家开发银行贵州省分行与贵阳市政府签署开发性金融合作备忘录

王永进同志是国家开发银行贵州省分行（以下简称"贵州分行"）党委书记、行长，贵州省第十届政协委员，省十一次党代会代表。自2010年任职以来，他坚持讲政治、顾大局，按照国开行"增强国力、改善民生"的宗旨，围绕贵州省发展经济战略部署，积极创新融资模式、拓宽资金渠道，保障了贵州高速铁路、公路、电网以及城市基础设施和民生等实体领域重点项目建设资金需求。在工作中，他积极实践开发性金融理论，努力为贵州经济社会发展做好服务工作。两年多来，他的足迹踏遍了全省9个市（地）26个县（市）。在他的带动下，贵州分行这个只有147名员工、平均年龄仅有31岁的年轻集体，开拓创新、锐意进取、扎实工作，实现分行发展历史上的多个跨越：管理资产余额首次突破千亿元；人民币中长期和外汇贷款余额占比跃居全省同业第一，在黔银行机构对地方经济社会发展综合贡献排名第一。受到时任贵州省委书记栗战书高度评价："贵州分行为支持我省经济社会发展想了很多办法，开发了多种创新性金融服务产品，开展了多种金融服务活动，为我省改革发展稳定作出重要贡献，省委、省政府对此很满意。"

国开行省分行向石阡茶农现场发放首批农业产业化开发扶贫小额贷款

用奉献谱写地质之歌

——记全国五一劳动奖章获得者、辽宁省有色地质局勘察研究院院长陈殿强

辽宁省有色地质局勘察研究院院长陈殿强2009年以来，带领全院干部职工，经过深入的勘察研究和大胆实践，在阜新二道河地区钻探23410米，探明膨润土矿储量86323吨，目前已成为我国特大型膨润土矿山。2005年，他主持完成了《阜新市海州矿地质灾害综合治理技术经济可行性论证报告》，得到了国土资源部领导和专家学者高度重视和认同，使阜新海州矿地质灾害综合治理列入国家重点项目，截至2010年国家累计投资3亿元。2005年沈阳地铁一号线、二号线基础勘察开始施工，作为项目的技术负责人，他从现场考察、设计，到施工，始终坚持全过程跟踪管理，使该工程获省2011年优秀工程一等奖。多年来，他大胆创新，先后完成了省科技厅"尾矿库安全诊断技术的课题"研究，建立了"辽宁省尾矿库在线监测中心"，为有效监测全省大型尾矿库安全技术指标及预警预报提供了保障；完成了鞍钢风水沟等多个尾矿库的静力、动力及稳定性分析与评价，尤其是进行了三维渗流以及固流耦合应力应变分析，提高了尾矿库安全评价；对抚顺发电厂等厂区地面基础变形鉴测，通过资料分析和数值模拟技术，评价预测基础、厂区变形率和沉降量，为有效进行灾害治理提供依据。由他主编出版

了《岩土工程理论与实践》，撰写出版了《尾矿库工程及价高过程力学特性研究》专著，填补了该领域专著空白，并参与了我国第一部《岩土工程治理手册》等国家有色行业规范编写工作。

2012年被中华全国总工会授予全国五一劳动奖章荣誉称号。

陈殿强深入一线勘察指挥工作

实施科技兴院 突出专科特色

——记全国五一劳动奖章获得者、山东省海阳市第三人民医院院长张学顺

全国五一劳动奖章获得者、全国乡镇卫生院优秀院长张学顺

张学顺，现任海阳市第三人民医院院长、党支部书记、内科主任医师。先后获烟台市专业技术拔尖人才、烟台市优秀人才、海阳市有突出贡献的优秀人才、山东省"十一五"卫生系统功勋人物总评榜贡献人物、全国乡镇卫生院优秀院长、烟台市劳动模范、山东省劳动模范、全国五一劳动奖章等荣誉。

张学顺任海阳市第三人民医院院长24年来，锐意进取，大胆探索，打破医院"小而全"的管理模式，坚持"以优质服务求生存，以专科特色求发展"的办院方针和科技兴院战略，奋力构建诚信品牌医院和走特色专科的路子。他首先开展一些大医院不愿意办，群众又迫

切需要的医疗项目，创建的哮喘病、风湿病、心脑血管病、肛肠病、口腔病等特色专科，均被评为烟台市卫生特色项目，并在烟台市基层医院推广。之后，又创建了眼病白内障专科、血液净化中心、电子胃肠镜室等惠民利群特色项目。2011年，全院门诊量由过去的3万人次增加到12.5万人次，住院床位由原来的0增加到2.5万个，业务收入比办专科前增长了130倍。专科的发展使濒临倒闭的医院起死回生，为基层医院的生存和发展探出一条新路子。国家卫生部原部长钱信忠为海阳三院题词为"突出专科特色，实施科技兴院"。

海阳市第三人民医院是一所具有专科特色的一级

2006 年 10 月 21 日，张学顺院长参加"第四届中国主任医师学术年会"与吴阶平、殷大奎等领导合影

甲等综合性医院，现有职工 253 人，开放床位 120 张，拟扩建床位 140 张，海阳市政府将医院扩改建为二级医院列为 2012 年惠民利群实事之一。医院同时肩负着辖区 74 个行政村、7 万多人口的农村卫生、计划免疫、妇幼保健、防病治病任务。

辖区的乡村卫生一体化管理工作走在全省乃至全国前列。下设城区社区和农村卫生服务站（所）68 个，平均 1.1 个村，1100 人就有一个卫生服务站（所），服务半径不超过 0.3 公里。开通了三级卫生服务网络，实行远期会诊和远程教育，辖区乡村卫生服务站（所）与医院之间上下联动、相互配合、优势互补、资源共享、风险同担，形成一个以市级医院为龙头，镇级医院为枢纽，村级卫生室为网底的农村卫生服务网络，深受广大农民的欢迎和赞誉。在北京大学参加我国农村卫生保障制度战略研究成果报告会期间，海阳市的乡村卫生一体化管理工作，受到了全国人大常委会副委员长韩启德和国家卫生部党组书记、副部长高强的充分肯定和好评。医院先后被评为烟台市基层卫生工作先进单位、烟台市"三好一满意"十佳医院、山东省惠民医疗先进单位、山东省卫生系统先进集体、山东省职工职业道德建设先进单位、全国诚信示范医院等荣誉。

多年来，张学顺潜心于哮喘病及风湿病的中西医结合防治临床研究，取得了显著的成绩。共获得各级科技进步奖 24 项，其中山东医学科技奖 1 项，烟台市科技进步奖 5 项。获国家专利 2 项。主编和参编医学著作 8 部。在省级以上医学刊物发表学术论文 46 篇，其中中华医学会系列杂志 8 篇。目前主持承担了中华医学会临床医学慢性呼吸道疾病科研专项资金项目《新型农村合作医疗对轻度 COPD 干预的模式探讨及效果评估》研究课题。

2011 年 8 月，省专家组来我院开展白内障复明手术

2009 年 6 月 5 日，烟台市口腔医院院长柳忠豪（前左三）带领专家来海阳市第三人民医院进行为期 3 年的帮扶工作，海阳市卫生局局长宋冠利（前右三）、副局长姜家腾（前右二）前来迎接并祝贺

澳大利亚阿德莱德大学青年大使 Anje scarfe 到海阳第三人民医院辖区里口村进行"山东农村卫生服务研究"项目调研

教师节，林校长与学生在一起

头 雁 风 采 映 校 园

——记全国五一劳动奖章获得者、广东陆丰市龙山中学校长林群生

林群生 2005 年任广东陆丰龙山中学校长，长期以来，他忠实实践素质教育的理念，以学生的健康成长为己任，将丰富的育人实践与先进的教育理论紧密结合，在教书、育人、培养人才的岗位上，做出了突出的成绩，曾获"全国名优校长"、"广东省劳动模范"、"全国优秀校长"、"全国十佳高中校长"、"全国十大优秀助学先进教师"，2011 年 4 月被中华全国总工会授予"全国五一劳动奖章"等荣誉称号。

"没有教不好的学生"，"既要让学生成才，更要让学生成人"，这是林群生经常挂在嘴边的话。在他眼中，从来就没有"差生"。他经常说："优点尚未被发现的学生不能叫'差生'。如果真有差生出现，做老师的负有重要责任。"他提出"潜力生"、"发展生"的概念，提出"以生为本"的教学宗旨，要求"一切为了学生，为了一切学生，为了学生的一切"。对待潜力生要"有教无类，一个都不能少"，"既要

让他成才，更要让他成人"。2006 年有一个"潜力生"常旷课、上网吧、打架、欺负其他学生，屡教屡犯，学校准备处他。林群生找到他，诚恳地和他谈心，发现他武术功底不错，并且很有兴趣，就带他练武术，并带他坐车几百里专门找一位武术名家个别指导。两个月后，这位学生顺利通过了武术专项考试。同时对他的缺点也提出批评，指出原因，终于使这位学生痛改前非，成为一名好学生。多年来，龙山中学学生重大事故为零，开除学生为零。

在办学过程中，林群生十分重视学校的特色发展和特色品牌建设，形成了文化艺术、科技创新、学科组建设等特色品牌。学校已连续成功举办了六届校园文化艺术节，渗透"爱心"、"感恩"、"生命"、"成功"四大主题教育，大批师生置身于艺术的天地之间，领略艺术的魅力，展现自我、超越自我，一大批特色创新人才脱颖而出。排球、田径是学校传统项目，学

生体育训练水平和竞技水平居汕尾市前列。学校经常举行书法、绘画讲座，开展美术、音乐第二课堂活动，成立了龙音（合唱队）、龙田（田径队）、龙书（书法班）、龙武（武术队）、龙羽（羽毛球）等自发性学生兴趣组织，培养了大批艺体人才。学生多次获得省市青少年科技创新大赛奖，有两项成果获国家专利。学校先后获得"全国朝阳计划基地"、"全国和谐校园先进学校"、"广东省国家级示范性普通高中学校"、"广东省一级学校"、"广东省安全文明校园"、"广东省现代教育技术实验学校"、"广东省高中教学水平优秀学校"、"广东省中小学教师继续教育校本培训示范学校"、"广东省中小学科学教育特色学校"、"广东省科技创新特色学校"等称号。

多年来，龙山中学学生的身体素质一直位居全市首位，每年为体育高校、军校、公安院校、航空学院输送高水平的人才 150 人以上；并为国家培养了许多

高水平运动员。

　　林群生始终坚持"没有教不好的学生，只有不会教的老师"的教学理念，坚持引导学生树立正确的人生目标，发挥每一位学生的特长，让每一位学生成才。20 余年的教学生涯，林群生以每天超过 13 个小时的工作时间，以饱满的工作热情和超负荷的工作状态，贡献着他对教育事业的热爱和对学生的大爱。他经常从自己微薄的工资中拿出一部分资助贫困学生。当得知一位同学父亲早逝，母亲靠针线活维持子女学业和一家生计，而开学初母亲又卧病在床时，他拿出 1000 元帮助该生报名。林群生提出"不仅要让每一位贫困生能上学，还要让他们上好学"。在他的大力倡导下，学校发动全校师生成立了"爱心助学"基金会，使爱心助学成为学校工作的常态。

　　前进的道路总是不平坦的，林群生面对学校发展的种种困难，每天工作十多个小时，大胆创新，增强学校的造血功能，学校累计投入一亿多元，新建了 100 多间教室的教学楼（飞龙楼和见龙楼），新购图书 12.6 万册，建设了英语听说考试系统、多功能数字语音室、化学通风实验室、生物探究性实验室、历史室、生物园、地理园等等。新增学位 6000 多个，终端规模已达到 10000 个学位，确立了"让每一位学生都成为个性张扬、全面发展的高素质现代文明人"的办学理念、"文化、和谐、魅力"的办学思路和"文章华国、科技兴邦"的校训，落实"内强素质、外塑形象"的管理措施。

　　天道酬勤，经全体龙山人的不懈努力，近七年高考连年创佳绩，无论在本科上线率、升学率、优秀生人数等都展示了龙山中学整体强劲的实力，位居地区首位。学校是华师、华农等多所"全国重点大学"的生源基地。

　　林群生总是从繁忙的工作中挤出时间，阅读大量的书籍，撰写了大量的论文，先后在中央和地方报刊发表论文 20 多篇，出版了《成功是一个动态的过程》、《学校经营之路》、《教育是一项"治心"的艺术》三本专著共 40 余万字。同时，他还承担了大量的教材编写和开发任务。

2012 年 4 月 24 日至 27 日，黄建鹏同志作为全国五一劳动奖章获得者陕西省代表，赴京参加全国"五一"庆祝活动和表彰颁奖仪式，受到了王兆国、李建国、马凯等党和国家领导人的亲切接见。图为时任中共中央政治局委员、全国人大常委会副委员长、中华全国总工会主席王兆国亲切接见黄建鹏同志

大山深处的工商局长
——记全国五一劳动奖章获得者、陕西省宜君县工商局局长黄建鹏

黄建鹏，1972 年 3 月出生，中共党员，研究生学历，1989 年 3 月参加工作，曾任铜川市工商局王益分局青年路工商所市管员、副所长，青年路工商所所长，红旗工商所所长，耀州分局党组成员、副局长，印台分局党组成员、副局长，2007 年 6 月任宜君县工商局党组书记、局长。

中共宜君县县委书记熊晖、铜川市工商局党组书记、局长张鹏祥在机场欢送黄建鹏同志赴京接受表彰

黄建鹏同志赴京接受表彰归来后，宜君县委、县政府举行了隆重的欢迎仪式，县长刘冲与黄建鹏合影

黄建鹏参加"五一"庆祝活动，在天安门广场留念

陕西省工商行政管理局党组书记、局长李仲为亲切接见黄建鹏

以身作则带队伍

2007年6月，黄建鹏被任命为宜君县工商行政管理局党组书记、局长。宜君地处铜川北部山区，那里山大沟深，人居分散，是国家级贫困县。针对干部职工生活条件差、思想不稳定等因素，黄建鹏心往基层想，事给基层办，钱给基层花，先后多方筹资100余万元，维修改造了三个工商所，为所里配备了执法车辆、电脑、相机、摄像机、打印机等办公设施。解决基层干部用餐难、取暖难等突出问题。打造了一个全省基层规范化建设示范所、一个全省"青年文明号"集体、两个市级人民满意基层站所。

棋盘工商所所长常胜利说："原来的棋盘所条件很差，宿办合一不说，一下雨院子就成了一条河，吃饭都成问题，更不要说什么洗澡、空调等设施了。现在环境好了，设备齐全。所里有5个人都是80后的大学生，而且3个人来自西安，但没有一个人提出要走。"

两袖清风树正气

忠于职守、忠于事业，人民利益至高无上的观念，在黄建鹏的心里扎根很深。他崇尚荣誉，但绝不追求个人名利。

这些年，他职务由低到高，权力由小变大，面对的各种利益诱惑不计其数，始终坚持心不动，手不伸，牢牢把握着用权为民、绝不谋私这个底线。在查处一起某公司抽逃资金案中，当事人多方寻找关系，送礼说情，请吃通融，都被他一一回绝，对当事人依法作出限期补齐注册资本、罚款两万元的处罚。黄建鹏的哥哥下岗后，多次希望他动用手中的权力和关系，给重新找份工作，

哪怕是在当地私企找点活儿干也行，他都没有答应。后来哥哥长期在外打工，直到因患癌症去世，清点身后遗物，总共不到十块钱。黄建鹏说："我十分愧疚，但也十分无奈，因为我手中的权力不属于我。"

一心为民见真情

2004年，黄建鹏联系扶贫印台区嵝岘村时，他带领10名党员住在村里整整一个月，与村民同吃、同住、同劳动。针对嵝岘村距市区近，交通便利的地理优越，提出了发展农家乐的致富路子，带领村干部和部分村民赴宝鸡、杨凌、咸阳考察农家乐项目。协调印台区红土信用社解决村民贷款问题，现场为拟办农家乐的村民每人发放5000元启动资金。如今的嵝岘村早已脱掉了贫困的帽子，几乎家家办起了农家乐，成为铜川市一个典型的致富村。

一分耕耘一分收获。如今，在黄建鹏的带领下，宜君县工商局先后荣获省、市、县等殊荣30余项，黄建鹏本人也先后荣获"全国工商系统优秀工商行政管理人员"、"第四届陕西省优秀青年卫士"、"全省工商系统优秀共产党员"、"铜川市杰出青年岗位能手"、"宜君县劳动模范"等殊荣。

（易谦 谢依然）

黄建鹏同志赴京接受表彰归来后，宜君县工商局举行了隆重的欢迎仪式，宜君县全体干部职工与黄建鹏合影留念

她以扫帚当笔，汗水作墨，道路为纸，写下了一串串动人的故事。

城市的 "美容师"

——记全国五一劳动奖章获得者、海南省儋州市环卫局第一环卫队麦秀梅

麦秀梅，女，今年44岁，是儋州市环境卫生管理局第一环卫队清扫保洁组组长。从1987年起，就与道路清扫保洁结下了不解之缘。在环卫第一线一干就是25年。她扫遍了城区的大街小巷，自2005年起担任第一环卫队清扫保洁组组长以来，她以身作则，敬业尽职，整个身心全扑在了那大城区一线清扫保洁工作上，不断加强一线清扫保洁日常工作管理，确保所管辖区干净整洁。使那大城区清扫保洁工作得到了本地居民和省内外游客的高度肯定。

她干起工作来，从不知道什么叫 "苦"，什么叫 "累"，她每天的作息时间有一张很规律的图表：凌晨4点起身；4点半到路上开始作业；6点，清扫结束；6点半吃早饭；7点上路保洁；上午11点半回家吃饭；中午1点，上路保洁；晚7点，下班。细算一下，麦秀梅每天上班时间超过10多个小时。

她在清扫保洁岗位上摸索总结出 "清扫经"："重点路段勤打扫，人多之处见空扫，垃圾多时突击扫，饮食摊旁轻轻扫，灰尘多时压着扫。" 这清扫经一念就是好几载。她手执扫帚几载如一日，扫地面积共达648万平方米，约9700多亩土地，扫秃了的扫帚共计300多把，要装一汽车。

2009年以来，市 "创卫" 期间，公路工区水利沟旁积存了大量垃圾，正当夏天，远远就有一股恶臭味。她与同事赶到现场，第一个挥锹走过去，一下下地铲起垃圾。那天，从中午12点一直干到下午5点多，终于清除了这个死角。回家后，她反复冲洗长筒靴，可上面的臭味总也洗不掉，那双靴子现在还放在她家院墙边。

由于工作忙了，做家务事也就少了，丈夫也忙于生意，儿子放学回来都不能按时吃上饭。2009年11月份，国际自行车赛、第十届中国海南岛欢乐节、省爱卫工作考评这三项活动连续在儋州举行，"活动" 前的卫生整治、"活动" 中的高度清扫保洁、"活动" 后的垃圾清理，一忙就是半个月，她因此也消瘦了许多，父亲看在眼里，疼在心里，说："环卫工作这么辛苦，工资又这么低，干脆把工作辞掉回店里帮忙。" 她父亲说这句话也不止这一回，但她总是耐心跟父亲说 "环卫工作已成为我生活中最重要的一部分，我既然选择了这份工作，我就要尽心尽力把工作做好。"

2011年10月份，强台风 "纳沙" 袭击儋州，风雨大作，那大城区大部分街道的树枝被台风刮断，枝叶、垃圾满城。她早早上街道检查工人到岗情况，并千叮万嘱工人们要注意安全。随即和工人们一起锯树枝、清垃圾，搬运上车。当时她心里只有一个念头，一定要在上午前把所有的树枝、垃圾全部清理干净，恢复道路畅通和整洁。早上6时，风停了，但还下着大雨，她看到一名工人没穿雨衣，冒雨铲垃圾，她把自己的雨衣让给工人，自己则被淋湿一身。从凌晨到中午终于把全部树枝、垃圾清理完后，她才松下一口气。

脏累的劳动能够净化人的心灵，艰苦的岗位能锻炼人的意志。麦秀梅正是靠这种对环卫事业执著的爱，靠这种无私奉献的敬业精神，默默无闻地发挥着光和热，被人们赞誉为儋州的 "美容师"。

全国五一劳动奖章获得者

——河南天冠集团酒精酿造技师曹明中

合理论知识和自己丰富的实践操作经验，提出了很多合理化建议，并亲自指导设备的制作和安装工程。填补了国内高纯度优级食用酒精市场的空白，每年为企业增加利润 620 万元。经过多年不懈的努力，他对酒精生产中关键的蒸馏过程理论和实践水平达到了全行业领先的水平。创新性地研究出了"规整填料塔提取高纯度杂醇油技术"和"自循环回流技术"，经萃取后混合醇中异戊醇含量达到 70%，传统的设备和方法纯度只有 45%。杂醇油销售价格接近常规提取法杂醇油的 2 倍，每年可多提取杂醇油 200 多吨，这一发明属同行业首创。

2011 年，由他牵头的科技小组在他带领下，经过科学计算，设计完成的二次蒸汽回收利用项目，每年节约生产费用 351 万元；不增加设备投资，完成的脱水技改工艺，每年节约蒸汽 10.8 万吨，折合原煤 1.8 万吨，降低生产费用 1296 万元。

曹明中，男，1993 年参加工作，中共党员，酒精酿造技师，多次被评为集团公司"劳动模范"、"优秀党员"、南阳市"三星级职工"、南阳市经贸系统"优秀职工"、"十大名师"等荣誉称号，2008 年荣获河南省"五一劳动奖章"称号。他带领的班组也被全国总工会评为"百佳班组"。他参与设计的《塔器优化组合提高高纯度特优级酒精品质的研制开发》项目，荣获"河南省科学技术进步奖"。2012 荣获全国五一劳动奖章。

曹明中一直工作在酒精生产的第一线。从乙岗、甲岗、班长、工段长到酒精酿造技师。在"六塔流程生产特优级中性酒精"的蒸馏设备改造工作中，他结

全国五一劳动奖章获得者、河南新飞电器刘新军

刘新军是新飞公司一名优秀技术工人，1993 年技校毕业后进入新飞公司从事机电维修工作。他以一股"钉子精神"，善于钻研，多年来，他刻苦学习技术，并利用业余时间自学可编程控制器（PLC）的原理及编程应用等专业知识，为工作中打下了坚实的知识基础。他凭借勤奋学习积淀的扎实理论基础和积累的宝贵经验进行了发泡线加装自动充注识别装置等二十多项技术改进，解决了数控折弯机零位漂移等十多个技术难题，为公司创造效益近百万元。

在日常生活中，刘新军运用自己掌握的业务技术，经常利用休息日，到社区义务为居民维修家用电器，特别是为一些老人修理使用的助听器、收音机等小电器，经他手修好的电器不计其数，得到了职工群众广泛的赞誉。

十多年来，他在平凡的岗位上孜孜以求、锐意进取，多次被新飞公司评为青年岗位技术能手，先进工作者和劳动模范。被评为"新乡市文明职工"、五一劳动奖章、"新乡市有突出贡献高技能人才"等称号。先后被授予"河南省技术能手"、"河南省十大青年工匠"、"全国技术能手"、2012 年被中华全国总工会授予全国五一劳动奖章称号。

湛江港是全国沿海12个战略主枢纽港之一。湛江港（集团）股份有限公司主要经营石油、铁矿石、煤炭、化肥、粮食、集装箱等货物的装卸、中转及保税仓储、货物和船舶代理等业务。目前拥有39个生产性泊位，其中，30万吨级原油码头2座，25万吨级铁矿石码头、15万吨级煤炭码头各1座，以及30万吨级航道。在建码头包括30万吨级散货码头（结构为40万吨级）和2个5万吨集装箱码头（结构为15万吨级）。

既是一种荣誉 更是一份责任

——记十八大代表、广东湛江港集团中海集装箱码头有限公司现场工程师陈建辉

陈建辉，一名伴随着湛江港建设发展而成长起来的新时期知识型技术工人，15年来默默扎根港口一线，在实践中不断突破自我，从一名普通修理工成长为其所在单位的"首席"现场工程师，被同事们誉为港口设备维修的"蓝领专家"。2012年，陈建辉凭借卓越的工作业绩、敬业乐业的工作态度和甘于奉献的优秀品质光荣地当选为中共十八大代表。

1996年，刚毕业来到湛江港中海集装箱码头有限公司时，只有中专学历的他给自己的定位就是要踏踏实实地在一线岗位上做一名出色的技术工人。"打破沙锅问到底"是他当年的真实写照，从为机械加油、叉车修理、牵引车维修到大型机械维修，每一个老师傅都是他追问技术秘诀的对象。

从一个实干型的普通工人向知识型、技能型技术工人的跨越，陈建辉付出了十多年的不懈努力。经过多年的探索实践，他形成了一套自己特有的工作程序。学习先进港口的机械管理方法，结合本港口机械及生产作业的实际情况，制定了新的设备点检表，通过以养代修保证机械的良好技术状态和延长机械的使用寿命。多年来，他凭着这套方法，循序渐进，使得自己

的工作技能日渐提高，也逐渐带出了一支素质较高的设备维修团队。在他们的共同协作和不懈努力下，所在单位的机械故障率大大降低。

针对港口机械设备存在老化和进口配件昂贵的情况，陈建辉带领他的团队潜心钻研，通过技术创新，反复试验，成功完成多项技术革新和技术改造，在保证生产用机的同时，为公司节约了大量的维修资金。将5台斯太尔拖车的离合器由原先的机械操纵改为油压操纵，并在离合器踏板下焊接一块支垂板固定离合器总泵，解决了拖车操作难度大和不安全的问题，并延长了离合系统的使用寿命。近两年来，陈建辉带领他的团队，通过技术改造和以养代修，累计为公司节约成本费用300余万元。他以实际行动展示了自己精湛的技艺和丰富的经验，展示了认真务实的工作态度和岗位成才的敬业精神。

对自己勤学苦练钻研出的绝活儿，陈建辉从不保留。为了提高班组员工排除设备故障的技术能力，他将平时排除故障的步骤和方法编写成学习资料，有空便与班组员工一道学习，共同提高。在新的点检制度实施之后，陈建辉发现组员对机械的各个检查点和检查要求不是十分熟悉。针对这种情况，他专门制作了生动的PPT，通过图文并茂的形式，将各个检查点和检查要求都列出来，在班组学习中作为一个内容和组员们一起学习，使场桥检查维修技术生疏一些的组员也能按照点检要求对机械进行检查。

寒来暑往，陈建辉如今已成为湛江港的一块"金字招牌"，他的手机号码俨然成为了"技术热线"，许多人遇到难以解决的技术问题，就拨打他的手机求教，每一次陈建辉都是耐心细致地给予解答。

当选十八大党代表后，陈建辉说，这既是一种荣誉，更是一份责任。

全国五一劳动奖章获得者 国家开发银行 陈建疆

陈建疆，硕士研究生学历，高级经济师，现为国家开发银行客户经理。

2000年开始从事开行资金筹集工作，12年来累计参与债券筹资量超7万亿元。2011年面对错综复杂的国内外经济形势，他知难而进，勇挑重担，完成债券筹资11600亿元，首次实现国内银行单家年度债券筹资突破万亿元重大成就。实际工作中，陈建疆勇于实践、锐意创新，注重对国内外经济形势分析，积极研究银行体制内多种筹资模式、拓宽融资渠道，先后在10余项省部级创新业务工作中完成了从方案设计、制度安排、产品设计销售到后续管理清偿的全周期工作，为正式推进金融业务改革积累了宝贵经验。他还深入研究、积累从事国开债发行工作，创新推出了含有不对称调换选择权债、超长期次级债等多种结构化债券，不仅使国开债产品推陈出新、金融谱系日益丰富，而且吸引了包括全球第二大主权财富基金挪威全球养老金、香港金融管理局等境外机构的投资热情。为我国债券市场健康发展和金融市场良性循环作出了积极贡献。

长期以来，陈建疆坚持言传身教、率先垂范，高度重视对青年员工的培养，大力营造"学习、分享、创新、服务"的团队文化，帮助年轻员工树立正确的人生观和价值观，增强全局观念和服务意识，培养出了一批富于理想、勇于担当、敢于创新、善于服务的有志青年员工队伍。先后多次荣获国家开发银行优秀员工、资金业务岗位能手、金融服务标兵、全国五一劳动奖章等多项荣誉称号。

奉献管道 攻坚克难
——记全国五一劳动奖章获得者、中国石油天然气管道局第四工程分公司经理朱东志

1992年，朱东志同志来到中国石油天然气管道局第四工程分公司工作。他20年如一日，始终以铁人为榜样，常年战斗在管道建设第一线，带领项目团队为国家建设能源管道数千公里，编制了2项国家一级工法，填补了24项技术空白。四公司先后荣获了全国五一劳动奖状、西气东输国家先进集体、河北省五一奖状等多项殊荣。朱东志也被授予中国工程建设优秀（高级）职业经理人、河北省国资委优秀共产党员等多项荣誉。2012年被授予全国五一劳动奖章。

朱东志奉献管道，屡立战功。2001年，朱东志担任沧州–淄博管道工程3标段项目经理，他带领参建员工攻坚克难，科学施工，实现了该标段全线首家贯通，被评为全国优秀焊接工程；2003年，承担当时施工风险最大的忠武输气管道6标段，他带头制订安全预案和技术方案，解决钢管进场问题，取得了全线综合进度第一和焊接质量第一的好成绩；2004–2005年，他先后带队参建西气东输–冀宁联络线10标段、大汶河带水大开挖穿越工程和徐州至连云港输气管道1标段等工程施工，创建了具有四公司特色的样板项目部；2006年，他带队参建了印度东气西输工程，克服了诸多困难，在南亚大陆创造了多项第一，赢得了外方业主和监理的认可与尊重；2007年，朱东志被任命为多个项目的主管领导，先后参建了西气东输二线、陕京三线等国内重点工程和中亚天然气管道、俄罗斯远东原油管道等国际能源通道工程，出色地完成了各项施工任务，创造了良好的经济效益和社会效益。多年来，朱

东志始终保持勤奋、朴实、严谨的作风，常年奔波在各个施工一线，在工程最艰苦、最危险的时候，他总是第一时间赶赴现场，鼓舞士气，激励员工，确保了各个项目的顺利完成。

125

注重工会"家"文化建设

——记全国五一劳动奖章获得者，华能淮阴电厂党委副书记、纪委书记、工会主席罗时然

　　罗时然是华能淮阴电厂党委副书记、纪委书记、工会主席。多年来他注重实践，创新工作，取得了显著成绩，充分发挥了工会维护职工利益、推动企业发展的积极作用。在党建工作中，他创建了廉政防控体系和考核办法，党建绩效考核年年被上级部门评为优秀，防控体系已在华能系统得到广泛推广。他将工会工作融入企业中心工作，开展技术创新、劳动竞赛等活动，充分调动广大职工的积极性；他注重工会"家"文化建设，千方

百计为职工办实事办好事，把工会真正建成了"党委离不开，行政靠得住，职工信得过"的组织。

　　罗时然工作中积极探索新方法新途径，以创新思维开展工作，彰显工会工作特色：成立了劳模李京泽、运行仿真机、科技创新、职工培训四个创新工作室，为本厂和华能系统解决了许多技术难题，发挥了群众性技术创新的引领示范作用；成立了十余个职工业余文体协会，倡导职工"快乐工作 快乐生活"；成立职工家属安

全协管会，将家庭纳入企业的安全体系，企业连续十一年安全生产无事故，先后获得江苏省"企业劳动保护工作示范工会"、"模范劳动关系和谐企业"、"十一五劳动竞赛先进集体"、"全国模范职工之家"、"全国五一劳动奖状"、"全国安康杯竞赛优胜企业"、"全国文明单位"多项荣誉称号。他个人先后获得江苏省优秀工会积极分子、全国安康杯竞赛优秀组织者等荣誉，中央企业优秀党务工作者等称号。

引导职工 凝聚职工 激励职工

——记全国五一劳动奖章获得者，中钢集团邢台机械轧辊有限公司党委副书记、工会主席王瑞

王瑞，中共党员，研究生学历，现任中钢集团邢台机械轧辊有限公司党委副书记、工会主席。

中钢集团邢台机械轧辊有限公司是目前世界上产出规模最大、品种规格最全、装备技术最优、综合实力最强的冶金轧辊研发和生产厂家。在企业迅猛发展的进程中，王瑞同志注重抓好党建工作制度化、规范化建设，形成了规范高效的工作机制。注重发挥党建工作在企业科学发展中的政治优势，围绕企业生产经营中心，创造性地开展以"业绩改善、党员登高"为载体的创先争优活动，形成了全员、全面、全过程、持续改进的良好态势，每名党员、每名职工都有改善登高的具体目标，为企业持续稳定发展提供了可靠保证，该活动的成功经验被中钢集团、国务院国资委做为典型推广。围绕持续提升企业核心竞争力，大力开展学习型、创新型党组织建设，推进人人愿意创新、处处能够创新的全员创新文化建设和职工岗位创新活动，组织开展点题攻关、联合创新、创新成果冠名、职工创新工作室等形式多样的创新活动，几年来，全员创新提案和成果达十万余项，创效3亿多元，全员创新工作获全国现代化管理成果二等奖。

王瑞同志积极探索建设中国特色社会主义工运理论与本企业工会实践相结合的途径，牢记维权职责，正确处理促进企业快速发展与维护职工合法权益的关系，围绕企业发展大局，创造性地开展工会工作，形成了具有中钢邢机特色的工会工作新格局。探索创新，不断推进以职代会、集体合同和工资集体协商等为重点的维权机制建设，开展职工代表提案、班组民主管理等活动，注重职工诉求表达和处理反馈机制的建设，为职工更多地参与管理开辟了途径，发挥了工会组织在和谐企业建设中的作用。针对产品质量、节能减排等关键问题，组织开展"方圆工程"、"镜面工程"等劳动竞赛，直接把专业管理目标、措施分解到劳动竞赛中，实现了专业管理与民主管理的有机结合，取得显著成效。广泛组织技术培训、技能展示、技能练赛等活动，自主开发创建了职工职业技能网络练赛平台，实现了职工学习技术网络化、经常化。关注职工精神文化需求，组织开展富有特色的职工文化体育活动，成为深受职工欢迎和喜爱的工会品牌工作，在推进企业文化建设，引导职工、凝聚职工、激励职工方面发挥了不可替代的重要作用。

工会主席王瑞

王瑞同志先后被评为中央企业优秀思想政治工作者、中央企业优秀党务工作者、全国优秀工会工作者，2012年被中华全国总工会授予全国五一劳动奖章。企业先后荣获河北省五一奖状、河北省AAA级劳动关系和谐企业、中央企业先进集体、全国厂务公开民主管理先进单位等荣誉称号，2011年被授予全国模范劳动关系和谐企业。

职工创新工作室

召开职工代表大会

中钢集团创先争优现场会在中钢邢机召开

刘文友，蒙阴县文友家禽养殖专业合作社创办人、社长，1971年出生，大专学历，中共党员，蒙阴县第十五届、十六届人大代表，山东省党代表。

刘文友积极参加各类社会公益活动，响应党的号召，得到社会各界的一致好评，2006年5月被授予"蒙阴县新长征突击手"称号，2007年3月，被评为"蒙阴县十大新闻人物"、"蒙阴县十佳爱心家庭"；2008年被中共临沂市委授予"优秀共产党员"称号；2008年刘文友社长被国家农业部、共青团中央评为"2007年度全国农村青年创业致富带头人"称号，2008年被山东省人民政府评为"山东省劳动模范"，2010年被评为"全国劳动模范"荣誉称号。

纵横联合 带领群众致富奔小康

——记全国劳动模范、山东省蒙阴县文友家禽养殖专业合作社社长刘文友

蒙阴县文友家禽养殖专业合作社创办于2004年。创办人、社长刘文友从事饲料销售多年。在饲料销售过程中，他发现众多养殖户存在引进鸡苗品种繁杂、饲料质量不能保证、疫病防治做不到位、成鸡销售各自为战，严重影响了养殖户的经济收入和积极性，制约了养鸡业的健康发展。于是刘文友把养殖户组织起来，成立了养殖合作社。合作社涉及蒙阴县10个乡镇及周边平邑、费县、新泰等县市，注册资金800万元。经过三年的探索，总结出了"公司＋合作社＋养殖户"的经营模式和"社员代表大会＋理（监）事会＋支部大会"的管理模式，实现了自身的快速发展与带领社员共同致富奔小康之路。先后被评为"山东省畜牧行业优秀合作社"、"全国农民专业合作组织示范项目"、"山东省十佳订单销售型农民专业合作社"、"全国最具影响力农民专业合作社"等荣誉称号。刘文友社长被农业部、共青团中央评为"全国农村青年创业致富带头人"、"山东省劳动模范"，2010年被评为"全国劳动模范"。

为把蒙阴县文友家禽养殖合作社办成养殖户自己的合作社，让社员在这里得到优良的饲料、药品、良种和优质服务，按照"民办、民管、民受益"的原则，在

合作社建立之初，刘文友就建立健全了严格的管理制度，选举产生了理事会、监事会，制定了社员章程和入社条件，并将章程和制度上墙公开，以便于社员监督。特别是在财务上，合作社聘请了三位财会人员做会计和现金出纳，把全社的往来资金、社员养殖、销售、赢利情况以及鸡苗引进与成鸡销售时间、饲料与药品的使用情况等录入微机，实行微机化管理，财务收支实行社长一支笔签字制度，杜绝了财务混乱状况。

为加强合作社的规范管理，在社员入社时，合作社就与社员签定协议书，明确双方的权利和义务，让养殖户养的放心。为鼓励养殖户多养鸡，合作社制定了多项优惠政策，把流通环节节省出来的费用让利于社员。2006年，刘文友多方争取资金60多万元，按养殖只数每只成鸡近0.15元补贴返还社员，还从风险基金中拿出4万多元给遭受重大灾害的社员补贴，帮助他们建大棚。拿出钱和物品走访慰问贫困户，给他们送去温暖。

合作社在全县较早使用了科技信息传输软件，依靠科技信息服务实现了合作社的健康快速发展。目前，合作社已建立了详细的科技信息管理制度，配备了科技信息档案，建设了6处信息示范基地，发展"双通"

会员101户，在全体社员中开展了科技信息服务，让社员在第一时间能够接收到实用、实惠的科技服务和科技信息。蒙阴镇万宝地村养鸡户李因增，从1995年开始养鸡，鸡养了不少，但钱挣的不多，甚至亏本。2006年1月经人介绍加入合作社后，在合作社科技双通工程的帮助指导下，一年养了5棚鸡，每棚鸡的纯收入都在10000元以上，几棚下来，纯收入6万多元。李因增说："有钱没钱一样养，有技术没技术一样挣钱，这是入社带来的最大实惠。"

合作社为进一步完善一条龙服务，扩充产业链条，2008年筹资建设了蒙阴县文友家禽养殖专业合作社第一种禽场和孵化场。种禽场占地面积60亩，现已建成标准养殖大棚8栋，孵化车间两栋，单体孵化机39台，巷道机6台，年孵化商品肉食鸡3200多万羽，项目建成后，社员有了放心的鸡苗，节省了费用，减少了损耗，养殖利润有了大幅度的提高，养殖积极性更高了。随着市场发展需要，2011年合作社开始建设第二种禽厂，竣工投入运营后，形成了规模化的养殖小区。种禽场进一步向标准化、规范化、科技化迈进，使当地肉鸡养殖向现代化农业走出重要一步，为农村经济做强作大作出贡献。

甘酒满腔热血 倾注一生忠诚
——记全国五一劳动奖章获得者，中国农业银行大庆分行党委书记、行长刘超举

刘超举，现任中国农业银行大庆分行党委书记、行长。先后被总行评为"清收能手"、黑龙江省分行"十优行长"、"优秀党务工作者"、"先进个人"等，2010年度荣获"全国五一劳动奖章"、"全国金融五一劳动奖章"荣誉称号。

在任阿城支行行长期间，促成大金钢铁公司和西林钢铁公司资产重组，清收盘活不良贷款2.1亿元，使阿城支行由亏损4,800万元变为盈利500万元，成为全省农行系统"十优支行"。

在任昆仑支行行长期间，该行不良资产率高达87%，利润严重亏损，他经过不懈努力，实现年业务收入5,000万元，清收不良贷款1亿多元，保全不良资产6,375万元，使贷款不良率下降到24%，实现经营利润1,073万元，使昆仑支行成为全国城市行"百强"行。

在任大庆分行行长期间，他带领全行干部职工成功营销了全省农行首笔1.75亿元土地收储贷款，成功营销储备了大庆西客站5.83亿项目贷款等近30亿的优质项目，累计吸收石油石化企业和财政存款近20亿元。短短33个月时间，农行大庆分行各项存款从68亿猛增到2012年6月的125亿，实现了自1993年县支行划转后17年来首次拨备前盈利。2010年，农行大庆分行综合绩效考评在全省农行系统排名第一、员工收入在当地四大国有商业银行由排名最后跃升第一、新班子年度考核排名全省第一、内控综合评价由二类行晋升为一类行。

刘超举坚持"以基层为根"、"以员工为本"指导思想，在大庆分行，所有的事情、所有的决策，都要以员工满意不满意、符不符合员工的根本利益，作为决策权衡时的最终砝码。在他提议下2010年，分行为基层支行配备了运动器材、建立了职工书屋、VIP乒乓球会馆等，为营业网点设立了食堂、员工休息室，每年为全体员工进行一次体检，每季度为员工购买一本好书，要求"一把手"要成为文化教育培训第一责任人。举办"老总大讲堂"，推动干部员工学习活动的开展。坚持行务公开，让广大干部员工享有知情权。设立行长贴心电话，对员工合理诉求及时予以解决，不断增强全行干部员工的凝聚力、向心力，积极构建和谐发展氛围。

大庆分行先后与"大庆春蕾小学"、"杜尔伯特敖林学校"、"林甸镇朝阳小学"结成了"一帮一"互助单位，每年向学校捐赠救助，向"贫困母亲"、"失学儿童"等进行捐款，帮助多名失学儿童重新走入了课堂。多次对重病患者进行救助，积极践行社会责任，彰显大爱无疆的可敬精神。

当矿工时你专拣重活、累活干，当领导后你更是身先士卒，冲锋在前。你临危受命，降伏冲击地压的威胁，让险象环生的矿井变成了平安祥和的港湾。你利用自己的"特权"把儿子安排到最艰苦的采煤一线……父矿工、己矿工、子矿工，你和你的一家三代用一曲动听的"爱的奉献"，诠释着当代矿工对煤矿最为朴素的情感。

—— 韩玉鉴

韩玉鉴同志为儿子在井下传授工作经验

祖孙三代传承矿山魂

——记"同煤杯·第二届感动中国的矿工"十大杰出人物、河南义马煤业集团铁生沟煤业公司总经理韩玉鉴

韩玉鉴同志在井下指导工作

上级领导亲切接见韩玉鉴同志

韩玉鉴在公司职代会上作行政工作报告

　　"献了青春献终身，献了终身献子孙"，人们常常这样形容煤矿工人的奉献精神。河南义马煤业集团铁生沟煤业公司总经理韩玉鉴祖孙三代人的井下采煤经历是对这种精神最好的诠释。

　　1982年，17岁的韩玉鉴子承父业，成为跃进煤矿的一名采煤工。1985年韩玉鉴考入义马矿务局职工中专采煤专业，每逢节假日，他都回到采煤队上班，成为学员中唯一一名既上学又上班的特殊学员。毕业后，矿上分配他到通风科从事技术工作，但他却坚持要回采煤队，成为一名普通的技术工人。

　　为了矿井的安全生产，韩玉鉴付出了巨大的艰辛，他顾不上照顾家庭，父亲病重住院，只能到医院看上一眼就匆匆离开，有时晚上抽空陪陪老人。父亲很理解他，每次都催他抓紧回矿，说自己在采煤一线干了30年，说矿上采煤安全生产的事大，不能出一点意外。2009年12月，韩玉鉴把技校毕业的儿子又送到了采煤队工作。当时有很多人不理解，儿子也有情绪。韩玉鉴就对儿子说："我在采煤一线干了近30年，你爷爷也下了30年井，你凭啥就不能干？让你当采煤工，现在矿上的安全生产系统是牢固可靠的，能够保障每

一名矿工的安全！"在父亲的教育下，儿子理解了父亲的苦心，踏踏实实当了一名采煤工。

　　2012年4月，韩玉鉴被评为第二届感动中国矿工"十大杰出人物"，评委授予他的颁奖辞是："当矿工时你专拣重活、累活干，当领导后你更是身先士卒，冲锋在前。你临危受命，降伏冲击地压的威胁，让险象环生的矿井变成了平安祥和的港湾。你利用自己的'特权'把儿子安排到最艰苦的采煤一线……父矿工、己矿工、子矿工，你和你的一家三代用一曲动听的'爱的奉献'，诠释着当代矿工对煤矿最为朴素的情感。"

韩玉鉴同志荣获同煤杯·第二届感动中国矿工十大杰出人物

铁生沟煤业公司班子研究矿井发展规划

他是神东公司派出深造的 18 个大学生中至今还留在百米井下的"唯一"。一个关中平原的农家娃，一位大型矿井的总工程师，20 年的青春年华，陈苏社猫挂了几乎所有的节假日，以自己矢志不渝的付出，书写了共和国现代化煤炭开采技术发展的一段青春奉献的历程。

——陈苏社

神华矿工陈苏社"感动中国"

——记"同煤杯·第二届感动中国的矿工"十大杰出人物、
中国神华神东煤炭集团大柳塔煤矿总工程师陈苏社

一个陕西关中平原的农村娃在荒凉贫瘠的大西北一干就是 20 年，扎根煤海，矢志不渝，在自己平凡的岗位上干出了不平凡的业绩，他就是中国神华神东煤炭集团公司大柳塔煤矿的总工程师——陈苏社。

1991 年陈苏社从西安科技大学毕业后，一直留在大柳塔煤矿工作，一干就是二十年。他是神东矿区的拓荒者，他是神东公司 1991 年派往西安科技大学进行英语强化学习的 18 名大学生中唯一一个至今仍留在大柳塔矿工作的人，他先后经历了从建矿初期的第一任矿长到现在的第十四任矿长，他对家里的东西放在哪里不清楚，但却对井下的每一寸巷道都了如指掌、烂熟于心，同事们都亲切地称他为大柳塔煤矿的"活字典"。他为大柳塔煤矿迄今已累计生产原煤 2.6 亿吨，为其成为世界领先的特大型现代化矿井做出了不可磨灭的贡献。与此同时，伴随着大柳塔煤矿的发展，陈苏社凭借着自身的努力也从一名综采队工人、连采队技术员、生产科主

任工程师、科长、副总工程师逐步成长为如今世界第一矿的总工程师。

陈苏社在大柳塔煤矿工作 21 年来，始终牢记党的教诲，甘于奉献，吃苦耐劳，善于钻研，不断创新，为大柳塔煤矿解决了许多现场生产技术难题，为矿井安全生产发挥了很好的保驾护航作用，同时创造了巨大的经济效益。2008 年神东公司庆祝成立 10 周年所编著的《神东群英谱》一书中还将他喻为"一颗闪闪发光的金子"。他制定的大柳塔矿水综合利用方案，在 5-2 煤建成了井下污水直接泵排到 2-2 煤采空区自然净化后通过钻孔管路再自流到 5-2 煤复用的循环处理系统，该方案从根本上长期解决了大柳塔井 2-2 煤和 5-2 煤的供水问题、排水问题、水处理问题、防治水灾问题和环保问题，实现了水资源的综合利用并创造了极大的经济效益，当年累计经济效益约二千三百万元。陈苏社设计的这套井下水综合利用方案在全国煤炭系统内也属首创，为我

国井下水治理研究做出了重要贡献。中国矿业大学教授在井下参观该方案时曾激动地说："陈总，你应该找个院士来好好看看你的方案"，得到专家教授的肯定也让陈苏社倍感鼓舞。

陈苏社在防治井下水灾方面的贡献最让人称道。2006 年，大柳塔煤矿活鸡兔井即将开采的 21304 综采工作面上方采空区有三十多万立方米积水，存在巨大安全隐患。为此，矿上专门请来专业人员探测打孔，但泄水效果不佳。陈苏社深入一线勘察现场，经过仔细分析，精心布孔，加班加点做放水设计。按照他拿出的方案图纸，矿领导下达打孔泄水命令，三十多万立方米的积水一泄而出，保证了综采面的安全生产，有效避免了一次矿井水灾事故，这曾多次受到神华集团领导的表扬。从此，陈苏社精准的布孔泄水绝技在矿区传为佳话，面对赞扬，陈苏社却谦逊地说："我只是比别人耐心一点、认真一点而已"。他用智慧与汗水同煤矿水患作斗争，

在煤矿水患治理中取得了突出成绩，成就了百米井下的"大禹"治水之功。

他所主导的综采面初次放顶超深孔爆破技术经过十多年的实践、探索和改进，目前已非常成熟可靠，并在神东矿区得到推广应用，有效避免了综采面初次来压飓风伤人的重大安全隐患，他也由此得来"神东第一炮"的美誉。他在大井22309旺采区和活井12上的309冲刷带旁边增加设计了旺采区，每年多采煤12.5万吨，多创造经济效益约三千七百五十万元。

他设计了大柳塔矿已采79个综采面中的70个工作面，他在井下备采面亲自步行写实安全隐患，一走就是12公里，排查隐患，落实整改，确保安全；他还积极培养后辈人才，将自己多年总结的宝贵经验倾囊传授，目前，他的部下已有6人成为煤矿总工程师或副矿长、3人成为副总工程师，新入矿的大学生都以能跟他学技术为荣；他独立完成了大柳塔煤矿第一张旺格维利采煤设计图和第一台主运系统破碎机基础及安装架的设计工作，编制了大柳塔煤矿第一本连续采煤机掘进作业规程，同时他也是大柳塔煤矿第一个使用CAD软件绘图且最熟练的人。

工作21年来，陈苏社曾获专利三项：2004年获《一种综采工作面的爆破方法》和《煤炭综采工作面强行过河的方法》两项，2007年获《一种固化剂组合物及其制备方法》一项；同时发表论文多篇，如1999年在《中国煤炭》杂志上发表了"辅巷多通道综采搬家技术在大柳塔煤矿的应用"和2011年在国家级刊物《煤炭科学技术》中发表了"大柳塔煤矿矿井水资源化利用技术"等。

工作21年来，陈苏社一直把"干一行、爱一行、干好一行"作为自己的座右铭，一心一意搞工作，脚踏实地钻技术，吃苦耐劳，无私奉献。工作二十多年来，陈苏社几乎从未休过双休日，18年未享受过年休假和探亲假，也有18年未回老家过年，他是同事眼里的"工作狂"，他是一个以矿为家、埋头苦干、爱岗敬业、默默奉献的总工程师，他将自己的青春和全部时间精力都献给了大柳塔煤矿、献给了祖国的煤炭事业。

他的工作业绩人人称赞，21年来他曾先后荣获矿内和公司生产先进、安全先进、优秀共产党员和优秀科技工作者等各类先进荣誉23次，获得科技创新奖二十多项，2001年被中国煤炭工业协会评为"全国锚杆支护先进个人"，2010年被评为神华集团"安全生产先进个人"，2012年被中共榆林市委评为"榆林市优秀共产党员"、被神华集团授予"劳动模范"荣誉称号，同时他还因为个人突出的事迹被国家煤矿安全监察局、中国煤炭工业协会等五家单位联合评为"同煤杯·第二届感动中国的矿工十大杰出人物"，也是神华集团23万名员工中唯一一个获此殊荣的员工。"他是神东公司派出深造的18个大学生中至今还留在百米井下的"唯一"。一个关中平原的农家娃，一位大型矿井的总工程师，20年的青春年华，陈苏社牺牲了几乎所有的节假日，以自己矢志不渝的付出，书写了共和国现代化煤炭开采技术发展的一段青春奉献的历程！"，这是寻找感动中国矿工组委会对陈苏社的评价。他的先进事迹被中央电视台一套、中国煤炭报、经济参考报、陕西日报、榆林日报、神华能源报、央视网、新华网、凤凰网、中国网、新浪网、榆林新闻网和西安科技大学新闻网等多家媒体报刊网站宣传报道。

在"十二五规划"全面实施之际，大柳塔煤矿这艘煤海巨轮正向着建设世界一流的"新型安全绿色智能矿井"的伟大征程扬帆前行，而作为总工程师的陈苏社将继续为矿井的安全生产保驾护航，继续为党争光、为祖国争光。

汪明华荣获全路优秀共产党

生活在幸福中的人，很难体会不幸到底是什么样的苦难。而生活在诸多不幸中的索维利，却用善心撑起苦难的家，带领着一家老小，向幸福出发。他用淳厚朴实践行道德义理，他用豪情义举呼唤人间真情。我们为他的不幸潸然落泪，更为他无疆的大爱而泪流满面。

——索维利

用善良续写爱的传奇

——记"同煤杯·第二届感动中国的矿工"十大杰出人物、冀中能源邯矿集团陶二矿机电区机修班班长索维利

1988年，他和相爱多年的房华丽，走进了幸福的婚姻殿堂。妻子华丽和她的弟弟都是岳父母抱养，弟弟先天脑瘫，不能自理。为了照顾岳父母和弟弟，他费尽周折调到陶二矿工作，同岳父母一起生活。一年后，夫妻喜得贵子，生活其乐融融。1996年，妻子华丽在生第二个女儿后，高烧不止，几度昏迷，撒手人寰。在妻子弥留之际，索维利紧紧握住妻子的手，

当着岳父母及亲人的面发誓："华丽，你放心，我要像对待亲生父母一样，孝敬两位老人，照看好弟弟，抚养好咱们的儿女。"

1996年，煤炭行业不景气，维利长期放假，面对破碎的家和欠下的三四万外债，他毅然来到附近的小煤矿打工养家。这一年，在岳父母苦心劝说下，索维利组成了一个新家庭，但他的前提条件是，新人必

须和他一起照顾前妻的父母和弟弟。正是这个条件吓走了好几个相亲的，最后，是他的老班长主动把妻妹张瑞芳介绍给了他，二人在前岳父母的农家举行了婚礼，瑞芳在老人面前磕头认作续女，发誓和他一起赡养老人终生。

2001年冬天，岳父在山东突发脑溢血。他冒雪第一时间赶到医院，给老人递水喂饭，端屎倒尿。饿

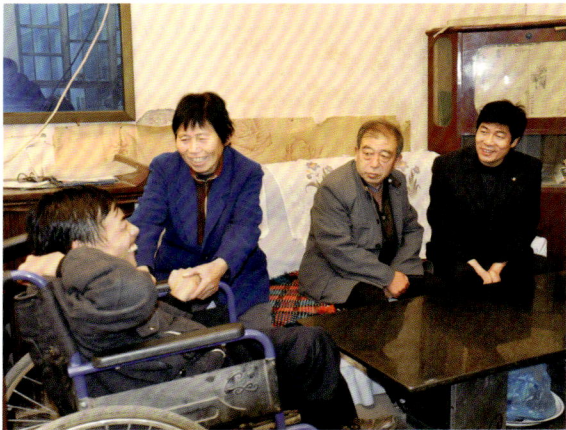

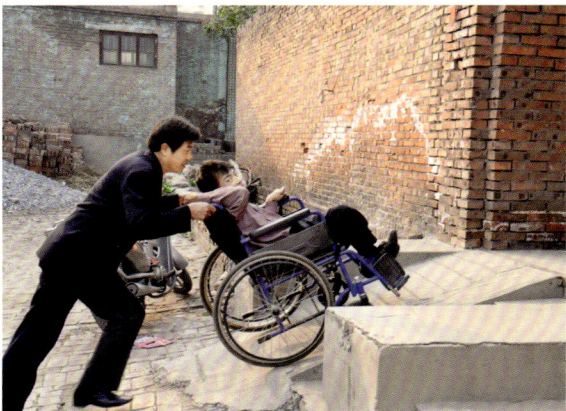

索维利细心照顾岳父一家，常年如一日

了啃个干馒头，困了趴在病床边打个盹儿。同屋的病友都夸老人修了个好儿子，岳父感动得老泪横流。将岳父接回家后，索维利却被累得发烧一周。老人的命保住了，但是，他生活从此却不能自理。为了更好地照顾老人，索维利和妻子学会了量血压、按摩等简单的医疗知识。

2005年冬天，原本身体不好、休学在家的大儿子病情突然加重，双脚又黑又肿，到邯郸市中心医院治疗后，双脚保住了，但十个脚趾掉了六个。医生说，主要是活动少和天冷造成的，为照顾出院不久的大儿子，他暂时租住到有暖气的陶二矿生活区，但是，每天下班他都要坚持先回岳父母家里看看，他还筹钱为老人安装了电话便于联系。这期间，大儿子因为肠梗塞住过两次院，索维利夫妇俩给他灌汤，用手帮他排便，照顾的无微不至，几次从死亡线上把他拉了回来。2010年春节过后，大儿子一病不起，在苦熬了三个多月后离开了人世。

2010年，索维利的父亲又被查出肝癌晚期，从查出疾病到去世仅仅两个月，作为儿子，他没有孝敬过老人一天，却给父母添了那么多的麻烦。与此同时，母亲和全家人的生活费用又都落在了他一个人的肩上，但他没有倒下，仍然苦苦支撑着这个破碎的家。

索维利是生活的强者，工作的模范，技术的标兵。他当过标兵、做过模范，还是集团公司电焊工技术比武状元，他学习和钻研业务技术，大胆创新，敢向"洋设备开刀"，为2台德国弗兰克福减速设备做"开膛手术"，确保了矿井2300米"运输大动脉"的高效运转。先后利用旧设备改造了6条皮带机头，恢复了4台报废给煤机的使用，节约资金二百余万元。

从他的身上我们看到了爱老敬老、大孝至爱的高尚情操；重诚守诺、无私奉献的优秀品质；热爱生活、迎难而上的坚强毅力。

图/文 彭忠 张维

大力开展"安康杯"竞赛活动
切实维护职工生命安全和健康
——太原市自来水公司开展"安康杯"竞赛活动纪实

太原市自来水公司是集产、供、销于一体的国有大型供水企业。多年来始终坚持"以人为本",以确保职工在劳动生产过程中的身体健康和生命安全为己任,明确责任、真抓实干、强化措施、创新思路,做了大量细致并富有成效的工作。

公司成立了安康杯竞赛领导组,专设了安全监察处,健全了公司安全生产委员会和工会劳动保护监督检查委员会,班组全部设有安全员和劳动保护检查员。大力加强企业安全文化建设,充分利用墙报、供水报、网站等宣传阵地,广泛开展系列宣传活动;将开展"安

全生产月"与"安康杯"竞赛活动相结合,通过开展学习培训、查处"三违"、实现"三零"、安全签约、"安全生产咨询日"等特色活动,充实和丰富了"安康杯"竞赛活动的内容。健全完善了公司供水安全生产规章制度,制定了"抢修安全评估"、"公司安全隐患举报奖励办法"、"工会劳动安全隐患奖励举报办法"、"安全日报、周报、月报"等安全制度,使安全管理工作规范化、制度化;坚持每年与基层签订《安全目标责任书》、《工会劳动保护工作目标责任书》,把各级安全生产责任制的落实、安全生产的建章立制等都纳入到"部门岗

位责任制"考核和"安康杯"竞赛考核之中,形成了企业内部有效的奖惩激励机制。组织相关部门对公司生产、运行等方面涉及到的各类危险源进行了辨识,有效强化了风险管理和控制;坚持定期检查与动态检查相结合,排查隐患与整改相结合,对排查出的隐患及时进行整改,消除不安全因素,坚决杜绝各类事故的发生。

近年来公司未发生一起重特大事故,荣获"太原市安全生产先进单位"称号,公司连续多年被评为太原市"安康杯"竞赛优胜企业、山西省"安康杯"竞赛优胜企业,连续四年荣获全国"安康杯"竞赛优胜企业。

安全文化在水厂

"关爱生命 安全发展"专题知识讲座

安全知识竞赛

安全生产施工现场

做好各项安全保障工作

全国"安康杯"竞赛活动

示范单位

中华全国总工会
国家安全生产监督管理总局
二〇一二年一月

树立科学发展观
打造安全型企业

——记全国"安康杯"竞赛示范单位、北京祥龙博瑞汽车服务（集团）有限公司

北京祥龙博瑞汽车服务（集团）有限公司，现有4641名职工，直属子公司工会18个，工会小组225个。多年来，集团工会紧密结合企业实际，不断深化"安康杯"竞赛活动并取得较好成绩。集团连续六年荣获"全国安康杯竞赛优胜企业"称号，连续五年进入"中国企业500强"，2011年被评为"中国汽车经销商集团十强"。

集团始终把有效开展"安康杯"竞赛活动，作为企业科学发展、安全发展的重要抓手，明确规定企业安全生产与"安康杯"竞赛同部署、同检查、同考核，在车间班组广泛进行"安康普法"教育的同时，开展全员签订安全责任书，实现了以点带面、层层铺设安全网，连续多年荣获"北京市安全生产单位"称号。并为4S店配备了充足的灭火器材和消防设施，还在重点部位安装了消防报警装置和自动喷淋设备。并对所属分公司、子公司的15个重点单位的47台喷、烤漆房进行了排查、检修和改造，对每台正常运行的喷、烤漆房增设了一名专属安全员。据统计，近几年企业在消防安全、机电安全等方面投入专项资金逾2540万元。集团高度重视制度建设，定期对企业规章制度进行清理、补充和修订，以确保制度的严肃性和实效性。先后修订和完善了《企业管理制度汇编》，重新规范了《员工挪车管理办法》，对车辆实行了差别化管理并统一制作"挪车证"633个，"试车证"395个，"准驾证"1423个，引入了ISO质量管理认证体系，建立了安全生产评价标准。

近年来，集团广泛开展形式多样的活动，深入探

索"安康杯"竞赛新思路。集团充分发挥"魏工培训学校"的作用，对员工进行分类、分层、有重点的培训，先后轮训安全保卫干部240人次，对钣、喷特殊工种培训3600人次，对各大院校招收录用的新员工进行入职教育1504人次，选派150名生产骨干和班组长，举办"安康杯"消防运动会，累计有两千多人次通过了100米油盆灭火、水龙带对接灭火、5公斤干粉灭火、消防车使用及补水等项目的实际操作考核。企业集团大力开展"岗位练精兵，成才在汽修"的技术比武活动，对参加比武的一千九百多名员工进行专业知识培训。同时还在员工中开展了"安全警示语"征集活动，搜

集整理编印成《员工安全手册》发至一线班组，并制作了"安全警示语"674块，悬挂在各个生产工作现场，起到了安全生产"警钟长鸣"的作用。

汽车灭火演练

输送 "光明" 的电力使者

——记全国 "安康企业家" 广东电网公司河源供电局局长杨晓东

杨晓东自 2010 年 8 月担任广东电网公司河源供电局局长以来，倾尽心血，励精图治，全力做好电力供应，为河源市经济社会发展作出了积极贡献。

勇担责任提升服务。 杨晓东着眼于为人民群众提供优质、规范、高效、便捷的供电服务，组织员工走进全市 173 个社区、478 个村委、189 间学校、60 家医院、231 户困难家庭、2446 家企业，解决群众用电

实际问题，促进了社会和谐稳定。优化营业厅内、外部服务环境，增加多种缴交电费方式，建立 95598 服务热线，运营网上营业厅，提高处理客户反映问题效率，提高供电安全稳定性。2011 年第三方客户服务满意度 71 分，同比提升 16 分，增幅全省第一。

力保重点项目用电。 杨晓东坚持抓好服务党委政府中心工作，积极协调市高新技术开发区第四期扩建(中

兴通讯工业园) 线路迁改。投资 20721 万元建设汉能、旗滨、南玻等市重点项目配套变电站和输电线路，保障项目用电；争取广东电网公司投资四千六百多万元，支持建设世客会用电重点工程——万绿湖大道供电工程，以及永和路全面升级改造工程建设。

保障电力可靠供应。 杨晓东把安全工作作为确保电力供应和为民服务的基础。在 2010 年广州亚运会、河源世客会和 2011 年深圳大运会保供电中，杨晓东 22 次 24 小时带队值班，做到 "零停电、零事故、零差错"。在 "2·16" 地震发生后，杨晓东快速应对落实措施，确保了电网和设备可靠运行，受到省公司通报表彰。2011 年完成供电量 58.91 亿千瓦时，同比增长 14.22%，电力供应保民生保增长。

带好队伍力促发展。 杨晓东坚持 "讲原则、重感情，严爱结合带好队伍"。他致力于提升员工的素质与技能，完善竞争性选拔干部方式。支持局各级工会工作，每年向上级争取近 1000 万元提升员工福利待遇。建立信访维稳工作长效机制。他带头参与社会公益活动，全局为汶川地震等捐款共达一百三十多万元；积极组织各类募捐和无偿献血活动，募捐 "教育基金" 及 "扶贫资金" 达一百五十多万元；为职工文化福利基础建设、设备购置捐赠一百三十多万元，赢得社会各界好评。杨晓东先后荣获了 "广东电网公司安全生产先进个人"，"广东省职工之友"，"广州亚运、深圳大运保供电先进个人"，"河源市劳动模范" 等荣誉称号；河源供电局先后荣获全国 "模范职工之家"，连续七年被评为全国安康杯竞赛优胜企业，被授予广东省五一劳动奖状，广东省文明单位，广东省厂务公开民主管理先进单位等殊荣。

企业"安康"的领头人

——记全国"安康企业家"获得者，神华包神铁路有限责任公司董事长、总经理王兴中

神华包神铁路有限责任公司是神华集团的控股子公司，所辖包神铁路，正线全长192公里，是神华集团神东矿区煤炭外运的装车基地，也是神朔、朔黄西煤东运主要运输通道的重要集装线，同时担负着地方物资运输和鄂尔多斯地区其他企业的煤炭外运任务，是神华的第一条铁路。

"十一五"期间，包神铁路公司紧跟神华集团快速发展的步伐，对既有有线机车、信号、电力、站场、线路和行车指挥系统等设施设备进行了更新改造。北线年运输能力由设计初期500万吨、远期1000万吨，提高到5000万吨，东线达到1亿吨。2007年，货运量首次实现过亿，至2011年底，实现了连续八年千万吨级增长、连续五年过亿吨。

王兴中作为包神铁路公司董事长、总经理、企业主要负责人，历年来把公司的安全工作放在头等位置来抓，截至2011年12月31日，公司实现连续安全生产无一般D类以上责任铁路交通事故4721天。

在公司安全工作中，"安康杯"工作是公司安全工作的重要组成部分，公司成立了以王兴中为组长的"安康杯"竞赛活动领导小组，制定了"安康杯"活动实施办法，确定了活动开展的总体要求、目标、实施步骤，使活动开展的有组织、有计划、有落实、有检查，取得了较为明显的效果，全公司没有发生任何因工重伤、亡人事故、责任火灾爆炸事故和责任重大道路交通事故，全面实现了"安康杯"竞赛总体目标，包神铁路公司连续十二年获得全国和集团"安康杯"竞赛优胜单位的好成绩，2010年王兴中获得了内蒙古自治区"五一"劳动奖章，2012年王兴中获得了全国"安康企业家"称号。

王兴中董事长深入新准铁路检查指导工作

企业安康是心中永远的祝福

——记"安康企业家"甘肃天水供电公司总经理漆柏林

漆柏林现任天水供电公司总经理兼党委副书记，全面负责天水供电公司各项工作的同时，对公司各项工作积极开展调查研究，把建设科学全面的电网安全和发展放在首位，坚持以人为本，全面推动企业文化建设发展，构建科学规范的安全责任体系和防范体系，全力打造一流的天水电网。

近年来，公司在开展"安康杯"竞赛工作中，他坚持统筹兼顾、规范管理，狠抓责任落实，实现了安全管理标准化、精细化，科学决策和管理水平得到不断提高。在日常工作中，漆柏林同志注重调查研究，主动深入生产一线，一年中大部分时间都在生产一线或班组职工身边，公司一千两百多名职工他都能说出每个人的名字和工作岗位，能准确地说出每一座变电站、每一条线路、每一基杆塔的数据、位置和运行情况；他经常说的一句话是"坐在办公室了解不到生产一线实际情况"；职工都亲切地称漆总是"老大哥"。

漆柏林在实际工作中勇挑重担、率先垂范。在2008年5.12陇南抗震救灾、奥运保供电、国庆60周年、

2009年陇南抗洪救灾等重大事件中，他每次都主动请缨、率先垂范，而且每次都担任现场总指挥的重要角色。2010年8月8日，舟曲县发生强降雨，该县城遭受特大泥石流灾害并形成堰塞湖，致使县城部分被淹，电力、交通、通讯中断。受天水供电公司抗洪抢险指挥部委托，漆柏林身为现场救灾总指挥，在最短的时间抽调精兵强将，紧急组建公司赴舟曲抢险救灾突击队，第一时间奔赴舟曲灾区展开抢险救灾工作，使灾区受损电网、变电站、线路、供电台区在最短的时间内得到恢复，圆满完成舟曲遇难哀悼日中央电视台直播保电任务；公司舟曲抢险突击队被甘肃省总工会授予"工人先锋号"荣誉称号，公司被省公司表彰为"抗洪抢险先进单位"荣誉称号，漆柏林同志被省公司授予"抗洪抢险先进个人"称号。

漆柏林同志在日常工作中积极主动履行职责、任劳任怨，以高度的责任意识和诚恳的工作作风带动了身边的人，感动了身边的人；在具体业务中他都能严格要求自己，带头执行，充分体现出他对工作高度的

事业心和责任心；连续多年受到上级单位表彰，2010年度公司输、配、变专业技术管理真正实现精细化、规范化、标准化，位列省公司前三甲，各项工作取得了骄人的成绩，为公司安全稳定、健康发展贡献出了自己的力量。

他也拥有一个幸福的家，每当谈起妻子和孩子，漆柏林沉稳而坚毅的目光中总是流露出了作为丈夫、父亲的自豪和幸福来，但同时也流露出了深深愧疚。由于家远在白银，在正常情况下他二三个礼拜才回一趟家，在春检、抗震救灾、抗洪救灾、奥运保电、大修技改等重要工作阶段，几个月回一趟家更是常事。正是这种舍小家顾大家的主人翁精神，铸就了他近几年来在天水供电公司取得的成就。

多年来漆柏林在自己的工作岗位上，踏踏实实地践行着自身价值，绘制着自己亮丽的人生轨迹。他全身心投入到电力事业中，为服务"关中——天水经济带"腾飞、实现天水地方社会经济发展而努力奋斗。

臻于至善、追求卓越
为建设一流供电公司而努力

——甘肃天水供电公司工会工作纪实

天水供电公司成立于1972年，其前身为天水供电局，是甘肃省电力公司下属的国有大二型企业，是西北电网功率交换、甘肃省"南电北调"负荷中心。主要担负着天水市两区五县及陇海铁路拓石—陇西段的供电任务，承担着对甘肃东南地区和陕西电网互供电任务。公司现有职工1265人，变电容量1175.55MVA，高压输电线路1306.825公里，直接服务用电客户11.3万户。同时代管天水市6个县级供电企业，职工人数2432人。

近年来，公司以科学发展观为统揽，牢固树立科学全面的电网发展观和安全观，倡导以人为本，构建科学规范的安全责任体系和管理体系，致力于打造智能坚强的天水电网。上级领导多次到公司调研、指导检查，对公司安全生产管理、优质服务建设、专业化管理、精神文明建设、创先争优活动、民主管理建设都给予高度评价和肯定，公司实现了具有里程碑意义

的跨越式发展。截至2011年年底，公司主要经营指标再创历史新高，各项工作取得了可喜的成绩。一是安全生产长周期实现1803天，创建司以来最好水平；二是年售电量完成62.96亿千瓦时，增长率达31.55%，居全省第一；三是同业对标进入省公司前三甲，被评为省公司标杆单位；四是"三个建设"成果丰硕，荣获"全国五一劳动奖状"、"全国文明单位"、"全国模范职工之家"光荣称号。公司通过开拓创新、锐意进取，获得或保持了一系列荣誉：连续八年被中华全国总工会、国家安全总局授予全国"安康杯"竞赛"优胜企业"、"示范企业"、公司原总经理张京文同志、总经理漆柏林同志被授予"全国安康竞赛企业家"称号、王宝玉同志被授予"全国安康竞赛优秀组织者"称号；荣获国网公司"文明单位"，连续五年荣获省公司"和谐企业暨优秀企业"；连续多年荣获省电力公司工会、天水市总工会年度考核优秀业绩单位；2010年被国家

电网公司工会授予工会工作"先进单位"称号；2011年，被天水市总工会推荐为甘肃省厂务公开工作"先进单位"；同时还被甘肃省委宣传部、省总工会、省精神文明指导委员会表彰为甘肃省第十三次职工职业道德建设"先进单位"称号。

近年来，天水供电公司为助推甘肃省"两翼齐飞"及关中——天水经济带，主动融入天水地方经济飞速发展，服务地方经济和人民，先后投入大量资金加大电网建设改造力度，使天水电网网架结构逐步改善，供电覆盖面不断扩大，供电质量切实提高。正因为这样，天水供电公司不仅在日常的电力输送中有了高水平的发挥，就是在郴州抗冰救灾，5.12陇南抗震抢险救灾，奥运保电，玉树抗震抢险救灾，2009-2010年两赴陇南抗洪抢险救灾，舟曲抗洪救灾这样急难险重的社会责任面前也表现了一个现代企业良好的素质，锻造出一支"陇电铁军"的优秀员工队伍，树立起电力铁军光辉形象。

开展技术创新和岗位练兵

丰富多彩的职工文体活动

工会主席慰问扶贫点群众，为他们送去面粉和油

2011年，市总工会荣获"全国工会帮扶工作标兵单位"荣誉称号，图为市总工会主席叶和章受到时任中华全国总工会主席王兆国亲切接见

合肥市总工会

求真务实　开拓创新
不断开拓工会工作新局面

一、以服务发展为中心，工人阶级主力军作用充分彰显。面对国内外复杂经济形势，全市各级工会坚决贯彻市委、市政府决策部署，主动作为，迎难而上。应对国际金融危机中，在全国率先开展千名工会干部结对企业帮扶行动，组织中盐安徽红四方等三百多家大型骨干企业与职工开展"共同约定行动"，未发现一家企业因危机申报破产，无一家企业申报20人以上职工集体下岗；扎实开展"双走访、促三保"行动和"双走访、三服务"活动，积极配合党政参与合钢集团、供水集团等大企业改制工作，对重点改制单位实施跟踪监督，妥善处理职工合法利益诉求，维护职工合法权益；建立职工队伍维稳信息网络平台，及时排查、化解不稳定因素，全市未发生重大职工群体性上访事件，职工队伍始终保持稳定。积极创新促进发展，全国首家以政府名义设立职工技术创新成果奖，颁布实施《合肥市职工技术创新成果奖励暂行办法》，大力激发全市职工技术比武、技能竞赛、技术创新的热情，

成功组织两届职工技术创新成果评选表彰活动，参评项目达672项，表彰推广获奖项目160个；坚持在基层班组开展技术革新、发明创造等"五小"活动，开展技术攻关、技术协作21000项，推广新技术、新工艺、新材料2780项，技术开发395项，技术革新3200项。广泛开展"工人先锋号"、"节能减排，我为合肥做贡献"、"同舟共济保增长、建功立业促发展"等劳动竞赛活动，扎实做好劳动模范等先进人物评选表彰管理服务工作。五年来，评选表彰市级以上劳动模范、先进工作者237名和五一劳动奖章380名，表彰先进单位和先进集体395个、"工人先锋号"228个、五一劳动奖状203个。连续三年组织劳模事迹报告团深入县区、街道、企业大力宣扬劳模事迹，弘扬劳模精神，唱响"劳动光荣、创造伟大"的时代主旋律。

二、以"两个普遍"为抓手，工会组织凝聚力显著增强。各级工会始终把基层工会组织建设放在突出位置，认真落实市委批转的《关于进一步做好规模以

上非公有制企业工会组建工作的意见》，在全国首创了"实名制建会、台账式管理"建会模式，相继实施"规模以上非公企业工会组建全覆盖行动"、"外资企业建会攻坚月行动"和"广普查、深组建、全覆盖"行动，最大限度地把职工组织到工会中来。目前，全市基层工会组织达到14278家，涵盖独立法人单位21403个，工会会员91万人，分别比上届增长363%、246%、105%。积极实施工资集体协商签订集体合同三年彩虹计划，推动将工资集体协商纳入合肥市"十二五"规划和党委、政府年度目标考核内容，形成协调劳动关系三方"目标一致、共同实施、分头考核、合力推进"的运作新机制。开展"百日攻坚"、"春季行动"等活动，制定企业工资集体协商"六步法"操作程序，建立"一函三警示"工作法，打造出具有合肥特色的"八个一"工作模式。全市开展工资集体协商签订集体合同的企业达9423家，覆盖职工64万人，已建会企业集体合同签订率达92%，已签订的集体合同报审率、

"两个普遍"工作取得重大突破，全国首创"实名制建会、台账式管理"合肥建会模式，大力推进工会组建；开展"百日攻坚"行动，全面推进集体协商集体合同

《合肥市工会劳动法律监督条例》于2011年3月1日正式实施

五一前夕，隆重召开2008-2010年年度先进单位、先进集体、劳动模范（先进工作者）表彰大会

备案率均达100%。合肥工会创造性推进"两个普遍"的经验做法被全总充分肯定，在《工人日报》头版做重点报道，省总工会2012年4月份在合肥召开了全省工会推进"两个普遍"现场观摩会。

三、以构建教育培训新格局为推动，职工队伍整体素质全面提升。各级工会以"共铸理想信念、共促科学发展"为主题，积极推进先进企业文化职工文化建设。深入实施职工素质提升工程，建成全国、省、市三级职工书屋（吧）508家。依托市职工大学、县（市）区（开发区）职工学校和企业培训学校大力开展职业技能培训，培训技术工人10万人次，培育金牌职工1067名。不断深化文明行业创建工作，广泛开展职工文体活动，提升职工精神风貌，组织开展职工书画大赛、职工摄影展、职工歌咏展演、农民工卡拉OK大赛等丰富多彩的职工文化活动，成功举办慰问大建设职工系列文艺演出、市第二届职工运动会、农民工艺术节等大型活动，规模之大、规格之高为历年之最。开展全额资助优秀农民工上大学活动，深入重点工程工地为农民工免费放电影六百余场，丰富了职工的精神生活，促进了职工队伍综合素质的全面提升。

四、以服务职工为己任，工会维权帮扶常态化目标基本实现。各级工会坚持主动依法科学维权，打造出帮扶救助、法律援助、劳动争议调解、职业介绍与培训、农民工服务等在全国有较大影响力的五大维权品牌。贯彻落实《合肥市工会劳动法律监督条例》，在全国省会城市中首家创建市级职工劳动争议调解中心，2011年成立以来，先后受理职工法律咨询和投诉四百九十余起，立案调解92件，帮助职工争取到经济补偿近50万元，调解满意率达98%，成为化解职工劳动纠纷的"绿色通道"。积极开展创建和谐劳动关系活动，并向乡镇、街道、社区延伸，全市省级以上开发区（工业园区）、规模以上企业全部参加创建活动。发挥职工法律援助志愿者作用，免费为困难职工、农民工提供法律援助二百四十多件。创办市总工会服务中心，以帮扶中心（站）为平台，强化对困难职工的帮扶救助。五年来，全市各级工会慰问救济困难职工13万人次，发放送温暖款物5600万元；资助困难职工子女上学11200人次，发放助学金1300万元；救助大、重病职工7000人次，发放救助款1050万元；21万职工参与职工医疗互助互济活动，4300名患病职工受益。积极贯彻《合肥市职工民主管理条例》，加强职代会规范化建设，拓展厂务公开内容，全市已建工会企业职代会建制率达到85%，厂务公开建制率达到80%。广泛开展"安康杯"竞赛活动，全市2021家单位、1.5万个班组、27万职工参赛。深入开展"农民工援助行动"、"农民工平安返乡"、"农民工维权月"等富有工会特色的帮扶活动，发挥合肥经济圈农民工维权联席会议和城际间农民工维权联盟作用，形成维护农民工合法权益的强大合力。

五、我们以改革创新精神为引领，工会自身建设全面加强。各级工会深入开展学习实践科学发展观和党工共建创先争优活动，工会组织争先意识、创造活力不断增强。实施企业工会主席百分百轮训计划，培训工会干部24350人次。加强基层工会规范化建设，深化创建星级职工之家活动，创建三星级以上职工之家626个。深化工会经费"一改三策"改革，工会经费收缴工作机制进一步巩固完善。健全工会经审组织，完善经费审查制度，加强审查审计监督。切实维护女职工合法权益和特殊利益，工会女职工工作得到加强。突出行业特色，加强和改进产业工会工作。工人文化宫公益性活动蓬勃开展，职工大学办学质量稳步提高，职工技协市场不断拓展，职工帮扶中心特色鲜明，工人俱乐部工作扎实推进。与此同时，工会宣传、信息、统计、法人资格登记、信息化建设等各项工作都取得了突出成绩。五年来，合肥市工会工作始终走在全省前列，多项工作在全国实现率先突破，87项工作受到市级以上表彰，荣获全国总工会与人力资源和社会保障部联合表彰的"全国工会系统先进集体"荣誉称号。

合肥市第二届职工运动会 开幕式

中国石油大庆石化公司工会——
践行人才兴企战略 推进职工素质工程

　　中国石油大庆石化公司工会把提升职工素质作为企业工会履行教育职能和维护职能的首要任务，按照"立足企业发展，落实以人为本，全面提升员工整体素质"的工作方针，积极组织开展全员性的技术比武活动。设立的44个赛区、108个工种和专业，覆盖了企业所有岗位和专业技术，构建起"优秀人才优先培养，关键人才重点培养，稀缺人才加速培养，一般人才有计划分层次培养"的全方位、立体型人才培养体系，有效促进了员工数量优势向人才质量优势的转化。

抓住关键，突出重点，以赛促学。结合实际开展的"学技能、强素质"主题培训竞赛，有效调动了员工钻研业务、岗位成才的积极性。

立足生产需求，发动员工自己找出在本岗位操作技能方面最需要、最迫切的培训需求，职工素质工程建设最大限度的贴近了生产实际。

寓教于乐，激发练兵热情。图为训练叉车司机精准操作的技能。

建立竞赛的综合评价机制，引导员工树立敬业才能成才的思想观念，让德才兼备的技能高手脱颖而出。

发挥工会"大学校"作用，建立"党政主管，工会组织，部门实施，全员参与"的工作领导体制和运行机制，有效促进了职工素质工程建设。图为工会主席王东军给优秀技能员工颁奖。

从企业生存和发展的需要出发，把技能竞赛活动纳入"人才强企"战略。每届竞赛，均涌现出百名行业状元。

慰问一线员工

应急器材操作竞赛

职工技能竞赛

职工篮球锦标赛

团结的厂领导班子

职工会员代表大会

激励引导职工在建设西部大庆中建功立业

——记"全国模范职工之家"获得单位、中国石油长庆油田公司第二采气厂工会

长庆油田公司第二采气厂担负着榆林气田、子洲气田、神木气田和黄龙气区的开发生产及向华北地区、榆林市供气的任务。近年来,厂工会围绕中心、服务大局开展工作,团结带领广大职工先后保障了北京奥运会、建国60周年、世博会等安全平稳供气。2011年被授予"全国模范职工之家"荣誉称号。

第二采气厂工会以建设西部大庆为契机,深入开展"铁人先锋号"、"三争三创"、"五比五赛"、"百口低产低效井挖潜增效"等劳动竞赛,充分调动职工群众的积极性和创造性,天然气产量从"十一五"初期的20亿立方米快速发展到目前的63.5亿立方米。

为提高职工队伍素质,打造优秀人才队伍。组织全员开展"学习在长庆·每日悦读十分钟"读书活动,有计划安排职工培训,鼓励职工自学成才,目前具有大专以上学历人数占职工总数62%,先后涌现出省级以上技术状元2人,技术能手3人,职工发明的含凝析油管线冷冻封堵技术等六项成果分别获得陕西省职工发明创新成果金奖、银奖和铜奖。多年来,厂工会主动担当"第一知情人"和"第一求助人",不断完善帮扶体系,建立困难救助档案,开展医疗、助学、生活救助,形成了春有慰问、夏"送清凉"、金秋助学、冬"送温暖"的长效机制。先后共计筹集职工"同心互助金"192657

元,救助患重大疾病和看望因病住院职工261人次,发放慰问金7.6万元,并向汶川、舟曲和陕南等灾区捐款22.3346万元,资助地方贫困学生一百余名,向地方乡村学校捐款捐物22万余元,履行了社会责任。

为了丰富职工的文化生活,厂工会加大活动阵地建设,先后投入近千万元修建了室内体育馆、室外篮球、网球和足球场,为一线集气站配备卡拉OK音响、篮球架、室内及户外健身器材6430套(台),举办体育比赛三百多场次,举办各类作品展15次,厂文艺小分队慰问演出一百余场次,有效发挥了群众文化的辐射效应。为做好工会工作发挥了重要作用。

沙角A电厂庆祝建国六十周年文艺晚会

普天同庆 欢歌沙A

围绕厂中心工作 促进企业和谐发展

沙角 A 电厂工会

和谐、奋进的厂领导班子

　　沙角 A 电厂在生产经营持续、健康、快速发展的同时，坚持以人为本，重视工会建设，严格按规定职数配备工会干部，大力支持工会工作。厂务公开制度化、规范化、程序化，建立了专门管理系统，厂重大事项、重大经营管理决策、重要人事任免、涉及职工利益的重大事项、重要物资采购、重大工程项目招投标、党建工作、党风廉政建设等内容，都以规定范围、规定形式进行公开。每年 3 月召开职代会，定期组织职工代表座谈会、女职工座谈会、离退人员座谈会等，将

广东省工业工会领导到沙角A电厂为工人先锋号班组授牌

2010年厂长饶苏波荣获省五一劳动奖章，沙A荣获东莞市先进集体荣誉

工会领导看望老职工

工会组织开展推优树典活动，并在职代会上表彰

职工代表大会

劳动竞赛总结暨启动大会

厂的热点、职工关注的焦点问题，进行深入的沟通交流，就职工切身利益有关事项听取职工意见。合理化建议管理系统的建设及日常管理规范有序，实现无纸化、日常化、公开化管理，每年收集合理化建议一千多条，定期组织评选年度优秀建议。民主管理多种渠道共建，有效提高企业民主管理水平。深入贯彻实施《全民健身计划纲要》，把职工体育作为保护、爱护生产力，提升企业凝聚力，增强职工荣誉感，推进企业文化建设，共享企业发展成果的大事来抓，被确定为"全国职工体育示范单位"，多次被国家体育总局授予全民健身活动先进单位。2006-2010年，连年被广东省体育局授予"广东省群众体育先进单位"荣誉称号。

沙角A电厂坚持重大节日慰问制度和"六必访"制度，常年开展"职工有困难找工会"活动，建立了重点帮扶动态档案，多年来办理职工生活困难补助三百多人次；设立的"职工解困基金会"共救济特殊困难职工近百人次。制订了《沙角A电厂女职工权益保护专项协议》，作为《沙角A电厂集体合同》的补充附件进行了签约，使女职工权益保护内容更详细、更具体，执行和落实更有力，保护更到位。切实做好离退休工作，真心实意为离退休人员办实事、解难事，使其老有所养、老有所乐、老有所为，安度晚年。

积极开展劳动竞赛工作，坚持每年初组织厂及部门年度竞赛活动策划，每年评价组织实施厂级竞赛项目近二十项，部门级竞赛项目四十多项，以赛促培、以赛促能，提高职工技能，促进节能减排。班组竞赛活动持续深入开展。2008年以来，组织查评班组超过400班次，沙A推荐班组连续四年获得集团公司优秀班组荣誉。推荐班组先后获得全国工人先锋号、省工人先锋号等荣誉。

沙A工会是一个团结的团队，多年来，积极领会上级工会精神，围绕厂的中心工作，团结广大职工，取得了许多优异成绩。多年来一直被评为东莞市工会工作先进单位、计生先进单位、妇女工作先进单位等，除文中所述荣誉之外，还先后获得：全国工会职工书屋示范点达标单位、全国"安康杯"竞赛优胜企业、全国工会系统"五五"普法先进单位等荣誉。

职工代表座谈会

沙角A电厂纪念"三八"妇女节100周年茶话会

职工技能竞赛

安健环知识竞赛

健美操大赛

职工大众体育活动

青松集团集体合同签约仪式

心系员工在一线 千方百计办实事

——青松集团工会围绕"五个面向一线"推动工会工作迈出新步伐

近年来，青松集团工会深入开展"服务基层活动"，自觉服从服务于企业全局和中心工作，围绕完善维权，提高服务，强化教育方面做了大量的工作，使工会的吸引力和凝聚力不断增强，工会工作迈出了新步伐。

一、依法维权源头参与，劳资和谐面向一线。

职代会规范召开。公司今年已召开了四次职代会，职工代表参与审议、审查了集团公司的生产经营、大宗物资采购、业务招待费使用、职工福利费使用、职工培训等重大内容，审议通过了《企业年金实施方案》、《有薪假期管理办法》、《薪酬管理办法》等四个与职工利益密切相关的管理制度，进一步完善了公司的规范化管理。

强化《集体合同》源头维护。集团公司工会与行政签订了第四轮《集体合同》、《员工工资收入集体协议书》、《女员工权益专项保护集体协议书》，抽调 8 名职工代表，对本部 10 个生产单位、152 个岗位《集体合同》履行情况进行检查，接待职工来访 52 次。协同安全生产部进行安全检查 22 次，共查出安全隐患 27 个，指出后改正的 23 个，发出《整改通知书》8 份，从而保证了企业安全、文明生产的大好形势。

二、服务中心把握大局，争先创优面向一线。

劳动竞赛深入扎实。工会积极与人力资源、生产安全、技术研发、企管等部门配合，狠抓落实、节能降耗、QC 成果发布、质量标兵、百日安全无事故、货款回收、节能减排、工人先锋号等项劳动竞赛。2012 年，全员劳动竞赛参与人数达两千余人次，奖励费用三百多万元。

合理化建议有条不紊。截至目前，集团公司有六百余人参与技术改造和技术创新活动，提出合理化建议三百余条，实施率 67.4%，产生经济效益三百多万元。

大力推进工会系统"创先争优"活动。集团公司工会先后被评为全国全民健身活动先进单位、兵团劳动竞赛优秀组织单位、兵团关爱员工好企业、师市先进工会、先进女职工委员会。水泥厂电力车间，巴州青松辅助车间荣获师市"工人先锋号"；水泥厂化验室、

全国总工会职工书屋揭牌仪式

工会女工主任指导基层工作

工会主席张狩奖为青松建化集团庆"三八"徒步活动授旗

磷肥厂化验室荣获师市"三八红旗集体",被全总授予"全国职工教育优秀示范点"等多项荣誉称号。

召开集团公司先进集体、个人表彰会。组织召开了"2011年青松集团先进集体、先进个人表彰大会"。会上有16个先进集体、39个先进小组、311个先进个人和28个和谐小康家庭受到表彰。

三、立足实际突出重点,岗位练兵面向一线

技术比武常抓不懈。集团公司坚持25年不间断举办职工技术比赛,开展了包括化验员、烧窑工、磨机工、汽车修理工、架线工、业务员等工种586名职工参加的296项类别的比赛,共奖励资金近三万元。

员工培训全面覆盖。集团公司利用多种形式实施全员培训。一是拓宽送出去、请进来培训的途径,借助兵师各级职业培训的外力和聘请专业教师讲座,重点培养技术精英;二是拓宽员工岗位自学成才的途径,激励员工参加各类自考、函授大专班、减轻员工的求学负担,增强员工的求学热情。截至目前共举办培训班48期,培训6701人次,公费外培376人。鉴定初级工、中级工、高级工、技师214人;近年来,他们连续不间断地在员工开展读二本好书活动,选送一批高、中层管理人员到中国人民大学进修MBA课程;公司员工朱丽君被评为全国知识型先进个人,集团公司水泥厂化验室分析组被评为全国学习型标兵班组。

四、强化措施彰显靓点,企业文化建设面向一线

近五年,集团公司投入费用358万元,举办各类文体活动,连续二十年不间断举办篮球、排球、桥牌邀请赛、职工田径运动会等。公司鸽协、摩协、钓协、乒乓球协会、摄影协会成为阿克苏地区文化活动的一面旗帜。

企业文化活动蓬勃展开。公司开展《我对企业说句话》、《我对同事说句话》、《我对自己说句话》活动,精选三千余条,汇编成《职工名言录》。编印《青松建化企业文化手册》,形成每周一晨诵的企业文化制度,

以此营造和谐发展的共同价值观。

文体活动寓教于乐。2012年,参加师市工会组织的第九套广播体操再次夺冠;参加新疆上市公司职工迎春汇演深受赞誉。集团公司工会举办了影响面大受员工喜爱的庆"三八"百名女员工徒步活动和户外联谊活动;庆五一千人第九套广播体操比赛;庆公司上市九周年"歌唱祖国奋进青松"员工小合唱比赛和"我自豪我是青松人"企业文化故事会;还开展廉政漫画展、组织中层领导干部家属去三五九旅纪念馆进行党风廉政建设警示教育、召开家庭助廉座谈会和女工干部交叉上计生知识课活动等。

书屋建设有序推进。2011年,兵团、师、集团公司三级工会出资近35万元,为集团公司本部职工阅览室增购书籍6715册。近两年投资11万元,为巴州青松绿原、和田青松、库车青松、克州青松、阿拉尔化工、新型干法水泥分公司等6个驻外分(子)公司建立"职工书屋",共赠送书籍五千余册。集团公司工会结合公司的"企业文化推进年"的主题,重新制定了《图书阅览室管理制度》和《图书管理员制度》,加强了图书阅览的管理。前不久,全国农业工会为青松公司"职工书屋",赠送了价值2万元的书籍。目前青松图书馆藏书总量达28391册。

五、心系员工实施"八送",惠民政策面向一线

青松集团在企业取得良好效益的同时,让员工充分共享企业发展再融资带来的收益。2011年,青松建化职均收入达到49000元,较上年增长19.2%,是改制之初的4.5倍。近三年职均收入平均增幅达到21.2%,2015年职均收入将突破70000元。

公司率先在一师范围内将职工住房公积金缴存比例提高至国家规定的最高限12%。率先在公司范围内建立了企业年金制度,按工资总额的5%计提补充养老保险。

"送温暖、送服务、送岗位"。2012年,春节

期间为58户贫困职工家庭每户补助九百多元的慰问金和粮油。近期,集团公司工会先后10次去农一师医院看望慰问了住院职工,特别为2名癌症患者送去8000元医疗救治费,所在单位积极组织员工为其捐款3280元;为2户特难职工临时补助6000元;回访慰问4户困难职工;为全公司1450名女员工每人统一发放了400元过节费;为9名贫困大学生实施金秋助学款计20000元。先后出资近4000元妥善安排两名流浪弃女的衣食住行和就学。

"送文化、送清凉"。工会每年均组织两批职工赴内地观光、疗养。远赴千里慰问库尔勒、库车、克州、和田、阿拉尔等驻外分(子)公司的1121名员工,购置价值近16万多元文体器材、防暑降温饮料及书籍。中秋节为在职职工及退休员工购置月饼;为生产车间配备了冷藏柜、微波炉,设置夏季防暑小药箱,购置大锅和绿豆给一线员工熬绿豆汤。

"送保障、送健康、送培训"。集团公司出资14.33万元为1436名女职工办理了"中华团体女性安康保险"。当年有3名女职工患有重大妇科疾病的女员工得到了6万元的理赔款。组织1258名女员工进行了检查,举办了健康知识讲座。

工会主席张狩奖慰问一线员工

一轻集团党委书记董事长和党委常委工会主席在四合力班组长培训开班仪式上向有关单位赠送班组学习资料

一轻集团工会创新工作表彰会议

培育知识型班组
构建四合力团队
——天津市一轻集团（控股）有限公司工会

天津一轻集团公司工会在构建和谐企业建设中，坚持以人为本，重视员工心理帮助与人文关怀建设，创新素质工程工作载体，强化企业"细胞"建设，实行EAP管理模式，在100个企业、1000个班组中广泛开展"党政工团四合力关爱职工、建设和谐活力班组"活动，深化"同心铸和谐、真情送关爱"一轻主题建设实践，

党委常委工会主席庞忠生来到全国工人先锋号集体——海鸥表业集团技术中心座谈创学习型组织建四合力团队工作

夯实"十送"工作平台，打造"幸福工厂""幸福家园"，职工温馨小家。

创建"四关"氛围，形成"四帮"机制。

"党政工团四合力班组"以行政班组长为中心，党小组、工会小组、团小组长密切配合，在企业基层营造"四关"（关心、关注、关怀、关爱）和谐氛围，形成"四帮"（帮思想、帮解困、帮就业、帮家庭）工作机制，做到生产有人抓、业务有人管、思想有人做、困难有人帮。

聚合"四力"效应，打造高效班组

以EAP管理模式提高班组的凝聚力。

EAP员工心理帮助计划，是维护职工心理健康，解决员工心理问题，改善职工内外部关系，提升企业绩效的有效手段。一是请心理咨询专家培训、引导员工明确工作的价值；二是发挥党、政、工、团小组长的热情和智慧，通过尊重、理解、帮助员工，增强班组活力。三是培养43名工会干部、班组长取得国家颁发的心理咨询师职业资格证书，开展心理咨询、编写《党政工团四合力关爱职工建设和谐活力班组读本》，举办"四合力班组长骨干培训示范班"等活动，从而完善了班务公开、班组生活会等管理手段，使心理沟通更加畅通、亲和。

以先进理念提高班组的学习力。

一是在全系统创建30个劳模创新工作室，为劳模搭建发挥工作平台。通过老带新、师帮徒、一帮一活动，传承劳模精神，培育劳模员工，凝聚劳模智慧；二是发

一轻集团公司党委常委工会主席庞忠生来到重点项目现场天津渤元精细化工有限公司调研指导五比一创劳动竞赛和四合力班组创建工作

四合力示范班组：天塑科技集团第二塑料场维修班组工作现场

四合力示范班组：天津蓝天集团职工开展职业道德演讲活动

四合力示范班组天津可口可乐饮料公司石家庄大区团队在进行拓展训练

天津一轻集团党委常委工会主席庞忠生领取集团工会获得的天津市五一劳动奖状

兵，全年各类培训已达五千多人次。

以精益管理提高班组的管控力。

一是扩大班组管控职责，完善班组激励机制；二是加强班组基础管理，建立健全以岗位责任制为主要内容的生产、质量、设备、成本、安全、环保、职业健康、职业行为养成等标准化管理制度；三是深化 IE+IT、5S 等现代化管理手段，实现班组绩效最大化。

以党政工团整体优势提高班组创造力。

一是发挥党政工团共建优势，开展对标追标、降本增效"五比一创"劳动竞赛活动，目前已有全国"工人先锋号"1家，市级5家，一轻集团命名40家；二是建立了职工发明家、先进操作法及创新成果培养推动机制，以及"十大金牌工人"、100名"岗位标兵"、

100个"四合力示范班组"培育选拔机制；三是开展"安康杯"竞赛活动，打造安全班组文化，一轻工会获得全国安康杯竞赛优胜单位称号，一个企业，四个班组获天津市级先进嘉奖。

打造"六型"班组，创新班组文化。

六型班组"即"学习型、技能型、创新型、质量型、精益型、和谐型"班组，四合力六型班组是一轻工会创新班组文化、提升企业核心价值观、打造同心文化的实践成果。

培育知识型班组，构建四合力团队，塑造班组特色文化是一轻近年来工会建设职工文化、企业文化的重要抓手，为全面提升职工学习力、凝聚力、创新力和执行力，促进员工与企业的共同成长，发挥重要的作用。

挥职工就业再就业基地、实训基地和7个市级实训基地作用，利用职工书屋示范点作用，夯实素质工程平台；三是着眼"十二五"大项目、好项目，结合新材料、新技术、新工艺、新设备制定培训计划，广泛开展岗位练

公司党委常委工会主席庞忠生到海鸥集团马广礼劳模创新工作室座谈弘扬劳模精神

2012年7月19日上午，时任全国总工会副主席王玉普一行领导莅临沈飞公司指导工作，肯定了沈飞工会所取得的工作成绩。

前进中的
中航工业沈飞工会

　　中航工业沈飞隶属中航工业集团公司，是以航空产品制造为核心，集科研、生产、试验、试飞为一体的大型现代化航空工业企业。自1951年创建以来，几代沈飞人薪火相传，不懈奋斗，创造了中国航空史上一个又一个第一，为我国航空武器装备的发展做出了重大贡献，被誉为"中国歼击机的摇篮"。

　　多年来，沈飞工会全面履行四项职责，致力于构建和谐劳动关系，在"两个维护"的工作中取得了显著的成绩。加强职工文化建设，以沈飞职工文联体协为依托，实现了职工文体活动的丰富多彩。切实地加强工会自身建设，努力做好新时期工会的各方面工作。沈飞公司工会保持了"全国模范职工之家"的荣誉称号，并先后荣获"全国五一劳动奖状"、"全国'创争'活动示范单位"、"全国学习型组织标兵单位"、"全国'安康杯'竞赛优胜单位"、"全国群众体育工作先进单位"等荣誉称号。

推进民主管理工作是公司工会的工作重心。以职工代表大会为平台，构建民主管理体系；积极开展平等协商，以《集体合同》签订工作，促进了企业劳动关系的和谐。公司荣获了全国及辽宁省模范劳动关系和谐企业。

时任全国总工会副主席王玉普与中航工业沈飞集团（有限）公司方文墨（全国五一劳动奖章获得者）合影

随着国家航空武器装备科研生产任务增加，中航工业沈飞进一步加大了职工素质工程建设力度，不仅将技能人才培训教育写进企业的《集体合同》，予以法律保障，而且，采取"树"、"塑"并举的方法，加速了技能人才的培养，打造出一支以方文墨、王刚、孙飞等为代表的技术人才队伍。

每年的沈飞职工春节联欢晚会成为企业的一大亮点，沈飞职工文联下设的音协、舞协、文学协会、美术书法协会等6个协会坚持常年开展群众性的文艺活动，营造了良好的职工文化氛围，受到了沈飞职工的欢迎。

中航工业沈飞成功举办了公司第三十六届职工运动会。多年来，沈飞集团公司工会注重发挥公司体协11个支会的作用，实现了职工体育工作与活动"自组织、自管理、自服务"，使公司的职工体育活动充满生机与活力。

公司工会以"创争"活动为载体，积极开展"六型"星级班组建设活动。常年开展主题教育活动有效提升了员工素质，促进了公司科研生产和改革发展。公司荣获全国"创争"活动标兵单位。

公司工会大力实施"树模工程"，注重发挥先进集体、人物的榜样作用，采用多元化劳模评选机制，劳模队伍实现了工人、技术、管理与干部四种人员结构的平衡，并将"树模工程"与岗位成才密切结合，实现了劳模选树和人才培育双丰收。

把做好温暖工程的工作作为首要大事来抓，公司成立了中航工业沈飞困难职工帮扶救助基金会救助困难职工，开展了"金秋助学"、社区为民服务等活动，为稳定社会、服务企业和职工做出了积极的贡献。

建设幸福和谐企业 促进公司快速发展
——康佳集团股份有限公司工会委员会

康佳集团是我国第一家中外合资电子企业。经过近三十年的发展，康佳集团已成长为以数字多媒体、移动通信、白色家电、数字网络、生活电器和商业视讯等为主导的多元化大型家电信息企业，市场遍布世界八十多个国家和地区，总资产达一百多亿元，年销售收入超过 170 亿元，被列为国家 300 家重点企业及广东省、深圳市重点扶持发展的大型企业集团。

康佳工会在集团党委的领导下，始终坚持依法维护职工权益，职工劳动合同签订率达 100%，不断完善职工关爱帮扶机制，已帮扶救助重病和特困职工 42 人，发放救助帮扶基金 54.5 万元，为符合条件的女职工 3120 人次办理了安康互助重大疾病保险。公司工会大力推进企业文化建设，做到工作有布置、活动有安排、经费有保障、效果有检查。近五年，工会投入四百多万元组织职工 1.6 万人次参加各类文体和社会竞赛活动，积极营造昂扬向上的企业文化氛围，培养职工团结拼搏、勇攀高峰的团队精神。

工会在关心职工、维护职工权益的同时，狠抓职工素质的提升。近年来，工会协办了"百万农民工岗位比武大赛"、"手机维修技能大比武"等技术技能比赛活动，形成了岗位练兵学技术、发明创造比成果的良好风气，共有 546 名职工通过培训获得技术职称证书，其中 171 人获得中级技工，136 人获得高级技工，24 人晋升技师职称，215 人取得移动电话维修业资格，企业职工素质结构得到明显优化。近五年，职工申请专利 1930 项，其中有四项荣获"彩电行业重点专利"称号，专利申请总量每年同比增长 30% 以上，专利产品产值占总产值 70% 以上。集团公司先后荣获深圳市首届"最具爱心企业"、"百家和谐劳动关系先进企业"、广东省"百家和谐劳动关系先进企业"、全国"创建和谐劳动关系模范企业"、"全国学习型先进组织"等称号。

康佳职工手机技能大比武获奖人员

康佳专利发明表彰大会

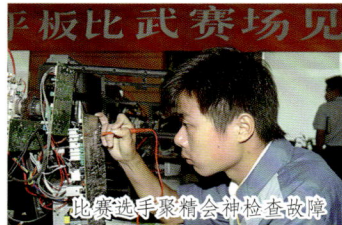

比赛选手聚精会神检查故障

康佳职工的运动会闭幕合影

上海电气（集团）总公司党委副书记、总裁黄迪南与上海市机电工会主席朱斌签订《2012年工资集体协议书》

朱斌主席与基层工会干部共商工会重点工作

2012年以来，上海市机电工会全面开展"面对面、心贴心、实打实服务职工在基层"活动，建机制、创载体、搭平台、做实事、架桥梁，增强了工会组织的活力。机电工会以解放思想、转变观念为先导，以进一步推进再次创业为主题，认清形势，服务集团，服务企业，服务职工，推动工会工作迈上一个新台阶。在工作中，着力改变不适应新形势发展的陈旧观念，把事情想明白，站高一步，看远一步，想深一步，先走一步，用创新的思路去推进工会工作；紧紧围绕企业的经济工作中心，正确引导职工参与经济发展和企业管理，充分发挥职工群众的积极性和创造性；全方位关心职工，切实把表达和维护职工利益作为一切工作的出发点和落脚点，主动依法科学维护职工合法权益。

在推动工作上，突出主线——以爱岗敬业的职业道德教育职工，以改革创新的工作思路组织职工，以深入基层的工作作风关心职工，把工会组织的基本职能落实到位，努力搭建和完善深化学习李斌的示范平台、鼓励钻研技能的晋升平台、体现民主管理的参与平台、竭力排忧解难的服务平台、丰富职工文化的展示平台、提高工会干部素质的培训平台，进一步推进和谐劳动关系建设，团结带领广大职工为上海电气的发展作出新的贡献。

上海机电工会

服务面对面 真情心贴心 工作实打实

朱斌和上海阿尔斯通宝山变压器有限公司外方总经理哈坎向生产班组授劳动竞赛赛旗

朱斌主席在上海汽轮机厂有限公司参观职工科技成果

国电开远发电有限公司召开职工代表大会（钱林华摄）

履行工会职能 实现企业自我超越

——记"全国模范职工之家"国电开远发电有限公司

组织职工代表巡视检查活动（季晓育摄）

国电开远发电有限公司（国电小龙潭发电厂）现总装机容量为600MW（2×300MW），员工四千三百多人。原6×100MW机组是云南省"七·五"期间能源建设重点项目，1992年六台机组全部建成投产，2008年7月17日按照国家相关产业政策一次性全部关停。2006年、2007年2×300MW机组相继投产发电，一直承担着云南经济社会发展用电和"云电送粤"的主力任务，为社会经济发展作出了积极贡献。

六台10万千瓦机组关停后，一千七百多名员工失去岗位，面对困难和挑战，公司领导率先垂范、基层干部带头践行、先进人物榜样示范，通过各种方式进行宣传，广大干部员工迅速摒弃了"等、靠、要"的思想，努力实践"生存与发展"工作主题，实施"走出去"战略目标，实现了企业的自我超越；公司工会积极应对机组关停带来的严峻挑战，紧紧围绕企业"生存与发展"

举办先进人物事迹报告会（季晓育摄）

开展星光杯篮球比赛（季晓育摄）

选举工会委员会和经费审查委员会委员（钱林华摄）

召开民主管理恳谈会（钱林华摄）

事业，认真履行工会四项职能，在不断推进企业民主管理、民主监督、民主参与，广泛开展群众性劳动竞赛，努力培育"四有"职工队伍，加强工会自身建设等方面做了大量的工作，为公司年度目标任务的实现做出了工会组织应有的贡献。

2009年，公司完成发电量34.9亿千瓦时，设备平均利用小时比云南电网统调火电机组平均利用小时高516小时，位列云南电网统调火力发电机组第一；2010年，完成发电量36.96亿千瓦时，设备平均利用小时比云南电网统调火电机组平均高1295小时，列云南电网统调火电机组第一；2011年，完成发电量40.23亿千瓦时，设备平均利用小时比云南电网统调火电机组平均高1972.61小时，在比第一名的电厂少开机15.5天的情况下，设备利用小时仅低3.19小时，创造了又一个发电奇迹；连续刷新发电记录，年年超额完成利润指标；安全生产、员工队伍日趋稳定。

近年来，公司相继荣获了"全国文明单位"、"中国品牌文化建设杰出贡献单位"、"全国精神文明建设工作先进单位"、"全国电力系统厂务公开先进单位"、"全国学习型组织建设先进单位"、"国电集团公司先进基层党组织"、"国电集团公司精神文明建设优秀奖"、"国电集团公司、国电云南公司四好领导班子"、"国电云南公司2011年度目标责任制考核先进单位"、"国电集团公司、国电云南公司优秀工会"、"云南省文明单位"、"云南省电力生产和经济发展突出贡献企业"、"云南省安康杯竞赛优胜企业"、"云南省、红河州、开远市劳动关系和谐企业"、"红河州十强企业"、"开远市先进企业"、"2008-2010年云南省工会'职工书屋'三年建设优秀示范点"、"开远市扶残助残先进单位"等多项荣誉，保持了"全国模范职工之家"荣誉称号。

走出去闯市场——检修大唐电厂机组（肖琨伟摄）

职工代表在井下进行安全巡视

九龙矿工会每年举办16个工种技术比武活动

九龙矿工会坚持职代会制度

围绕中心 服务发展
展示作为 打造品牌
——冀中能源峰峰集团九龙矿工会建家纪实

　　冀中能源峰峰集团九龙矿位于河北省邯郸市西南部，在中国磁州窑之乡磁县行政区内，1991年4月建成投产，是一个现代化煤炭企业，现有职工4198人，基层工会23个。九龙矿工会坚持围绕中心，服务大局，发挥优势，展示作为。2003年荣获河北省"模范职工之家"称号，2005年荣获"全国模范职工之家"称号。

　　九龙矿工会建立健全职代会制度，推行《集体合同》、'1+X'模式，实施了"'五到现场'矿务区

科务公开考核办法"，创新建立了《处理劳动争议九步工作程序》、《首席职工代表制度》、《经济状况发布会制度》、《矿长、工会主席联络员制度》等系列制度，畅通"五大"民意反馈渠道，有效推动了企业和谐发展。

　　九龙矿工会坚持围绕中心建家强企。大力开展"安康杯"竞赛活动，实施群监岗网联动工会主席井口轮值制度、工会主席零点行动、抓"三率"强化网员职责，

组织女工家属井口服务送温暖周周不断线。大力开展多种形式的劳动竞赛，为企业年年超额完成任务和实现安全生产发挥了"助推器"作用。

　　九龙矿工会大力实施送温暖工程，强化节日慰问、每季救济、金秋助学、大病救助机制，成立扶贫帮困贴心人服务队服务棚户区改造，构筑十道救助防线，为困难职工撑起一片蓝天，为企业实现井上稳定做出了积极贡献。

扶贫帮困志愿者服务队到困难职工家庭慰问服务

九龙矿工会每月举办以"六送"为主题的集体生日

女工家属协管到井口送汤送水服务周周不断线

九龙矿工会参加集团公司大合唱多次获得荣誉

以"科学发展观"为目标，把创建"职工之家"工作作为工会工作重点。按照"组织起来，切实维权"的方针，把建设"职工之家"活动做到实处，为企业的"三个文明"建设作出积极的贡献。

广西桂林骏达运输有限公司工会建家纪实

建立健全工会工作制度

加强工会组织建设和企业文化建设，把建设"职工之家"放在首位，建立和完善与当今市场经济相适应的各种维权机制和制度，包括职代会和厂务公开制度、平等协商和集体合同制度、劳动争议调解制度等。工会在涉及企业重大问题和员工的切身利益上，突出维护、源头参与，履行好基本职责。在"建家"活动中，我们建立了企业文化荣誉室，组织企业职工参观学习，了解企业的改革与发展，争当先进。工会为"职工之家"配备了各种书籍和报刊，积极组织职工开展各种文体活动，丰富职工的体育生活，增强了企业的凝聚力，使职工们感受到"职工之家"大家庭的温暖。

以效益为中心，开创"职工之家"新亮点

公司工会充分认识创建"职工之家"的目的，深入开展"安康杯"和"春运杯"竞赛活动，积极组织开展"安全行驶、优质服务"劳动竞赛，和"星级服务员"及"优秀驾驶员"的评比等竞赛活动。

"职工之家"的创建活动贵在坚持

几年来，开展"职工之家"创建活动，我们始终坚持"认真"二字。近年来，一是加强职工素质培训，以班组建设为基地，把提高职工业务素质落实到每个班组，对公司职工进行分批培训，使职工掌握业务技能，爱岗敬业。近年来，公司评选推荐劳动模范和市级劳模、区级和部级劳动模范3人；公司级先进职工30人。二是以职工图书室为阵地，使开展读书活动深入人心，组织职工认真学习，争当知识型职工。去年，组织职工在公司内开展了"知识改变命运、读书精彩人生"为主题的演讲比赛，选拔出优秀职工参加桂林市演讲比赛，并荣获二等奖。三是以活跃职工文体活动为中心，积极开展职工喜闻乐见的健康向上的文体活动。近年来，我们组建了骏达爱乐乐团，参加了公司、市级组织的群众性演出，并参加桂林市百姓大舞台专场演出，公司工会组织开展职工汽排球、羽毛球、乒乓球等各种比赛。在参加象山区企业工委组织的建党90周年汽排球比赛中荣获第一名。四是组织职工外出学习考察，陶冶职工情操，增强职工爱国热情。

实践证明，"职工之家"的创建活动，首先是领导重视，同时，要紧密围绕企业经济发展，加强职工的思想教育，积极开展社会主义劳动竞赛和职工文化娱乐活动，"职工之家"建设才富有生命力。

公司党委书记、董事长张平同志荣获"自治区劳动模范"光荣称号

公司优秀驾驶员赵湘同志荣获"全国五一劳动奖章"

公司工会气排球队参加象山区企业工委庆祝建党九十周年气排球比赛，荣获第一名

桂林骏达交响乐团2008年9月正式成立，2009年8月，桂林百姓大舞台——"骏达仲夏之夜"在市春天剧场上演，骏达交响乐团的精彩演奏及公司员工大合唱骏达之歌——《我们是交通战线上的一匹骏马》获得了市领导和广大观众的一致赞誉。

学雷锋献爱心活动　金华电业局局长向局长联络员发聘书　2011年9月9日为金华电业局劳模双传讲堂揭牌　全省电力系统首创职工劳动安全卫生专项集体合同　2011年12月6日召开竞争性选举省公司职工代表活动　安全文化宣传巡演

打造"四型工会"
全面履行工会职能

——记"全国模范职工之家"浙江省金华电业局工会

　　多年来，金华电业局工会着力打造"四型工会"（有为工会、满意工会、活力工会、效能工会），全面履行工会职能，充分发挥工会作用，大力发展和谐劳动关系，促进了企业与职工共同发展。局党政部门和职工对工会工作的满意率达99.7%。先后荣获全国五一劳动奖状、全国模范职工之家、国家电网公司工会工作先进单位、全国群众体育工作先进单位、全国"安康杯"竞赛活动优秀企业等荣誉。先后荣获华东电力系统先进职工之家、华东电网公司先进职工之家、浙江省"安康杯"示范单位和优胜企业、浙江省"十一五"劳动竞赛先进集体、浙江省女职工工作先进集体、浙江省抗震救灾先进工会、浙江省慈善机构、浙江省厂务公开民主管理工作先进单位、浙江省电力公司标杆工会、金华市劳动关系和谐企业等荣誉。

　　"维权维稳行动"效果良好。落实《国家电网公司民主管理纲要》，发挥好厂务公开民主管理工作在促进党风廉政建设、领导干部队伍建设、职工民主监督制度建设等方面的积极作用，全面落实职代会制度，形成广开言路、广纳良策、广聚人心的民主、和谐、奋进的企业氛围。推行职代会四项新制度，开展职工代表竞争性选举活动4次，产生省公司职工代表2名，局职工代表3名。职工代表履职尽责，提交提案27件，立案27件，办结率100%；对18家基层单位进行巡视检查。召开12次职代会代表团组长联席会议，凡涉及职工切身利益问题均提交职代会或联席会议审议。抓好集体合同、女职工专项集体合同、职工劳动安全卫生专项集体合同的履行。聘任第三轮33名局长联络员，处理各类意见、建议45条。开展"创建劳动关系和谐企业"活动，顺利完成劳务派遣员工工会组织关系委托代管工作。出台《关于加强班组民主管理的实施意见》，明确班组民主管理"四个制度、多种活动"的具体内容，基层民主得到加强。做好厂务公开，局

公开栏公开内容257次，局厂务公开知情率99%、满意率98.8%。

　　"职工创新行动"成效显著。深入推进党工共建创先争优活动，大力开展"劳模先进创新工作室"创建活动，制定管理办法和考核办法，实现了劳模创新工作室管理的规范化、科学化。命名局级工作室27个，发展团队成员365人，完成创新课题项目56个，形成国家专利等创新成果25项。郑晓东、单卫东劳模创新工作室被命名为省公司劳模创新课题组，郑晓东劳模创新工作室被授为浙江省首批高技能人才创新工作室。局长在"浙江省高技能人才创新工作室创建工作推进会"上做典型发言。

　　"素质提升行动"成绩突出。创新"三位一体"综合竞赛机制，制定"三位一体"综合竞赛管理办法和各专业"岗位建功"评价标准，建立完善员工岗位成才激励机制，开展57项全局性劳动竞赛和技术比武。在省公司组织的7项"三位一体"综合竞赛中，获得团体五金三银、五项个人第一的优异成绩。建设技能闯关游戏竞赛系统，聚焦"自学为主"的理念、聚焦"寓学于乐"的载体、聚焦技能培训的平台，积极探索益智型技能闯关游戏上网练习形式，开展职业技能闯关竞赛，实施职工技术技能登高行动，努力培养一支知识型技能型的高素质员工队伍。2011年，我局220人入选省公司人才库，37人入选省公司人才发展"四个通道"、数量列地市局第一，全局人才当量密度达到了1.0535。

　　"岗位建功行动"成果丰硕。出台《先进典型工作管理办法》，从先进典型的发掘、推荐、宣传、表彰、激励、管理等方面进行规范。制定《"工人先锋岗"评选管理办法》，选树岗位典型，引导职工立足本职争先锋。在劳模精神、岗位标杆的示范引领下，各类先进典型不断涌现，局共获得省（市）级先进集体38个、

先进个人182人。

　　"困难帮扶行动"作用明显。创建以服务企业内部员工和离退休职工为主的"春暖"志愿者服务队，弘扬互助互爱精神。制定管理办法，举行启动仪式，下发便民卡，实现规范化运作。服务员工（含离退休工）一千八百多人次，得到了广大员工的好评。做好市九峰移民小学暨职工爱心基地工作，受到社会赞誉。

　　"职工文化行动"特色彰显。制定下发《关于进一步加强职工文化建设的指导意见》，以职工文化"八创"为载体，在推进统一的优秀企业文化上创先争优。创建职工文化活动基地，创作一批安全文化作品，组织职工书画摄影篆刻作品征集活动，举办"爱祖国爱企业"职工大合唱比赛、"安全比天大"专题文艺会演、职工篮球比赛、职工子女才艺比赛等十余项全局性活动，组织10场电力艺术团一线慰问演出，深受广大职工喜爱。创建职工文体"1+1"活动（一项体育活动＋一项文学艺术活动）模式，全局共成立职工文体协会和兴趣小组137个，开展各类活动一百余项，参加人员八千余人次，陶冶了职工情操，营造了更为浓厚的"创共同事业、建共同家园"的和谐氛围。

　　荣获"全国模范职工之家"称号。大力开展"职工之家"和"职工小家"创建活动，进一步规范和完善建家考评管理办法，实行常态和动态考核管理，持续推进建家活动标准化建设，取得优异成绩。

　　实现工会工作标准化、规范化、信息化。利用先进的信息技术手段，构建"一套管理系统＋一个工会网站"的"1+1"模式，开发以先进管理制度、管理方法为先导的工会标准化管理系统和集网络宣传、信息互动交流为一体的工会门户网站，走出了打造智能工会的新路子，工会管控力和执行力得到明显增强。实践成果在《中国工运》、《工人日报》、《国家电网报》等媒体刊发，得到了系统内外同行的关注和肯定。

2011年4月22日，时任中华全国总工会副主席、书记处第一书记王玉普莅临新光考察，全国"三八"红旗手标兵、新光集团董事长周晓光女士向王玉普介绍集团发展情况。

非公企业工会工作的一面旗帜

——记全国优秀工会工作者，新光控股集团党委书记、工会主席黄昌文

新光控股集团始建于1995年，是一家以饰品实业为主，集房地产、投资、商贸、生态农业等多元业务于一体的大型民营企业集团，是浙商群体中迅速崛起、令人瞩目的一支新锐力量。

黄昌文同志现任新光控股集团党委书记、工会主席，新光控股集团企业文化建设推进委员会主任，系中共义乌市第十二次党代会代表、金华市工会第五次代表大会代表、浙江省思想政治工作研究会理事。公司于1996年成立工会组织，是义乌市非公企业首批成立工会组织的试点单位之一。黄昌文同志自2000年任公司工会主席以来，紧跟新时期党对非公企业工会工作的时代步伐，积极探索、实践工会工作新的思路和方法，充分发挥工会维护、教育、民主管理等职能作用，创设载体、搭建平台，有力推动工会各项工作持续发展，为促进企业持续快速发展做出了重要贡献。

黄昌文同志带领职工以围绕"攻坚克难转型升级"和"构建劳动关系和谐企业"为中心，深入组织开展"争当主人翁、建功'十二五'、和谐促发展"社会主义劳动竞赛和"千万职工大行动、转型升级立新功"主题活动。近五年来，全集团共组织开展岗位练兵、技能比武、劳动竞赛等492场次；征集到合理化建议5071条，创经济效益两千一百五十余万元，其中"多元重金属废水综合处理技术开发"项目荣获全国职工节能减排优秀合理化建议；科技创新、小改小革162项次，其中获实用新型专利37项、国家发明专利6项、国家火炬计划

新光集团工会主席黄昌文同志被授予全国优秀工会工作者

项目1项、省科学技术进步二等奖1项，有24个项目分别荣获浙江省、金华市、义乌市职工经济技术创新活动优秀成果一、二、三等奖。

深入开展"创建学习型组织，争做知识型职工"活动，不断提高职工综合素质，着力打造"四有"职工队伍。仅2011年，就组织开展各类培训867场（期）次，一千八百七十多课时，培训员工13409人次。

以职工之家建设为主线，结合公司实际，组织开展丰富多彩的文体活动，推进企业文化深耕细植。

大力开展"送温暖"活动，切实关心职工生活，

努力为职工办好事、做实事。如：为重病、罹难或家庭遭遇突发事件的职工开展募捐；为家庭生活特困职工提供经济补助；走访慰问贫、病职工等。

在黄昌文同志的领导下，新光集团的工会工作取得了显著成绩，先后获得"全国模范劳动关系和谐企业"、"全国模范职工之家"、"全国'安康杯'竞赛优胜企业"、"全国厂务公开民主管理先进单位"、"全国职工书屋"等荣誉，成为义乌市乃至全省、全国非公企业工会工作的一面旗帜。由于业绩突出，黄昌文同志也被中华全国总工会授予"全国优秀工会工作者"光荣称号。

用民主管理灌溉和谐之花

——记"全国模范职工之家"冀中能源股份有限公司邢台矿工会

冀中股份领导慰问邢台矿困难职工

邢台矿 2012 年开展慰问困难职工活动

　　冀中能源股份有限公司邢台矿是一座有着四十多年开采历史，年产两百多万吨，集煤炭开采、洗选加工、发电供热为一体的大型现代化企业。邢台矿工会坚持将民主管理融入企业、融入职工、融入矿区，努力维护职工的合法权益，为企业营造和谐稳定的发展环境。邢台矿工会先后被授予全国模范职工之家、全国煤矿系统模范职工之家、全国煤矿系统先进基层工会、河北省 AAA 级劳动关系和谐企业、河北省模范职工之家、河北省优秀星级职代会企业等荣誉称号。

　　完善机制，促进民主管理有效运行。根据多年的工作经验，以"劳动和谐单位"建设为载体，完善了"职工代表大会条例"、"民主评议监督制度"、"矿务公开考核细则"、"矿长接待日制度"、"社区接访日制度"、"工资集体协商制度"等十多项制度，使民主管理工作做到了有法可依、有章可循。

　　履行职责，规范职代会建设。每年召开两次职代会，定期换届选举职工代表，成立职代会委员会，落实职代会对企业改革发展的重大事项和涉及职工切身利益的重要事项决定权和民主评议领导干部等职权。在全矿范围内开展"星级职代会"创建活动，28 个基层单位定期召开职工体表大会和职工大会，让每个职工融入到企业管理之中。

　　公开透明，落实矿（科）务公开。健全矿务公开领导机制，注重公开的规范化和实效性。矿工会坚持做到政策内容定期公开、重要内容及时公开，职工群众关注的焦点、热点问题随时公开。基层车间工会按照八公开要求，将每月开支表、奖金表、困难救济、评优评先、职工疗养等事项向全体职工公布，使职工享有知情权、监督权。

　　创新形式，搭建民主平台。矿工会不断创新民主管理的形式，搭建干群之间沟通交流的平台。每月矿长接待日和社区群众接访日，畅通了干群沟通渠道，拉近了干群关系，职工群众的诉求和建议可直接向矿长和有关部门反映，现场答疑解难，有效化解了矛盾，增强了信任和理解。

（摄影：刘军英、宋世涛）

邢台矿十一届八次职代会暨2011年度双先表彰会

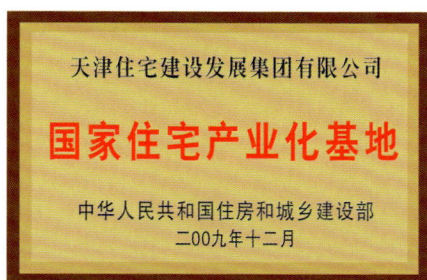

全国五一劳动奖状单位
天津住宅建设发展集团有限公司

　　天津住宅集团是天津市建设系统国有大型骨干企业，是集房地产开发经营、新型建材与住宅部品制造、建筑施工、科技与服务业为一体的大型企业集团。

　　天津住宅集团凭借强大的产业优势，发展势头强劲，经营业绩突出，被评为"中国房地产100强"、"全国建筑业技术创新先进企业"、"天津市百强企业"。多年来，天津住宅集团积极实施住宅产业化战略，重点发展"四大产业板块"，全力推进节能、环保、绿色、低碳型住宅产业，在住宅产业化的道路上迈出了坚实的步伐，被住建部批准为"国家住宅产业化基地"。

　　天津住宅集团以"服务社会，造福百姓"为宗旨，坚持诚信经营、质量第一，开发建设了一大批在天津具有影响力的大型住宅小区、公共建设项目及全市重点工程，荣获百余项国家级和市级"优秀开发项目奖"、"中国楼盘创新奖"、"示范住宅小区奖"、"建筑工程鲁班奖"、"科技进步奖"等荣誉，率先投入社会保障房开发建设，投产了国内规模最大、技术装备最先进的新型节能、环保建材生产和研发基地，在建筑节能方面发挥引领示范作用，为天津的经济社会发展和生态宜居城市建设做出了突出贡献。2012年获"全国五一劳动奖状"。

天津住宅集团参展国际住博会引起轰动

河北省农业产业协会经济作物专业委员会主任王保圣与韩国万禾集团老专家合影

服务三农　永无止境
——记全国农村科普带头人，
河北省农业产业协会高级农艺师王保圣

　　王保圣，是河北省农业产业协会经济作物专业委员会主任，高级工程师、高级农艺师。先后被授予世界优秀发明家勋章、全国发明二十四强、全国农村青年星火带头人、河北省劳动模范等41项荣誉称号。

　　多年来，王保圣勤政务实，争先创优，刻苦敬业，致力科技领域，从事基层农技推广服务工作三十余年，为发展农村经济，推动社会主义新农村建设做出了突出贡献。先后推广农业新技术、新品种百余项，扶持民营企业开发新产品三十余项，承担完成国家、省重点新产品开发任务、科研计划成果二十余项。培育农作物新优品种二十余个。

　　他历时二十多年培育的"彩色花生"七种颜色九个花生新品种，2007年被农业部谷物品质监督检验测试中心测定为高油系列新品种，已在山东、四川、新疆、海南、辽宁等省区花生产区推广应用，成为我国花生品种研发史上的新突破，为推动我国花生品种更新换代奠定了基础。他最新培育的"特色谷子"系列新品种，其产品加工后分别为黑色小米、白色小米、绿色小米，经过农业部谷物品质监督检验测试中心测定为优质小米，富含微量元素、矿物质，为谷子品种更新换代奠定了基础。王保圣凭着热爱三农、献身科普的信念，全身心投入到为三农服务之中。他先后承担完成了《全国第五批农业标准化磁县莲藕标准化栽培生产示范区》建设项目，承担完成中国科协科普资助项目《彩色花生优质高产栽培技术》科普图书，他创建的"磁县彩色花生标准化栽培示范基地"被授予"河北省科普示范基地"称号。为推广彩色花生系列新品种，他在全国各大花生产区安排示范点、示范户，他赴福建、广西、广东、黑龙江、辽宁布点试验，黑夜坐车、白天工作，连续二十余天的昼夜奔波，亲赴各地调研考察，为确保农户增产增收、带动周边农户增效、推动新农村建设起到了积极的作用。

敬 业 于 心　　践 行 于 身

—— 记"全国优秀工会工作者"，山东省"富民兴鲁"五一劳动奖章获得者，
莘县人大常委会副主任、县总工会主席耿西臣

耿西臣自 2007 年任县工会主席以来，坚持深入基层工会组织，与工会干部、企业职工、农民工进行"面对面、心贴心、实打实"的沟通交流，服务职工、服务基层，切实为职工做好事、解难事、办实事。

莘县是个人口过百万的农业大县，耿西臣结合具体实际，创新工会工作思路，在鲁西北率先建立农业产链工会组织，最大限度地吸纳香瓜、西瓜、蔬菜等产业的农民工入会，现已建基层工会组织 1691 家，涵盖法人 17030 家，发展会员突破 13 万人。

在发展工会组织中，他选择具有代表性的行业、地域，依托燕店镇东孙庄村支部书记、聊城市劳动模范王俊国和朝城镇富邦菌业总经理、莘县劳动模范宋益胜的有利条件，建立劳模创业示范基地，带动周边农民工发家致富，支持劳模再创业，从政策和资金上尽可能地给予劳模最大的支持，鼓励他们创造更大的价值。他动员广大职工（农民工）开展经济创新生产活动，开展"富民兴莘"五一劳动奖章评选活动，在他的积极争取下，2010 年县委、县政府解决了多年来一直未能解决的劳模待遇问题。

他多措并举，召开现场会、座谈会、推进会，采取先进典型现身说法，2010 年先后在古云镇、朝城镇召开了"工资集体协商"和"食用菌行业（区域）性职代会"推进会，职工建言献策，企业公开承诺，从而增进了企业与职工之间的交流沟通，调动了职工的生产积极性、主动性和创造性，有力地促进了企业、行业和谐健康发展。

耿西臣大力为职工办好事、做实事、解难事，深入开展送温暖、劳模帮扶、大病救助、"金秋助学"、"送技能"、帮扶送教育等活动，救助困难职工 5000 人次，

市县工会领导在燕店王俊国劳模创业示范基地香瓜棚内听取瓜农介绍

庆"五一"暨"富民兴莘"劳动奖章表彰大会

资助考入高校的困难职工子女300名，慰问劳模、老党员九十多人次，每年为劳模免费进行健康查体，2007年以来累计发放救助帮扶资金达一百五十多万元，举办困难职工技能培训班，培训达一千五百多人次。

耿西臣先后被山东省授予"全省民族团结进步先进个人"，被山东省人民政府记个人二等功一次，被国家授予"中国健康扶贫工程突出贡献先进个人"，被全国总工会评为"全国优秀工会工作者"，山东省总工会授予"富民兴鲁"五一劳动奖章等荣誉称号。

全县工会干部培训班

市总工会主席来莘县慰问

燕店镇农副产品配送中心工会联合会

县总工会开展劳动模范茶话会

锲而不舍　超越自我

——吉林昊融有色金属集团有限公司工会

昊融集团是由原吉林镍业集团有限责任公司改制重组设立的企业，总部位于中国吉林省磐石市。公司始建于1960年，经过半个多世纪的发展建设，现已成为集科、工、贸于一体，专业从事金属产品生产加工、新能源新材料开发、金融资本商贸运营的大型跨国集团公司。

多年来，集团公司高度重视工会工作，坚持有中国特色的社会主义工会维权观，以构建和谐企业为主线，加强经济技术创新工作，强化员工素质建设工程，使工会工作在促进公司发展，维护员工合法权益上发挥了应有的作用。

加强经济技术创新工作。公司工会紧紧围绕公司生产经营目标，全面开展具有特色的劳动竞赛，在促进公司的发展中起到推动的作用。

强化员工素质建设工程，以"创争"活动为载体，不断提高员工思想素质和业务技能，开展形式多样的文体活动。"创争"工作获吉林省"五一劳动奖状"。

大力构建和谐企业，积极开展"安康杯"竞赛；狠抓民管工作，坚持职代会、厂务公开和平等协商制度；建立健全劳动争议调解组织，成立员工诉求中心，建立困难员工帮扶救助长效机制，开展经常性的"送温暖"活动。建立健全了员工生活保障体系。

不断加强工会自身建设，提高工会干部素质，开展"模范职工之家"竞赛。

昊融集团先后荣获全国五一劳动奖状、全国模范职工之家、全国 "职工互助保障工作先进单位" "全国劳动争议调解示范单位"荣誉称号，九次荣获全国"安康杯竞赛优胜单位"称号。

昊融集团荣获全总各项殊荣

公司董事长、党委书记刘锦与公司党委委员、工会主席李燕签订集体合同

以人为本促和谐　凝心聚力谋发展

——开拓创新 追求卓越的内蒙古电力工会

内蒙古电力工会是经内蒙古总工会批准成立具有社团法人资格的自治区电力产业工会组织，又是内蒙古电力集团公司的企业工会。电力工会接受内蒙古总工会、中国能源化学工会、华北电力工委和电力公司党委的领导。内蒙古电力工会成立于1985年，随着自治区电力事业的发展，电力工会组织不断完善，现有28个基层工会，有工会专职干部110人，有职工23000人，会员入会率达到100%。电力工会内设办公室、生产保护部、文体宣教部、权益保障部、机关工会、女职委等部门。内蒙古电力职工技术协会和电力职工体育协会挂靠在电力工会。

内蒙古电力工会在上级工会和公司党委的正确领导下，坚持以邓小平理论和"三个代表"重要思想为指导，深入贯彻党的十七届四中全会和中国工会十五大精神，以科学发展观为统领，融入公司大局，服务企业中心，以构建和谐蒙电为根本，树立科学的工会维权观；认真贯彻落实《企业工会工作条例》，加强

规范化管理，全面推进职工之家建设；坚持"促进企业发展、维护职工权益"的原则，突出源头维护，加强职代会建设、厂务公开、集体合同、创建劳动关系和谐企业等各项工作，深化职工民主管理；广泛开展"安康杯"竞赛，拓展竞赛内容，营造浓郁的安全文化氛围；紧紧围绕生产中心，深入开展创建红旗温馨变电站和星级线路和谐工区活动；大力弘扬劳模精神，规范劳模管理；开展"311工程"活动，激发女职工创造活力；积极动员广大职工群众，广泛开展经济技术创新工程活动、合理化建议活动和"创建学习型组织、争做知识型职工"活动，推动企业技术进步；积极投身社会公益事业，努力为职工办实事，打造和谐团队；丰富职工业余文化生活，培育职工健康情趣；不断加强自身建设，全面提升工会工作能力和水平。劳模选树成绩突出，厂网分开以来，公司系统推选全国劳模1名，省部级以上劳模22名，全国"五一劳动奖章"9名。

近年来，电力工会与时俱进，不断探索工会工作

的新思路、新方法，坚持突出重点、突出创新、突出特色、贴近职工，各项工作取得了明显成效，有力地推动了内蒙古电力公司生产、经营和改革事业的全面发展。内蒙古电力工会多次被自治区总工会、华北电力工委、中华全国总工会授予"先进集体"和"先进工会"等称号。

张景生副总经理带队参加"电力杯"自治区直属机关庆三八乒乓球友谊赛

——冀中能源峰峰集团工会

建设更具活力更高水平的全国红旗工会

冀中能源峰峰集团是集煤炭开采、洗选加工、煤化工、电力、机械制造、基建施工、现代物流等为一体，以煤为基础，多产业综合发展的国有特大型煤炭企业。现有 40 个二级单位工会，487 个车间工会，2722 个工会小组，55057 名会员。

近年来，峰峰集团工会全面贯彻落实科学发展观，牢固树立"发展为先、职工为本、基层为重、创新为魂"的理念，坚持走中国特色社会主义工会发展道路，围绕"建设什么样的企业工会、怎样建设企业工会"这个课题，提出了建设"特色工会、有为工会、满意工会、品牌工会和安全之家、文化之家、创新之家、和谐之家、小康之家"的奋斗目标。2012年，峰峰集团工会荣获"全国企业工会红旗单位"和"全国五一劳动奖状"称号。为全面提高工会工作水平，他们在职工中开展了"全国学峰峰，峰峰怎么办"大讨论，确立了"高举红旗，追求卓越"的基本思路，以"四会五家"为引领，以"331

工程"为支撑，以"十件事"为抓手，以建设更具活力、更高水平的全国红旗工会为目标，以激情似火、拼搏奉献的精神，开拓创新，真抓实干，不断创新工作，开展了"安全生产班组行"、"扶贫帮困万家行"、"文化春风矿山行"、"务实创新岗位行"、"跨越领先对标行"五大主题实践活动，以及"安康杯"、"三无"班组、"安全法规进车间"等系列竞赛活动，推广"白国周班组管理法"、"新三矿 24 小时双掌控工作法"、"郭兰印'333'班组管理法等先进班组经验"，为推动企业发展做出了贡献。集团工会十分重视民主管理创新实践活动，创造了"金牌职工代表、提案一卡通、民主恳谈会、职代会共商共决"等方案措施，民主管理工作品牌。开展"工会组织亮牌子，工会干部亮身份"、"转变作风走基层，争做职工贴心人"活动，组建扶贫帮困贴心人服务队，探索创新建立爱心帮扶基金、服务职工帮扶中心，形成了救助、维权、服务

集团公司党委副书记、工会主席郭志武在全国工会创建劳动关系和谐企业推进会上做经验介绍

河北省总工会开展向峰峰集团工会学习动员会议

三位一体的帮扶工作新格局。建立"一线职工书屋",举办"职工自选图书日"活动,开展岗位练兵、技术比武、岗位创新、岗位成才活动,为工会工作打造了新亮点。集团工会坚持开展"基层对标观摩大走访"、"工会干部大讲堂"、"工会工作对标交流成果发布会",工会干部每月一考、月度分析,强化基层、基础、基本功"三基"建设,在工作科学化上提升了新水平。走出了一条具有峰峰集团特色的工会工作之路。集团公司工会先后荣获"全国模范职工之家"、"全国厂务公开民主管理工作先进单位"、"全国企业工会工作红旗单位"、"全国五一劳动奖状"等荣誉称号。

明星员工颁奖大会

理论创新研讨会

工会干部大讲堂

开展技术比武不断线

发放爱心帮扶救助金

文化活动丰富多彩

169

职工代表大会是东汽广大职工行使民主权力，参与企业经营管理的有效形式

全国企业工会工作红旗单位

东方汽轮机有限公司

东方汽轮机有限公司是我国研究、设计、制造大型电站设备的高新技术国有企业，截止到目前，东汽已累计生产各种类型电站设备一千余台，装机容量超过2亿5000万千瓦，成为了中国装备制造业的一面旗帜。

长期以来，东汽工会不断创新工会工作机制和工作思路，切实履行四项职能，在推动企业发展、维护职工权益、构建和谐企业等方面发挥了重要作用并取得了显著效果：

围绕企业生产w经营中心，实施职工经济技术创新工程，创新申报制挂牌劳动竞赛形式，深化"五型"班组建设体系，探索实践职工创新成果的发布、转化和激励机制，进一步提高了企业市场竞争力；

围绕和谐劳动关系构建，实施民主管理工程，健全职代会、企务公开体系，创新职工提案、厂务公开电子系统形式，切实维护职工合法权益；

围绕人才队伍建设，实施职工素质工程，搭建千人技能大赛、岗位培训、绝招技艺论坛、"突出贡献高技能人才"评选等平台，为企业发展储备了人才；

围绕帮扶机制建设，实施温馨关爱工程，建立互助、帮扶基金，完善慰问"十条线"、帮扶"六个面"的慰问帮扶体系，增强了企业的凝聚力与向心力；

围绕"东汽精神"传承弘扬，实施职工文化建设工程，开展"劳模事迹巡回报告会"等形式多样的职工教育活动，举办具有特色的文体活动，丰富企业文化内涵；

围绕自身建设，实施建家品牌工程，健全创建"五星级"职工之家竞赛活动体系，创新基层工会主席培养与选拔机制，提升工会工作水平和工会组织活力。

近年来，东汽工会先后荣获了"全国模范职工之家"、全国"抗震救灾、重建家园"工人先锋号、"全国企业工会工作红旗单位"("十面红旗")、全国"五一"劳动奖状等荣誉称号。

炎炎夏日里，工会为战高温、斗酷暑的生产一线职工送去一份清凉

为庆祝建国62周年，东汽举办了庆国庆"职工舞蹈语言类节目"比赛，展现东汽职工风采

为进一步弘扬劳模精神，东汽工会在2011年五一前夕，举行东汽首届劳模报告会

胜利能源公司
"安康杯" 竞赛活动有特色见实效

胜利能源公司积极响应全国总工会、国家安全生产监督管理局关于开展"安康杯"竞赛活动的号召，以科学发展观为统领，按照神华集团公司《关于开展2012年"安康杯"竞赛活动的通知》的总体要求和目标，以"弘扬企业安全文化，加强班组安全管理"为主题，结合"找差距、抓整改、促提升"及"管理提升"活动，积极开展"安康杯"竞赛活动，组织所属六个二级单位五十余个班组及近十个外委单位，以集团"本安体系提升年"为主线，开展群众性"安康杯"竞赛活动，不断创新活动形式、活动内容，增强"安康杯"竞赛活动的实效性，推进安全文化建设，取得了实效，显出了特色，推动公司安全生产良性发展，全年实现了安全生产无事故。

以"安康杯"活动为有效载体，开展工会劳动保护监督检查和公司职工代表安全巡视检查工作。

公司工会劳动保护监督检查委员会按照年初制定了《职工代表巡查制度》，每季组织劳动保护监督检查员和职工代表深入到生产现场，有针对性地对班组作业人员的安全互保、现场安全措施、外来务工人员的安全管理、卡车驾驶员的安全教育等情况进行检查；利用检查表、有毒气体粉尘有害化学物质信息卡、违章三联单，对检查中发现的问题及时反馈给公司行政进行整改，杜绝事故的发生，最大限度地维护员工合法权益；各生产部门和基层工会根据要求开展相应的巡视检查活动。今年全公司组织对露天矿、储运公司及设备维修中心的各生产现场、班组进行了巡查，参加巡查的职工代表和劳动保护监督检查员达五十余人。年内下达整改通知书380条次，80%在一星期之内完成了整改，一个月完成全部整改措施，整改率达到了100%。

公司每日早晨召开调度会，各单位主要负责人参加，加强对每日生产任务的协调和安排，努力做到安全生产的在控、可控；把落实国家劳动安全卫生法律、法规，安全劳动卫生、女职工特殊保护、工作时间、工作现场是否符合国家安全卫生标准，外委单位施工现场是否执行国家规定的"三同时"等列入会议内容和范围，不定期进行安全检查和安全督查 。使人身、设备等方面的安全生产状况得到较大的改善，确保了生产和各项重点工程安全。

创新载体，把活动开展不断引向深入。今年，公司举办了首届职工"星光大道"、"金点子"劳动竞赛，不断创新"安康杯"活动载体。公司于4月下发了"星光大道"竞赛方案（《电铲司机、卡车司机、装车操作员岗位劳动竞赛实施方案》）及"金点子"竞赛方案（《合理化建议、发明创造、技改技革、修旧利废成果竞赛实施方案》），成立了相应竞赛的组织机构。按照方案，每月评选各工种"月冠军"5名，予以1000元/人物质奖励；每季度评选"银点子"3个，分别予以3000元/项、2000元/项、1000元/项的物质奖励，并将于年底选出"年度总冠军"、"金点子"，进行表彰奖励。

公司各外委单位、下属各二级单位职工家属积极参加"安康杯"竞赛活动。安全月期间，直属生产单位举行了"安全知识竞赛"活动，职工代表队、家属代表队各十支参赛；公司联合外委单位共同举办了"你安、我安、大家安"安全活动——不仅弘扬了安全理念，而且掀起了公司各生产单位与外委单位安全生产的竞赛热潮。各单位开展了形式多样、内容丰富的安全学习活动，坚持开展"每日一题"、"每周一案例"、"每月一考"等活动 。激励员工学规程、用规程的积极性。

营造安全活动的浓厚氛围。安全活动月期间，各单位结合各自生产实际情况，广泛以板报、宣传栏、标语、彩旗等形式大力宣传各种安全知识、预防事故的方法和自我保护的相关知识。公司邀请市消防支队人员举办消防安全知识培训，开展形式多样的知识竞赛、演讲比赛、安全漫画比赛等活动。全公司共组织安全知识竞赛3次，安全演讲比赛4次，开展了摄影比赛1次，共征集作品327幅；安全读书活动1次；征集安全漫画作品二百余幅；举办消防安全培训6期，观看安全宣教片5次；事故案例学习6次；组织无事故、无三违人员抽奖活动1次。在公司内部刊物《胜利能源》和内网上开设了安全文化论坛，开辟了安全专页。同时将煤矿法律法规、安全知识、公司的安全理念，制作成标语、警示牌、宣传橱窗，树立在生产现场、出入公司和生产现场的道路两旁；在办公场所内悬挂了制作精美的安全提示、格言警句牌匾——形成有效的视觉冲击效应，时刻警示员工注意安全。公司还积极参与全国安康杯竞赛，及时向全国安康杯竞赛网站和中国安全网报送活动信息、新闻稿件，今年已经在该网站发稿近百篇，图片百余幅。通过形式多样的安全宣传教育活动全面提高了全员的安全生产素质，保证了安全生产宣传的针对性和实效性。

坚持数年的"安康杯"竞赛活动在我公司结出了累累硕果，广大员工实现了"要我安全"到"我要安全"，"我会安全"、"我能安全"、"我很安全"的根本性转变。截止到目前，公司未发生轻伤以上事故、重大设备事故、重大交通事故、重大消防事故、环境污染事故、劳动侵权事件。在煤炭市场面临前所未有的困境时，今年公司的煤炭产销量已达2260万吨（截止11月27日），赶超了上年同期销量，为促进锡盟地区的经济发展、社会稳定做出杰出贡献！

在2008年以来，公司三次被内蒙古自治区、神华集团评为"安康杯"竞赛优胜单位，2011年度，被评为全国"安康杯"竞赛优胜单位。

凝聚力量 创造价值

—— 深圳市分行党委书记、行长林谦在分行工会工作会议上的讲话

林谦行长在分行职代会上讲话

同志们：

下午好！非常高兴参加 2010 年分行工会工作会议。工委刘运成主任客气地邀请我参加这次会议，我想就是工作再忙，无论如何也必须前来参加这个会议，也想借此机会向工会干部做一次思想交流。

今天中午，我认真地阅读了工会工作会议的报告材料，深知工会部门和工会干部在过去的一年作了很多工作，为分行的改革与发展做出了很大贡献。我完全同意工委刘运成主任对 2009 年工会工作的总结和 2010 年工会工作部署。下面我从二个方面谈谈对工会工作的认识和对分行未来发展的一些构想。

一、我想用三句话来诠释对工会工作的理解和认识

一是工会工作无小事，其工作非常重要。凡是工会工作做得好的单位，企业是和谐的、员工是快乐的、事业是发展的、经营是有成效的，这些都可以从正面反映出工会所发挥的应有作用。工会所做的任何一件事，在一般同志看来，似乎是不起眼的小事，但正是这些"不起眼的小事"，对分行来说却起着非常重要

的作用，她发挥了凝聚员工向心力的作用，激发了全行员工的工作热情，促进了企业文化的建设，保障了我行事业不断发展所必需的和谐稳定环境，所以工会工作不容忽视。

二是工会工作是传播爱心、凝聚力量、创造价值的纽带和桥梁。工会是为员工做好事、办实事的当家人，哪里有生、老、病、死，哪里有不可逾越的困难，哪里有龙腾虎跃的活动场面，哪里就会有工会同志的身影。每当员工有困难、有需要的时候，第一个想到的就是工会，工会就是他们值得信赖和依靠的家！这是我从心底里对分行工会工作的深切体会。

三是工会工作是一个高尚的职业，从事工会工作的同志是一批高尚的人。从事工会工作的同志可以说手中没有权、没有钱，所做的工作常常被认为比较平凡，但他们的工作和努力付出，却得到了大家的信赖，成了员工的贴心人。这靠的是什么？靠的就是工会干部的修养、魅力、智慧和全局观念，所以工会工作和工会干部是高尚的、值得尊敬的。

二、我代表分行领导班子谈谈对分行未来发展的

在分行举办的书画笔会上与书画家合影

构想

一是要在行里创造简单、公正、和谐的人文文化环境。首先要倡导我行人与人之间的关系是简单的同事、伙伴、朋友、兄弟姐妹的关系，要形成这样一种人文文化，我们人与人之间的关系环境就和谐了，有了和谐的环境，我们的改革与创新才能顺利进行，我们从事的各项事业才能稳健、快速地发展；其次要在行里形成一种公平、公正的环境，要如温家宝同志说的"公平与正义比阳光还要光辉"，有了这样一个环境，才能保证我行各项业务不断发展，才能保障我们的经营健康向上；其三要在全行营建一个和谐、快乐、欢声笑语的工作环境，要通过我们的努力工作和改革，逐步达到让广大员工能够自觉工作、愿意工作、快乐工作，在各个工作环境中处处都充满欢声笑语，让我们的工作、学习和生活充满阳光。

二是为客户创造价值。要真正体现"以客户为中心"的思想理念，为客户创造价值，在客户心中，在社会当中，要树立一种工行是专业性较高的银行，是富有创造力的银行，是讲诚信的银行，是可以信赖的银行，是让客户放心的银行，是对社会负责任的银行的观念。并且要通过我们的共同努力实现这样一个目标：员工喜欢服务客户，客户喜欢选择工行，员工喜欢留在工行。

三是希望工行全体员工紧密团结，脚踏实地地工作，把自己的工作做好。我们要走的路还很长，困难和问题也不少，希望大家同分行领导班子一起同舟共济，团结一心，工会兼职主席要多承担一份工作，多承担一份责任，相信通过大家的共同努力，我们的发展会大有希望，我们的目标也一定会达到。

"领跑"王柯在职工运动会上

在分行书画展览上听员工作者介绍作品创作经历

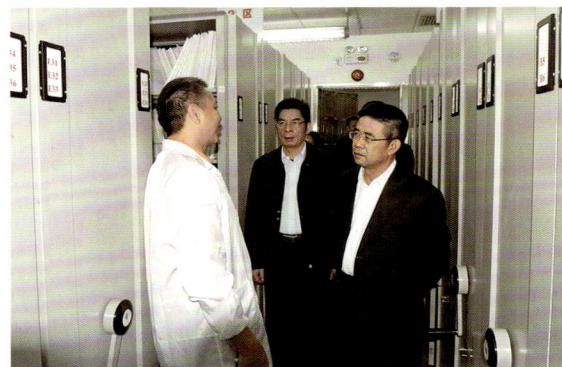

林谦行长在百忙中慰问带病坚守岗位的员工

在深圳银行业庆建党90周年汇演前与我行参演员工合影

西北轴承股份有限公司座落于宁夏银川市,始建于1965年,1996年成立西北轴承股份有限公司,是我国轴承行业首家A股上市公司,公司主营各类滚动轴承生产和销售,产品广泛应用于石油、冶金、铁路、矿山、建筑工程、重载汽车、电机、农机等行业。石油机械轴承的核心制造技术处于国际领先水平,生产外径40毫米至3500毫米的各种类型滚动轴承五千多种,向五十多个国家、地区出口轴承产品。

公司1997年通过ISO9001质量体系认证、ISO14001环境管理体系认证和国家GB／T19022-2003／ISO10012完善测量体系认证(AAA),是国家一级计量单位。2008年,公司获得"国家出口商品免验资质",通过了"国家级高新技术企业"认证。经过四十多年的发展,公司的产品设计和工艺制造水平,科研开发和技术创新能力不断提高,已掌握冶金轧机轴承、重载汽车轴承、石油机械轴承尤其是石油机械轴承成熟、独特、相对稳定的核心技术。在国内轴承生产制造行业,综合技术水平处于领先地位,一百多种新产品填补了国内空白,10种产品被评为国家重点新产品。公司拥有高水平的技术研发人员,具有自主研发的在中国轴承行业处于领先水平的计算机CAE—CAD—CAPP设计软件和轴承数据管理一体化PDM系统,被国家科技部授予"全国CAD应用工程示范企业"称号。先后荣获 "中国21315质量信用等级证书"、"机械工业管理进步示范企业"、"机械工业高技能人才培养示范基地"、"全国安康杯竞赛优胜单位"、"推动宁夏可持续发展十佳功勋单位"等荣誉称号。

"面对面 心贴心 实打实"服务职工在基层

西北轴承股份有限公司

公司工会深入开展了"面对面、心贴心、实打实服务职工在基层"活动,大力推进"调结构、惠民生、上水平"科学发展的步伐,充分发挥工会组织服务企业发展和密切联系员工的作用,通过召开基层工会主席会议,要求基层工会干部要高度重视,积极参加,带头深入员工群众,一年不少于一个月;要带头开展调查研究,撰写不少于1篇调研报告,为职工办2件实事。要把员工的满意度、企业的认可度、为职工群众办成的实事、好事等作为衡量工会工作成效的主要依据,进一步转变工作作风,提高工作水平,切实保证活动的进度和质量。公司工会还成立了该活动领导小组,负责对开展活动的组织领导,制定活动工作方案和计划安排,协调组织基层支会完成有关工作,负责制定活动调研方案、访谈提纲,做好对活动开展情况的统计汇总,形成调研总报告,宣传报道组负责编写宣传材料和简报,公司制定考核标准,总结典型经验等。对各支会在开展活动中工作情况进行监督。

通过深入开展"面对面、心贴心、实打实服务职工在基层"活动推动工会深入生产一线、深入职工群众,

围绕中心、服务大局,真心做到组织职工、教育职工、服务职工、维护职工合法权益,全面践行工会"三为"

服务理念,踏踏实实地为职工办实事,办好事,促进公司和谐稳定发展。

不断崛起的厦门港务集团海天集装箱有限公司

2010年大年初一胡锦涛同志在省市领导陪同下视察海天码头慰问节日坚守岗位的职工代表

厦门港务集团海天集装箱有限公司是海峡西岸经济区最大的集装箱专业码头。公司党政工在企业经营管理中,坚持科学发展观,围绕"专业·和谐"的企业核心价值观,把尊重员工、培养员工、关爱员工作为构建和谐企业,参与创建和谐厦门的具体抓手,抢抓海峡西岸经济区建设和厦门经济特区跨越发展的新机遇,积极应对全球金融危机引起的航运市场波动,采取多项拓展市场的举措,加强企业管理,提升服务品质,为厦门港走出金融危机的影响以及箱量水平的迅速回升作出了重要的贡献。

公司在企业管理中,以人为本,尊重员工,关注员工的个人发展。通过平等协商、集体合同制度、职代会制度、厂务公开制度、员工合理化建议平台等有效载体,使民主参与、民主管理、民主监督落到实处,建立了稳定协调的劳动关系;采用多种方式开展培训,辅导职工自动自发组成兴趣小组、QC小组等,发挥职工的专长,提升个人价值和综合素质。公司先后获得省、市"文明单位"、省、市"劳动关系和谐企业"、福建省学习型组织先进单位、福建省模范职工之家、福建省经济社会突出贡献企业、厦门市五一劳动奖状、厦门市"安康杯"竞赛活动先进单位、厦门市厂务公开工作示范单位以及中国港口协会集装箱分会颁发的年度行业奉献奖的荣誉称号,并入围厦门市首届"感动人的管理"十佳候选企业。涌现出一批以全国"劳动模范"冯鸿昌为代表的训练有素、作风硬朗、技艺高超的员工团队,展现出的海天形象。

公司2010年累计外贸集装箱吞吐量已突破200万标箱,实现历史性的突破,比去年同期增长近30%,稳居福建省同业之首位。为厦门全港集装箱吞吐量继续保持在全国前列做出了突出贡献。

全国劳动模范冯鸿昌

面对面 心贴心 实打实
宁夏建工集团深入推进服务职工在基层活动

宁夏建工集团于2007年5月由原宁夏建设集团有限责任公司、宁夏第一建筑公司、宁夏二建集团、宁夏第五建筑公司合并重组成立。通过整合重组现有分公司38家，子公司10家。公司现有在职职工4759人，其中专业技术人员和管理人员2368人，拥有中、高级等职称专业技术人员1601人。

近年来，集团公司工会针对三家国有老企业合并重组，历史遗留问题多、债务重、包袱大的实际，牢固树立群众观点和服务意识，深入基层、深入职工、维权帮扶、创先争优、构建和谐劳动关系，充分发挥

党联系职工群众的桥梁和纽带作用，深入推进了"面对面、心贴心、实打实"活动。

以服务为重点，坚持服务职工群众的原则，加强和改善劳动生产环境和条件，加大劳动保护用品的投入，每年投入近五百余万元，每项工程配备经过培训合格的劳动保护监督员和安全员，确保安全生产。

以活动为载体，坚持深化开展"安康杯"、技术比武、岗位练兵等竞赛活动，激发广大职工创先争优的工作积极性和热情，提升劳动技能。

以落实为重点，加强民主管理，完善厂务公开制度。依法维护职工合法权益，对职工关心、企业重要的经营行为、重大改革决策等方面内容进行公开，切实落实职工对企业的知情权、参与权、表达权和监督权。

以帮扶为重点，落实困难职工帮扶救助，大病救助和助学资助，针对集团困难职工较多的实际，成立了"宁夏建工集团困难职工帮扶中心"，做到明确责任，救助及时，帮扶到位。真心关爱职工健康，提高职工身心健康水平。近三年来，向困难职工发放救助金一百多万元，帮扶困难职工一千多人次。

以宣传为引领，加强企业文化建设，开展形式多样、丰富多彩、喜闻乐见的职工文化体育活动。总结先进，选树典型，掀起学习先进、争当先进、赶超先进的热潮。积极创新活动载体，为职工提升综合素质搭建平台。

公司领导观看焊工比武作品

2012年度公司系统停车，工会领导慰问现场检修人员

重心下移　重在实效

——天脊集团工会深入开展面对面心贴心实打实活动

山西天脊煤化工集团有限公司的前身是山西化肥厂，是国家"六五"重点建设项目。1983年正式开工建设，1987年建成投产。二十多年来，天脊集团充分发挥自身优势，积极消化吸收先进技术，加大科技创新，推进企业转型发展、多元发展。目前，年产达到45万吨合成氨、81万吨硝酸、90万吨硝酸磷肥（硝酸磷钾100万吨）、20万吨硝铵、13万吨苯胺、30万吨甲醇、28万吨水泥、7500万条编织袋的生产规模。2011年实现营业收入76亿元，利润1、1亿元。

多年来，公司始终坚持全心全意依靠工人阶级的方针，实现了职工群众和企业的共同发展。在煤炭企业面临巨大困难和严重挑战时期，公司上下齐心协力，从节约一度电、一滴水、一张纸做起，实行精细化管理，大力开展提效、增产、降成本活动。通过全体职工的共同努力，较好地完成了生产经营任务。2006年以来，公司每年为职工增加工资，2011年职工人均年收入45549元，比2010年增长22%，实现了保增长、保稳定、保民生的目标，企业和谐稳定，职工安居乐业。

公司工会印发宣传资料，向工会干部和广大职工宣传工会各项活动的内容和意义。各级基层工会利用板报、阅报栏标语等形式配合形成宣传氛围。基层工会干部利用班前班后向职工宣讲解答活动内涵。公司工会通过领导干部下现场调研，发放了职工调查问卷，了解职工情况；通过职代会职工代表提案了解职工动态。公司还通过春节前走访困难户、看望病号，给班组送春联、给岗位职工送饺子、给上班职工拜年等形式，

深入到职工中间，广泛征集职工的意见建议，确实把职工当亲人，真情倾听呼声，真实反映意见，真诚解决疾苦。为职工办理了医疗保险，还为退休和十年内退休的职工补交了个人缴纳的部分；为所有适龄女青年办理了生育保险；安排了百余名职工子女就业，并为78名非对口专业的职工子女创造了进修和学习的机会；投资新建和修葺社区公共设施、生活服务设施、文化设施。职工真切体会到在天脊的快乐工作，幸福生活。长期以来，公司工会把职工群众当亲人，坚持不懈地实施送温暖工程，建立帮扶长效机制，健全完善困难职工档案，走访慰问职工，开展对"急、难、病"职工家庭经常性救济，一帮一结对子活动，为特别困难职工和患大病职工献爱心捐款。

建立健全工会网络舆情快速报送机制，利用基层工会小组民管会，发挥班组民管员的信息员的作用，及

时反馈职工思想情绪，迅速掌握动态，迅速回应诉求，迅速协调维权、迅速疏导情绪、迅速化解矛盾、把职工思想异常化解在基层和萌芽状态。使工会真正成为职工思想动态的第一知情人、第一报告人、第一责任人。

继续开展公司工会分片集体学习和调查研究活动，基层工会干部分组学习经常化、机关干部督导制度化。工会工作要坚持重心下移活动搞在基层，经费用在基层，并以建家活动为中心，增强基层工会组织的活力，真正把工会建设成为职工信赖的"职工之家"。继续保持公司工会全国"模范职工之家"荣誉称号。公司工会把依法维护职工合法权益作为一项长期任务和系统工程来抓，坚持以实现企业与职工良性互动、真诚合作、共谋发展为目标，推动企业建立和谐稳定的社会主义新型劳动关系，使集体合同履约率达100%，切实保障了职工的合法权益。

深入车间发放"面对面、心贴心、实打实"宣传资料

天脊集团开展平等协商会议

全国"工人先锋号"
营口银行市府路支行

营口银行市府路支行成立于2008年4月。成立3年来，坚持"工作一丝不苟，服务尽善尽美"的理念，竭诚为广大市民和企业提供优质服务。先后获得辽宁省雷锋号、青年文明号、营口市工人先锋号等荣誉称号。

银行作为国家资金融通重要的金融机构，肩负着重要的使命。为了能达到一流的工作水平，支行建立起岗位培训制度，实行定期轮岗交流，进行岗位练兵，严格进行考核，不断增强员工的综合素质。优质文明服务是营口银行的金字招牌，他们不断调整优化服务环境，大力营造和谐服务氛围，专门为老年人准备老花镜、摆放客户应急雨伞、冬天加上棉质把手、雪天铺放地毯，随处可见对客户无微不至的关怀。节日为客户发送一条温馨的祝福短信，利用休息时间，亲自到企业上门提供代收、清点及运输工作，努力满足客户的需求。经过全体员工的不懈努力，截至2011年底，支行存款余额达8.4亿元，贷款余额为4.1亿元，年实现利润1200万元，纳税350万元，获得了站前区纳税三星级企业光荣称号。

团结奋勇争先锋 龙腾煤海立潮头
——记"全国工人先锋号"四川华蓥山龙滩煤电有限责任公司综采队

四川华蓥山龙滩煤电有限责任公司综采队现有职工117人。综采队始终坚持"安全第一，预防为主"的方针，以安全促生产，以质量求效益，推行精细化管理，强化班组建设，安全生产取得了较好成绩。2010年，在公司投产之年就实现单面产煤98万吨；2011年再创新水平，产煤突破100万吨大关。获得"川煤集团高产高效矿井"、"川煤集团安全质量标准化示范矿井"，四川省"工人先锋号"称号。

多年来，综采队结合安全生产实际情况，根据岗位性质和特点，制定了详细的教育培训计划，坚持以现场为阵地，以管理为重点，注重引导职工从思想上、行为上提高控制不安全因素的能力。他们积极开展合理化建议、岗位竞赛、修旧利废、职工"五小"等活动，

强化职工创新意识和勤奋钻研能力，使职工的业务能力和技能水平得到不断的提升。近两年，该队提出的"五小"改革为公司节约成本60余万元，创造经济效益80余万元。2011年11月，该队职工肖洪提出的"五小"改革"增设加长节延长锚杆杆体处理失效锚杆"获得龙滩煤电公司二等奖。综采队认真组织学习推广"白国周班组管理法"，大力强化班组建设，推行"安全确认报告制度"，推行了准军事化管理，开展了"安全值班长"活动，培养出一支能吃苦、能战斗、作风硬朗的队伍，确保了安全生产。该队多次获得龙滩公司"星级班组"和"安全生产优秀班组长"称号。生产一班班长邓勇林被评为首届"全国煤炭工业百名优秀青年矿工"。

科学严谨 廉洁高效 便民惠民

作风就是形象

让"工人先锋号"旗帜高高飘扬

——记广东省惠州市房产管理局房产交易中心创建"全国工人先锋号"纪实

惠州市房产交易中心成立于 1999 年，是惠州市房产管理局直属的重要的窗口服务单位，主要负责惠城区内房屋产权交易、登记发证及产权产籍管理工作。现有职工 36 人，94% 以上拥有大专以上学历，是一个富有朝气、具有坚强战斗力的集体。

多年来，在市委、市政府的正确领导下，在市总工会的直接关怀指导下，惠州市房产管理局房产交易中心以"传承工人先锋号精神，争做服务窗口主力军"为创建口号，以"一流工作、一流服务、一流业绩、一流团队"为创建目标，以"激励职工立足本职、勤奋工作、学赶先进、争创一流，充分展示工人阶级在推进经济社会发展中的主力军作用和主人翁风采"为创建目的，开展"工人先锋号"的创建活动。2010 年 5 月，被广东省总工会授予"工人先锋号"光荣称号，2011 年 10 月，被广东省总工会授予"模范职工之家"光荣称号，2012 年被中华全国总工会授予"全国工人先锋号"称号。

强化组织领导，完善"工人先锋号"保障体系

为了将"工人先锋号"创建活动引向深入，房产管理局及房产交易中心党政领导高度重视"工人先锋号"创建活动，把"工人先锋号"作为房产交易中心的重要无形资产、文明行业建设的重要组成部分、职业道德建设的有效载体。党支部书记亲任创建"工人先锋号"领导小组组长，以房产交易中心工会委员为骨干成员，紧密围绕本单位工作重点，扎实有效地创建活动，真正做到了创建工作组织领导有保证、活动经费有保障、计划措施有落实。干部职工素质在创建中得到锤炼，得到提高，做到了"围绕工作抓创建，抓好创建促发展"。

完善管理制度，夯实"工人先锋号"成长基础

为了确保"工人先锋号"总体目标和计划得以实现，惠州市房产交易中心不断完善管理制度，促进内部管理模式规范化、制度化和科学化。制定了明晰的工作人员守则，在树立全局服务观、树立荣辱观、掌握相关政策法规、文明服务、规范服务等方面做出要求；按照工作的实际需要，设置工作岗位，并完善相应岗位职责，做到分工明确，责任清楚，各司其职，各负其责。房产交易中心相继修订完善了 24 项业务规程、首问负责制度、业务审批制度、窗口 AA 值班制度、劳动绩效考核制度、作息考核登记制度、窗口领导值班制度、岗位互换等八项工作制度，通过制度来规范和优化业务工作流程，从而提升整体服务效能。即将全年工作目标细化到各个部门和具体人员，形成了"金字塔"式目标责任机制。同

时兼顾各类业务的不同特点，对房产交易中心的各项工作和办事流程逐一进行简化、细分和量化，实行分类管理，确保所有业务实现"法律依据、申报材料、办理流程、承诺时限和收费标准"的统一，使单位的各项管理工作更加系统规范。提高办事透明度，接受群众监督。将办事内容、办事依据、办事条件、办事程序、办事过程、办事时限和办事结果等对外公开；编印服务指南 22 项，印数达 10 万份；制作了各种公布栏、青年文明岗服务卡；设立投诉箱和投诉电话。提高了工作透明度，方便了群众监督。为了加快民主建设进程，在市工会的直接指导下，房产交易中心全面开展了事务公开民主管理工作。目前已出台了推行事务公开民主管理实施意见及工作方案，建立了《惠州市房产交易中心事务公开民主管理标准体系文件》及相应台帐，为申报"广东省厂务公开民主管理 A 级贯标认证"奠定了扎实的基础。事物公开是中心民主政治建设的一项重点工作，凡是有关廉政建设、干部职工的切身利益和群众关心的热点难点等行政事务都实行公开，接受群众监督，充分调动了干部职工的积极性、创造性，营造了"公正、公平、公开"的工作环境，对中心的改革、发展、稳定起到积极的作用。房产交易中心对内建立和完善了廉政制度、议事规则、人员管理制度、疑难问题会审制度、财务管理制度、公务活动制度等，较好地规范了全体人员的行为举止。对违纪的人和事，一经发现或被投诉，坚决处理，决不手软。由于要求严格、管理到位，近年来，未发现严重违纪和被群众投诉的问题，杜绝了"吃、拿、卡、要"

的不良行为。此外，还建立了奖惩激励机制，制定并实行了《岗位效能考核制度》，从工作目标、履行职责、工作效率、廉洁自律四个方面每月对工作人员进行考核，一月一评比，有效地调动了员工的工作积极性。

强化服务理念，提升"工人先锋号"品牌形象

为方便群众办事，规范服务行为，进一步提升服务水平，房产交易中心坚持强化"以人为本，以客为尊"的服务理念，按"一站式服务"工作思路，规范了各项业务工作程序，实现了"一个窗口收件、一条龙审批、一个窗口发证、一站式服务"的工作目标。此外，房产交易中心还创新服务方式，推行"温情服务"，为特殊群体开设"绿色窗口"，每年为老、弱、病、残等行动不便的群众提供电话预约上门服务逾百宗。

以活动为载体，展现"工人先锋号"风采

房产交易中心坚持以活动为载体，广泛开展适合各年龄段的、形式多样的活动，最大限度地吸引广大干部职工参加。每年举办各类主题演讲比赛和读书活动 12 次，提高了干部职工综合素质；每月举办两次登山、打球或游泳等体育活动。高强度的户外拓展训练，锻炼了干部职工的胆量，又强化了团队精神；探望空巢老人，关爱贫困群体，培育了干部职工的爱心和社会责任感。多年来，房产交易中心持续开展"学劳模精神，争当金牌工人"活动，围绕"学先进、赶先进、当先进"主题，每月开展一次"金牌工人"效能劳动竞赛评选表彰活动，每年宣传培育的"金牌工人"典型达 216 人次，通过先进典型的榜样示范作用来教育人、鼓舞人、激励人。

时任惠州市委副书记及市总工会副主席到单位进行挂牌仪式

企业和谐发展 工会活力增强

——记"全国模范职工之家"浙江富春江水电设备股份有限公司工会

浙江富春江水电设备股份有限公司以工会工作好、员工凝聚力强、企业文化氛围浓、社会诚信度高、员工队伍稳定、社会责任建设贡献大等优势，荣获浙江省五一劳动奖状。

浙富股份创立于 2004 年，始终恪守"诚信守信，依法经营"的宗旨，经过 8 年的艰苦创业，迅猛发展为员工近千人，厂房面积 20 万平方米，装备能力处行业内领先地位，总资产 21 亿元，2011 年产销额突破 10 亿元，利润和上缴税收全部突破亿元大关的国内综合实力最强的民营水电设备制造商。

公司工会在公司党委和行政的领导下，从 2006 年开始创建劳动关系和谐企业，建立职代会，实行厂务公开，开展工资集体协商。在厂务公开民主管理工作上，全国总工会民主管理部长郭军于 2011 年 4 月专门到浙富股份进行民主管理工作调研时，给予很高评价，工会通过组织开展日常的劳动竞赛、技术比武、安康杯竞赛、征集节能减排金点子、创建工人先锋号、创建学习型企业、优秀员工看世界、青年联谊会、员工晋级培训等活动，极大地激发了广大员工的积极性和创造性。工会广泛通过各种平台，积极为企业创造最大利润，努力做好

中华全国总工会民主管理部长郭军调研浙富股份领导合影

优秀员工在奥国驻中国大使馆前合影留念

职工维权工作，丰富企业文化内涵，提升企业凝聚力，稳定劳动关系，促进了"和谐浙富"建设。

多年来积极履行社会义务，为相关企业、乡村、学校及"春风行动"等捐款捐物 360 多万元，特别是与莪山畲族乡连续 6 年"帮扶结对"。在 2008 年支援汶川地震灾区抗震救灾活动中，公司及公司员工一次性就捐款 80 多万元。公司先后荣获"全国模范职工之家"，浙江省双强百佳党组织、浙江省骨干龙头企业等荣誉称号 100 多项。员工个人也有 60 多人次先后获得浙江省热爱企业优秀员工等荣誉称号。　图 / 文季金荣　王天忠

参加桐庐县五一劳动节庆祝晚会舞蹈《春风里阳光下》

团结奋进的河南新飞电器工会

工会荣获全国模范职工之家

河南新飞电器有限公司工会组织依法维护职工群众的合法权益，为企业建立和谐劳动关系，促进企业稳定发展奠定坚实基础。

新飞作为外资企业，非常重视规范企业劳动关系，积极维护职工薪酬待遇、休息休假等方面的合法权益。在原有与职工签订的《集体合同》的基础上，今年又新签订了《工资专项集体合同》。在条款中新增加了改造图书馆、增加职工医院体检设备、为当年退休的员工发放纪念品、建立员工特困帮扶基金，以及再次提高加班费标准等内容。体现了公司不断改善职工福利，关心员工利益，改善员工工作和生活环境的意愿，促进了新飞稳定和谐发展。新飞电器工会被中华全国总工会授予"全国模范职工之家"。

中国工会十五大代表新飞电器工会主席周琳红

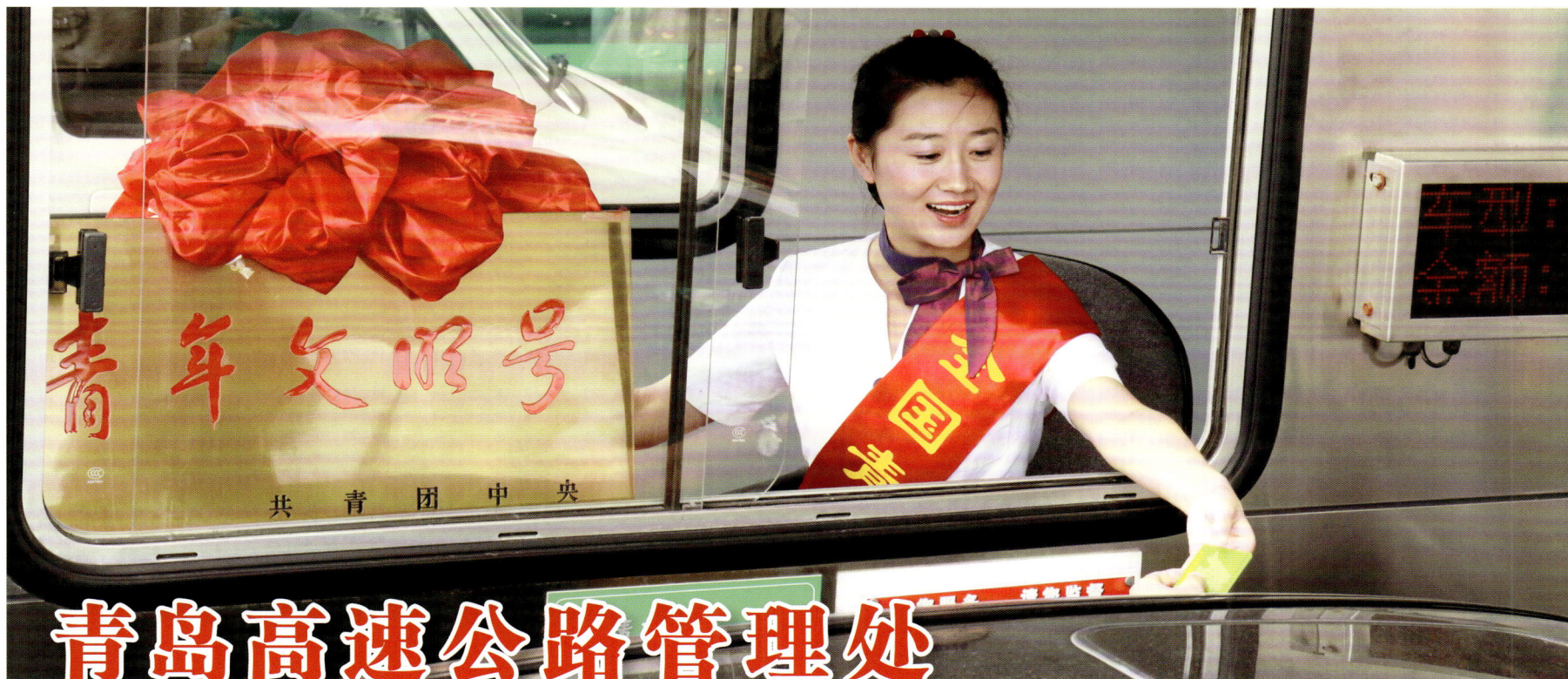

青岛高速公路管理处
以和谐劳动关系推动和谐高速建设

青岛市高速公路管理处成立于1995年，承担着青银高速青岛段、沈海高速青岛段、青岛机场高速、疏港2#高速及青新高速，共23个收费站335公里高速公路的路政、养护和收费等管理服务工作，是一支有1200余人的能战斗的队伍。近两年，青岛市高速公路管理处立足窗口行业文明服务，大力实施文化建设引领战略，成立了以处党委书记、处长曹勇同志为组长的精神文明建设工作领导小组，以文明创建为主线，抓班子、强队伍、鼓干劲，带动全处各项工作再上新台阶，实现"三个服务"能力的新提升，推动青岛经济平稳较快增长作出了积极贡献。2011年，所辖青岛东收费站荣获了"全国青年文明号"，九龙收费站荣获省级"工人先锋号"。青岛高速"畅行达远"服务品牌，赢得了广大司乘的高度赞誉，已成为青岛交通的闪光名片。

做好"实"字文章，激发队伍活力。青岛市高管处始终坚持把队伍建设作为一项重点工作来抓，着力解决干部职工工作、学习、生活的后顾之忧，营造拴心留人的工作环境，用良好的发展机制，激发队伍活力。实施了企业编职工薪酬改革，通过科学设岗、以岗定薪、优质优酬，建立了科学的薪酬增长机制；打通了企业编职工晋升渠道，进一步拓宽了发展空间，职业前景广阔；持续改善员工工作环境，根据高速公路24小时运营的特点，着力解决夏季防暑、冬季取暖、职工洗浴等一批

关系职工切身利益的实际问题，使收费站工作区、生活区、娱乐休闲区设施齐备，职工队伍人心稳定、团结和谐。

建机制拓载体，服务职工"零距离"。开展了机关科室服务基层活动，机关工作人员每周深入一线岗位，加强与职工的实时沟通交流，帮助解决工作生活中遇到的问题和困难；推出了"两月一主题、全年六送"活动，将服务职工活动具体细化到每个月的主题活动中，即一、二月送温暖，三、四月送技能，五、六月送文化，七、八月送清凉，九、十月送运动，十一、十二月送安全健康，以此搭建服务职工常态化的平台。

强责任增本领，促进队伍成长。注重素质培养，采取了专题讲座、专家大讲堂、中心组学习等形式，广泛开展以职业道德素养、岗位技能培训为主要内容的培训教育，有效提高干部职工的综合素养。他们通过"百日竞赛"、"擦亮第一窗口"等一系列大型活动，提高干部职工的主人翁意识和服务意识；通过举办"微笑明星"评选等一系列岗位技能比武，培养了干部职工爱岗敬业奉献意识；通过开展文化理念征集、品牌形象设计、文化内涵教育等活动，增强了干部职工的凝聚力和归属感，形成了用文化塑造人、用文化激励队伍、用文化带动工作的良好氛围。涌现出"山东省十佳收费员"、青岛市劳动模范、青岛市党代会代表等一大批特点鲜明、个性明显的优质服务典型。

建立和谐劳动关系

全面建设 "一强三优" 现代公司

——河南郑州供电公司创建劳动关系和谐企业纪实

公司党委书记付迎拴

公司总经理王政涛

　　河南省电力公司郑州供电公司是国有特大型供电企业。近年来，公司多次被国家电网公司、河南省等评为科技进步、生产安全文明先进集体。荣获河南省"五一劳动奖状"、"河南省模范劳动关系和谐企业"等多项荣誉称号，并连续六年荣获全国"安康杯"竞赛优胜企业。

　　多年来，公司在生产经营过程中，以"全心全意依靠工人阶级"为根本指导方针，充分发挥职工参与企业经营的积极性，逐渐实现"共建和谐企业、共谋企业发展、共享发展成果"为目标。

　　公司依据《劳动法》和《工会法》等法律法规，不断完善和谐劳动关系制度，规范劳动用工行为。每年召开一次平等协商小组和监督检查小组会议，对集体合同所规定的内容进行协商、检查和修订。到2010年，行政和职工方签订了《郑州供电公司集体合同》、

工会主席马天保到工作现场监督检查

召开集体协商会议

职工代表西区述职报告会

《郑州供电公司女职工特殊权益保护专项集体合同》、《郑州供电公司劳动安全卫生专项合同》和《郑州供电公司工资协议》，形成了集体合同"一主三附"模式。

公司全面实行用工劳动合同制，严格按照规定执行劳动合同的签订、续订、终止、解除等，认真听取工会和职工代表的意见，劳动合同的签订率和履约率均为100%。公司成立了劳动争议调解委员会，由工会主席任主任，发现劳动关系中不和谐的地方，及时向企业行政部门提出意见和建议，把矛盾化解在萌芽状态。

公司在生产工作中，始终坚持"安全第一、预防为主"的方针，构筑安全生产全面、全员、全过程、全方位的管理新体系，将员工的人身安全放在第一位，以改善一线人员劳动条件和作业环境、防止伤亡事故、预防职业病为目的，先后为职工配置了大量个人安全防护用品和作业工具，使广大职工的现场作业条件得到了明显改善，有力提高了职工的个人防护工作水平。截止到2010年11月14日，公司安全生产3437天，位居全国省会城市第一名。

公司高度重视职代会建设，相继出台了《郑州供电公司职工代表大会工作条例实施细则》、《郑州供电公司全心全意依靠职工办企业实施细则》、《郑州供电公司职工代表述职制度》、《郑州供电公司职工代表大会民主评议干部管理办法》等十多项制度办法，使民主管理工作从制度上得到保证。

公司十分重视企业文化建设，积极开展"创建学习型组织、争做知识型职工"活动，为干部和职工推荐购买了《把信送给加西亚》、《第五项修炼管理法则》、《如何创建学习型组织》等书籍，举办讲座，并邀请专家组织培训，从而在公司掀起了读书学习、岗位成才的高潮。

截至2010年年底，公司职工中专及以上学历的有1504人，占职工总数的61.79%；具备各类专业技术资格的有1133人，占46.55%；具备高级及以上职业资格的职工达到1106人。

公司第二届职工代表大会

职工代表培训班

江西省分宜县总工会
主动作为 实打实服务职工在基层

傅林儒深入到一线慰问职工

近几年来，江西省分宜县总工会在上级工会和中共分宜县委的正确领导下，围绕建设和谐富裕文明分宜、跻身全国百强县的经济社会发展大局，以"面对面、心贴心，实打实服务职工在基层"为主线，以组织职工、教育职工、引领职工、帮扶职工为抓手，按照"三要两有"（即要维权、建组织，要发展、筹经费，要就业、抓培训，有困难、搞帮扶，有贡献、评劳模）的工作思路，有六项工作在全国、全省领先。

"爱心助学"活动全国领先。自 2006 年成立分宜县爱心助学协会以来，通过开展"金秋爱心助学"和"金春爱心助学"活动，累计资助困难职工（农民工）子女上大学 1356 人次，资助贫困高初中生 50 余人次，共发放爱心助学金 216.58 万元。其中，2011年资助困难大学生 212 人，发放爱心助学金 31.8 万元；2012 年资助贫困大学生 253 人，发放爱心助学金 41.9 万元。目前已收到锦旗 110 余面，赢得社会广泛好评。同时，为弘扬先进，倡导爱心，已连续四年（届）在全县金秋爱心助学金发放仪式上，以县政

府名义表彰了"十佳爱心助学人士"。

困难职工帮扶全国领先。2011 年，全县困难职工家庭建档 3668 户，元旦春节期间县总集中发放送温暖资金 127.43 万元。2012 年，全县困难职工建档 2890 户，元旦春节期间县总集中发放送温暖资金 136.5 万元，加上各级各部门配套资金，全县工会系统元旦春节期间发放送温暖资金 500 万元以上，实现了全覆盖。

职工教育全国领先。几年来，我们坚持做大做强县职工学校，不断巩固分宜职校（电大、奥鹏网络、移民培训）教育培训平台。目前，县职工学校（电大、奥鹏网络）学历教育在校学生 458 人，全年开展农民工（移民）免费培训 2000 余人次，列全省县级电大第二名，进入全国先进行列，被全总授予为"全国职工教育培训示范点"。目前，正在申报全国优秀职工教育示范点。

劳模管理全省领先。2005 年成立分宜县劳模协会以来，县总和县劳模协会把关心关爱劳模、进一步

发挥劳模作用作为一件实事来抓，坚持每年召开二次劳模协会理事会议研究部署劳模工作，每年五一、春节期间召开劳模代表座谈会，关心劳模生产、工作和生活情况，劳模协会每年 2 万元工作经费列入财政预算，累计报请县政府解决了全县 50 多名劳模一次性补充养老保险。在确保全县劳模待遇得到落实的同时，各级劳模在全县经济社会发展中的示范带头作用也得到了进一步发挥。

工会经费和资产管理全省领先。几年来，我县认真抓好工会财务资产管理，全面落实工会经费地税代征和财政划拨政策，努力实现工会资产保值增值。全县工会经费地税代征和财政划拨基本到位，2011 年完成地税代征及自收工会经费 400 万元，财政划拨 300余万元。同时，全县工会经费严格按规定返还或下拨给基层工会，阳光操作、公开透明、足额到位。此外，县总资产管理也得到加强，对改制企业原分宜煤矿电机厂工人文化宫资产及 9 亩土地收归县总工会管理，并办理了土地证、产权证；县政府还在新落成的县文化中心划拨 3000 余平方米房屋安排给县总工会建设"三大场所"。

服务经济发展全省领先。县总积极开展招商引资和服务重点项目建设工作，为分宜经济发展献计出力。2011 年共引进企业 3 家，共签约资金 10.5 亿元，实际进资 3.1 亿元，走在全省全市全县的前列。同时，挂点帮扶县重点企业和重点项目建设，引进并帮扶分宜宏大电机公司已做大做强；引进并帮扶计划投资 6亿元的五星级金豪国际大酒店，目前正在抓紧建设，县总工会主席傅林儒由此被评江西省招商引资十大先进人物。

（江西省分宜县总工会 傅林儒 华玉杰）

坚忍求成 与时俱进

—— 记河南省"五一劳动奖章"获得者、
河南荣超建筑工程有限公司总经理吴荣超

吴荣超，河南荣超建筑工程有限公司总经理。2000年9月任河南荣超建筑工程有限公司总经理，全国产业经济国情调查办公室副主任。先后荣获"河南省十大杰出科技创新人物"、郑州市"五一劳动奖章"。他新主持承担施工的工程项目紫荆山商场装修、洛阳农业生态园、郑州清华园、升龙凤凰声码、荥阳昌利机械厂办公楼，均被评为优质工程，2010年该公司被评为"全国高科技产业化和谐诚信示范企业"。

荣超建筑工程有限公司主要从事房屋建筑施工、管网工程施工、建筑防水工程、室内外装饰工程、土石方工程、地基与基础工程、消防设施工程、通信电缆园林绿化工程。公司成立以来，始终坚持以质量求生存、

以信誉求发展、以管理求效益、以安全作保障的宗旨，制定了质量优、施工快、造价合理、管理先进文明、服务热情周到的经营策略，确立以科技为先，以质量为本，重信誉，让用户满意的质量方针，注重抓管理、现场，定期召开现场会，跟踪检查制度，使公司工程质量、安全指标、现场文明、施工管理等一年一个新台阶。2011年完成生产总值达到2.4亿元，并获得"诚信单位"的称号。

吴荣超把坚忍求成，与时俱进，永创一流河南建筑企业作为自己的信条。2003年在公司生产经营损失惨重的情况下，吴荣超带领全体员工不畏困难，从管理上下工夫，大力加强经营方向、管理机制、抗风险能力和外部环境建设，把握机遇，创新业务，不断增

强企业核心竞争力。他在施工过程中严把质量关，亲自到场监督，各项施工项目均被评为优质工程，许多知名房产开发商主动找该公司发包。他积极拓展合作领域，加快企业升级转型，积极寻求合作。目前，该公司已和志达电子（深圳）有限公司达成意向，注册2亿元组建河南志超地产开发有限公司，预计到2014年，公司资产可达10亿元，将成为一个跨地域、跨行业的大型综合型企业。企业发展壮大了，吴荣超不忘承担社会责任，不忘社会公益事业，大力为社会服务，得到社会的广泛赞誉，被授予"全国高科技产业化和谐诚信示范企业"。吴荣超还被授予2010年度"河南省十大杰出青年科技创新人物"

山东省卫生厅包文辉厅长、王修林副市长、曹勇局长等领导来我院参观指导社区药物维持治疗门诊

优化医疗服务流程
打造让患者和家属都满意的服务链
——记青岛市精神卫生中心

　　青岛市精神卫生中心大力开展创建"人民满意公立医院"活动，以病人需求为宗旨，转变观念，优化服务，打造出一条全新门诊、住院、康复的全程服务链，从而提高了服务质量，受到病人和群众的好评。

　　一、制定门诊新举措，千方百计方便群众就医

　　1. 推行"迎前式"服务，主动询问，用语礼貌，热心陪同家属办理相关手续，减少就医环节。

　　2. 坚持"首接负责制"，医务人员对解决不了的问题，要亲自电话联系相关部门，陪同就诊病人到相关科室，减少病人往返跑腿时间，服务总监随时巡查各个服务窗口。

　　3. 实行"便民服务条"，针对特殊病人，门诊将各种流程制作成"便民服务条"，送到病人的手中，便于病人和家属了解。

　　4. 要求"限时服务"，收款处分设现金和刷卡收费窗口，实行弹性工作制，就诊病人较多时增加值班人员，缓解缴费排队现象。

　　5. 开展"知情服务"，尊重患者知情权、选择权，加强沟通联系，努力构建和谐的医患关系。

　　6.坚持"微笑服务"，推出"微笑在我心，服务您点评"系列主题活动。窗口服务人员"笑脸"上岗，开展最美笑脸评选活动，就诊结束后请就诊病人对服务质量和服务流程进行点评，提出意见和建议。

　　7. 开展"服务明星"评选活动，5月份以来，门诊窗口开展争创"每月一星"、"星级服务窗口"活动，每月评选一名"服务明星"，星级服务窗口实行挂牌上岗。

　　8. 开辟特殊病人"快速入院通道"，针对特殊病人，

医护人员及时与住院病人沟通 给病人做心理疏导

市政协郗晋生副主席带队来我院实地调研

举办"彩虹康复计划 病人诗歌朗诵会"

承办青岛医学会精神病学委员会第六次学术会

门诊大厅接到特殊病人时，立即通知门诊医生将工作平台移至门诊大厅，以便第一时间为病人诊治。同时通知住院病房医务人员做好接收病人入院的准备，大大方便了病人就诊和病情的及时控制，受到了病人家属的肯定。

二、推行病房优质服务

1. 积极改善住院环境，做到无异味、无喧闹，医护人员自觉做到走路轻、关门轻、放物轻、操作轻。为让患者能住上院，医院决定压缩行政办公空间，将办公楼改建成病房，改建完成后，从而增加床位100多张。

2. 实行全程式服务，为行动不便、生活难以自理的患者进行喂饭、洗头、洗澡、剪指甲及早晚间洗漱等生活护理。对重点病人建立信息爱心沟通卡，和病人家一起对病人进行护理和治疗，避免发生医患纠纷。

3. 开展"一免、二必须、六个一"活动，即：免费向所有住院病人提供剪刀、刮皮器、指甲刀、针线、老花镜、卫生纸等生活用品。医护人员必须及时准确掌握病人病情，必须掌握病人的思想动态和心理需求，及时有效地为病人进行心理疏导和治疗。"六个一"，是一个微笑、一句问候、一张整洁的床单、一套完整的健康教育手册、一个祝福、一张健康服务联系卡。

4. 成立"临床服务中心"：为病人提供全程服务，包括接送病人进行工娱活动、带领病人做特检、无抽搐电休克治疗，全程陪同家属办理入院、出院手续等。

三、积极做好患者康复服务

1. 开展"三进服务"，积极拓展以"心理健康进医院、疾病宣教进病房、康复指导进家庭"为内容的"健康三进"活动，把医疗服务做到患者最需要的地方。

2. 志愿者将社会康复技能带到病房，让病人掌握一些康复技术，减少疾病残疾，将康复项目获得的利益反馈到病人，提高病人的生活质量。

3. 坚持"回访服务"活动，对出院病人开展满意度调查，广泛听取病人意见和建议，并进行耐心、详细的回复。对出院病人进行康复指导，进行电话随访，详细了解了病人的生活、身体情况，并指导他进行科学的康复性训练。

4. 定期举办医患座谈会，每月邀请家属和病人与医生进行面对面交流，直接听取意见，对病人和家属提出的意见或建议认真及时答复。

青岛市精神卫生中心通过优化流程服务，真正让患者享受到"就诊有人引，检查有人陪，手续有人办，困难有人帮，出院有人送，回家有人问，康复有人管"的新局面，打造了一条让家属和患者都满意的全新服务链。

安全警钟融心间

——记全国"安康杯"优胜企业、青海路桥建设机械工程有限公司

青海路桥建设机械工程有限公司隶属于青海路桥建设股份有限公司，现有职工436人。先后参加G109线、西互一级公路、G214线、G315线等公路建设。连续八年荣获全国"安康杯"竞赛优胜企业称号。2012年荣获"全国五一劳动奖状"称号。公司结合企业生产经营实际，立足一线，把"安康杯"竞赛活动

的重点放在项目部、班组安全建设、安全教育、安全生产管理上，做到在行为上抓规范，过程中抓监督，隐患上抓整改，制度上抓落实，取得了较好的成绩。

规范完善安全规章制度，落实安全生产责任制。八年来，项目部针对路基、路面、桥梁、涵洞、隧道等情况，制定相应的安全施工方案，尤其是在海拔4000米以上的施工地段采取严格的安全管控。各项目部、班组、施工点都设立了专职安全员和兼职安全员，做到安全网络点、面结合全面覆盖，发现隐患、事故苗头，及时报告，及时整改，有效遏止事故的发生。公司建立隐患排查治理工作月报制度，每年五月至十月，由"安康杯竞赛领导小组"及公司领导带队，全面对各项目安全生产进行考核、检查，查出事故隐患马上提出整改意见，整改率达100%，项目部安全领导小组每年都要在施工期间进行"查事故隐患或违章行为"专项活动，及时对违章操作、安全隐患现场纠正，

真正把工作做到了"防"上。

同时公司还把"安康杯"竞赛活动与安全管理工作相结合，将危险源点分析预控工作纳入到日常的安全检查工作中，进行跟踪检查，对复杂、重点工作实施重点监控，使现场的工作秩序和人员的工作行为发生较大的变化，各类危险源点得到有效控制，从而确保了作业人员的人身安全。为使职工在生产劳动过程中的安全与健康得到保护，公司建立了安全生产监控网络，做到"横向到边、纵向到底"，各施工点设有醒目的安全警示牌、椎形筒、警示彩旗等，施工人员必须佩带安全帽、路上施工的人员必须穿安全反光背心，拌合场、碎石场施工人员必须戴防尘口罩、防护镜。几年来安全防护投入近3000万元，为职工办理健康证，购买必须的药品和医疗器械，经常的对食堂卫生进行检查，做到饭菜干净卫生，菜色荤素搭配多样，受到职工满意，保障了员工的身体健康。

鑫安建筑公司工资集体协商

慰问看望老职工

开展农民工培训课堂

内蒙古鑫安建筑安装工程公司
与时俱进开展"安康杯"活动

开展劳动竞赛

内蒙古鑫安建筑安装工程公司长期以来坚持开展"安康杯"竞赛活动，成立了以公司董事长为首的"安康杯"竞赛活动领导小组，对竞赛活动行使监督、检查、处置、奖罚权，每月进行月考评，从而使竞赛扎扎实实深入开展。

公司在安全生产中，强化以人为本，利用冬闲季节举办由决策层、管理层、操作层参加的安全质量及安全生产培训班，先后投入资金达100余万元，员工参训率达100%。同时还展开了以"安康杯"为内容的职工技术创新劳动竞赛，举行"三不违"宣传活动，始终

坚持"有规必依，违章必究"的工作原则，全面实施"四检制度"（即：公司月检、项目部周检、班组日检、安全员跟随班检），召开安全生产例会，分析各项目部安全生产形势，查找安全隐患源头，总结安全生产的做法，并将公司每月检查评分汇总作为月评结果公布上墙。年终总评时，取得名次给予重奖，末位罚款。

几年来，公司大力实施国家多项职工安全卫生规定，不断改善作业环境、女职工劳动保护、工伤事故处理，使职工劳动保护逐步走上了制度化、规范化轨道。在公司的统一部署下，各施工工地定期组织人员对安全

设施进行检查，发现问题及时解决。几年来，公司坚持深入开展"安康杯"竞赛活动，加强安全教育、安全管理、安全生产，依法执行劳动保护，维护了职工安全健康，保障了企业经济建设的稳步发展。竣工工程合格率达100%，工程优良品率达95%以上。创出了28个盟级优质样板工程，46个盟级安全文明样板工地，18个自治区级安全文明样板工地，被中国房地产协会评为AAA级安全文明标准化诚信单位。2011年公司共承揽建筑业工程任务14.76亿元，完成建筑业总产值10.5亿元，获得上级颁发的安全生产先进单位荣誉称号。

昌吉公路管理局
扎实有效开展"安康杯"竞赛活动

多年来，昌吉公路管理局坚持"安全第一、预防为主、综合治理"的方针，围绕公路养护营运管理中心工作，积极组织开展"安康杯"竞赛活动，不断创新活动形式和载体，使"安康杯"竞赛活动开展的有声有色。一是组织保障、全员参与。局党委成立"安康杯"竞赛活动领导小组，局长担任组长，制定实施方案，形成党、政、工、青、妇齐抓共管的格局。二是制度健全、责任到人。将安全生产工作纳入局重要议事日程，每年召开安全生产会议，安排部署全年安全生产工作，层层签订安全生产目标管理责任书，每季度定期召开安全生产工作汇报会和隐患排查会议，专题研究解决安全生产中的重大问题。将竞赛活动纳入全局安全生产责任制考核内容，做到安全工作有计划、有目标、有考核、有检查、有投入，形成了层层落实责任制，人人把好安全关的局面。三是安全管理、措施到位。注重安全投入。全年共计投入安全生产资金 2729 万元，增设安全警示交通标志牌 194 块，更新机械车辆 40 台（辆），对收费站、服务区安全设施进行维护和粉刷，路面标线标划共计 150901.94m²，抢修 54 道断板涵洞和更换 4 座小桥断板，修复波形梁护栏 8314 延米，处置病害严重路段，购置仿真人 16 个等。四是内容丰富、扎实有效。重点开展以"十个一"为内容的安全教育和安全培训、劳动保护监督检查、安全事故隐患排查治理等主题竞赛活动。围绕"安全责任、重在落实"这一主题，举办了"我与安全责任"演讲、黑板报比赛、"安全生产一封家书"征文等项活动，极大地丰富了竞赛活动载体，不断增强干部职工人人重视安全、人人关心安全、人人遵章守纪的主动性、积极性和自觉性。

通过"安康杯"竞赛活动，提高了昌吉公路管理局安全生产管理水平和全员安全防范意识，对于建立安全生产长效机制，更好更快地为公众出行服务，起到了良好的推动作用。

2010 年 9 月 30 日，阿力木江·吐尔逊同志被自治区人民政府授予先进工作者荣誉称号。（左一为阿力木江·吐尔逊同志）

养护职工岗前提示

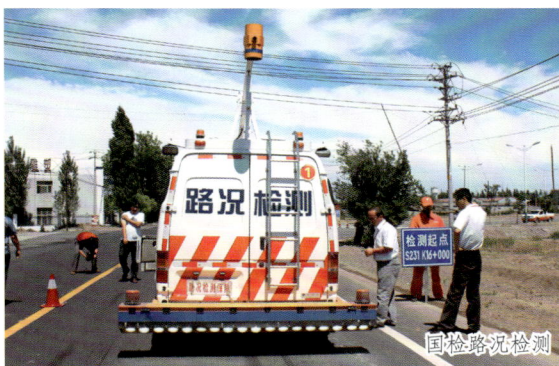

国检路况检测

大石头除雪

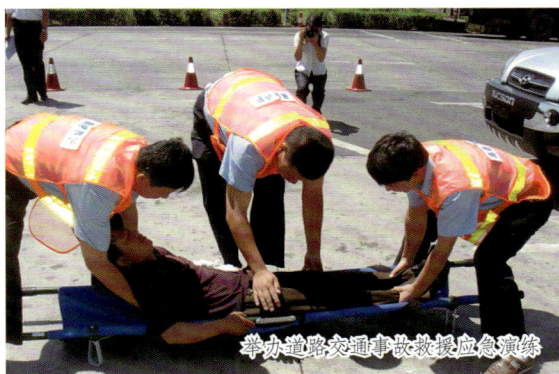

举办道路交通事故救援应急演练

奇台分局处理路面病害

北京市石景山区苹果园街道总工会

实现地区工会组织网络全覆盖

北京市石景山区苹果园街道辖区面积13.13平方公里，总人数11万人，各类生产经营单位600余家。"人口多、新建企业多、企业重复建会多、异地经营多，工作人员少"是街道工会的突出问题。苹果园街道总工会深入学习实践科学发展观，按照"替职工说话、为职工办实事"的工作思路，在工作职能上，打造"平等协商和签订集体合同品牌"，"职工互助保险品牌"；在工会形象上，打造"优化人文环境品牌"，发挥了"为党政分忧、为职工服务、为稳定出力、为发展立功"的积极作用。工会主席宋福田同志多次被评为北京市工会工作优秀个人，被中华全国总工会授予"全国优秀工会工作者"称号。街道总工会被评为"全国百家示范乡镇（街道）工会"。

实现地区工会组织全覆盖，开创工会工作新局面。街道总工会根据苹果园地区的状况，按照组建程序，依法进行了选举，正式组建了北京市首家小型非公企业联合工会，并分别于2007年年底组建了苹果园地区第二小型企业联合工会、第三小型企业联合工会和楼宇小型企业联合工会，使工会组织总数达到619个，提前3年实现了市总工会提出的工会组织全覆盖的目标。

打造工作品牌，抓好维权建制。一是打造"平等协商和签订集体合同"品牌，筑牢职工维权根基。在新建企业和私营企业中建会，签订企业集体合同和集体协商工资协议书、女职工特殊保护合同。工会就维护职工合法权益和为职工办实事上寻找突破口，本着"推行重在建制，建制重在协商，协商重在难点，难点重在化解"的原则，狠抓了平等协商和签订集体合同工作。面对企业诸多的不理解，街道总工会充分发挥"蚂蚁啃骨头"的精神，做大量的说服动员工作。目前，苹果园街道总工会所属619家建会企业全部按规定签订了企业集体合同和集体协商工资协议书以及女职工特殊保护合同，签订率全部达到100%。二是打造"职工互助保险"品牌，雪中送炭作保障。职工互助保险是职工互助互济的爱心事业，能有效地提高职工的自我保护意识和自我维护能力。目前，苹果园街道女职工安康保险、在职职工住院医疗保险、在职职工住院津贴等保险险种，已覆盖绝大多数企业，还先后为11个拨缴经费企业的女职工办理了女职工安康互助保险，使不少新建企业职工受益。三是打造"优化人文环境"品牌，建设和谐苹果园。几年来，苹果园街道总工会通过转变工作作风、高效率的工作以及高水平的服务，赢得了企业和职工的支持和信赖。特别是总工会服务站的建立，对于畅通信息交流、更好地为企业服务搭建了很好的平台。目前，服务站的办公用房和办公设备得到了很大的改善。工会服务站共有5名社会工作者，配置了电脑、打印机、传真机、直播电话等办公设备，有力推动了工会的多项工作。

情到深处气自华

——记全国优秀工会工作者、宁津县人民医院工会主席高俊华

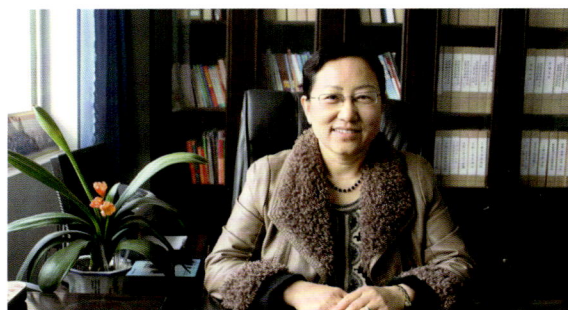

高俊华，任山东宁津县人民医院副院长兼医院工会主席。

在任工会主席期间，她结合工会工作特点和需求，深入调研，针对组织建设薄弱、制度不完善、发挥作用不明显这一情况，建立健全了工会组织机构和19个工会小组的工会组织网络，修改了工会工作制度，每年定期利用院务公开栏、医院网站、召开会议、发布文件等方式及时向职工群众公开医疗业务、人事管理、经济管理、药品和设备购置等情况，提高医院管理透明度，有力促进了医院的持续稳步发展。

高俊华时刻关心职工冷暖，当好职工生活的"贴心人"。她处处为职工群众办好事、办实事，提请院职工代表大会同意为全院职工每年进行两次体检，出资206.5万元对家属区住宅楼进行了整治，为每户家庭免费安装了除氟器，为职工举办集体生日祝贺活动。每逢重大节日，她都上门走访慰问离退休职工、职工家属以及患病和生活困难职工。先后筹集资金十多万元，资助了三十多名失学贫困儿童。

针对职工缺少文化活动场所，她积极向上争取资金，克服各种困难筹建了"职工之家"，建起阅览室，新增图书一千多册。每年组织职工开展各类球赛、棋赛，举办联欢会、茶话会、表演会、朗诵会等职工喜闻乐见的活动，多次在全市、全县文体大赛中赢得大奖。这样，既丰富了职工的精神生活，也激发了职工奋发向上的工作热情，增强了医院的凝聚力、感召力和向心力。

哈轴集团深入开展服务职工在基层

　　哈尔滨轴承集团公司创建于1950年,是中国轴承行业三大生产基地之一。生产十大类七千多个品种规格的"HRB"品牌优质轴承,为航空航天、国防军工、机车车辆、精密机床、电机电器、机械汽车等提供配套,并为"长征系列"火箭、"神州系列"飞船、"嫦娥系列"卫星等成功配套。拥有国家级企业技术中心,完成多项国家级重点科研项目攻关。先后荣获"中国名牌"、"最具市场竞争力品牌"和"出口免验企业"称号。

　　哈轴始终不渝地坚持全心全意依靠职工办企业,坚持民主管理,厂务公开制度,广泛听取职工的意见和建议,切实保障职工的知情权、参与权和监督权。大力实施职工素质工程,开展练功比武、技术运动会、名师带高徒活动,不断提高职工的技术业务素质。2012年前7个月共奖励各类改善成果1235项,奖金26万余元。实施送温暖工程,健全困难职工帮扶机制,年补助金额24万余元;今年以来救助大病职工12人,救助金7.7万余元。从而增强了职工的主人翁责任感,调动了职工的积极性,促进了企业的和谐发展。

全国优秀工会工作者
——内蒙古呼伦贝尔市步森百货大楼公司冯兴阳

　　冯兴阳现任呼伦贝尔市步森百货大楼有限公司工会主席。他以企业的稳定和发展为目标开展工作,针对非公企业工会工作的特点,大胆地开拓创新,发挥了工会工作的桥梁和纽带作用。服务群众,依法维权,在节假日休息,劳动报酬,福利待遇,女职工孕育、产假、哺乳,体检等方面有力地维护了职工的合法权益。倾听职工的意见和呼声,使职工们的建议和要求尽快得到解决。坚持职工代表大会制度,成立了劳动争议调解委员会,签订了集体合同、共同约定书,工资集体协议,制定了劳动保护制度、厂务公开制度等,使员工们知了店情,议了店政,监督了店行。扶贫帮困工作也卓有成效,在原有的帮扶渠道和办法的基础上,又成立了"爱心基金会,"为那些发生急特情况的员工排忧解难。受到职工的拥戴。

步森百货大楼工资协商会议

冯兴阳主席主持"爱心基金"资助大会

冯兴阳主席工作近照

191

图书在版编目（CIP）数据

科学发展 特色道路 辉煌成就：十七大以来中国工会工作 ／ 王成主编．
－ 北京：人民出版社，2013.5
ISBN 978-7-01-012153-6

Ⅰ．①科… Ⅱ．①王… Ⅲ．①工会工作－成就－中国 Ⅳ．① D412.6

中国版本图书馆 CIP 数据核字 (2013) 第 106066 号

科学发展 特色道路 辉煌成就
KEXUE FAZHAN TESE DAOLU HUIHUANG CHENGJIU
——十七大以来中国工会工作
王成 主编

策划编辑　张文勇
责任编辑　郭　倩 于　璐 高　寅
出版发行　人民出版社
地　　址　北京市东城区隆福寺街 99 号
邮　　编　100706
邮购电话　（010）65250042 65289539
经　　销　新华书店
印　　刷　北京博海升彩色印刷有限公司
版　　次　2013 年 5 月第 1 版 2013 年 5 月第 1 次印刷
开　　本　889 毫米 x 1194 毫米 1/8
印　　张　24
字　　数　730 千字
书　　号　ISBN 978-7-01-012153-6
定　　价　480 元

ISBN 978-7-01-012153-6